물리보안
관리론

물리보안 관리론

초판 인쇄 2024년 4월 8일
초판 발행 2024년 4월 11일

지 은 이 이만종
펴 낸 이 김재광
펴 낸 곳 솔과학
등 록 제10-140호 1997년 2월 22일
주 소 서울특별시 마포구 독막로 295번지 302호(염리동 삼부골든타워)
전 화 02-714-8655
팩 스 02-711-4656
E-mail solkwahak@hanmail.net

ISBN 979-11-92404-66-0 (93360)

값 27,000원

PHYSICAL

…리, 시설, 인원의보안과 안전, 재난대응 등 체계와 방법

물리보안 관리론

SECURITY

이만종 저

솔과학

물리적 보안은 디지털 보안과 함께 조직의 물리적 자산과 정보를 보호하고, 내부 및 외부 위협으로부터 시설 및 조직을 안전하게 보호하는 데 필수적 부분이며, 이를 주요업무로 수행하는 사람을 물리적 보안 관리사라 부른다. 즉, 시설과 인원의 안전과 재난 등 물리적 보안을 관리하고 유지하는 역할을 담당하는 전문가라 할 수 있다.

다시 설명하면, 물리적 보안 관리사는 조직의 인원과 시설을 평가하여 보안 취약점을 식별, 보완책을 개발함으로써, 시설 내의 잠재적 위협을 최소화하고, 출입통제 시스템을 설치 운영하여, 불법적인 출입을 방지하고, 허가된 사람만이 시설에 접근할 수 있도록 하는 임무를 수행한다.

본서는 물리적 보안대책에 관련한 유일한 서적으로 제작되었다. 주요 내용 구성은 시설 보안 평가, 비상 대응 및 위기관리, 재해 대비·대책과 출입통제로 구분하여 구성하였으며, 최근 중요한 이슈라 할 수 있는 테러와 신변보호 같은 인간적 재해(테러 공격 등) 부분까지도 내용에 포함하였다.

아울러 이를 운영하기 위한 방범 및 출입보안대책도 담아보았다. 이를 위해 CCTV 카메라와 모니터링 시스템을 설치, 운영하여 시설 내 및 주변 환경을 모니터링하며, 불법 활동을 탐지하거나 사건을 기록하고, 보안 관련 장비와 기술의 선택, 구매, 설치 및 유지 보수(카드 키 시스템, 생체 인식 장치, 경보 시스템) 등의 주요사항에 대해서도 간추려 언급하였다.

본서는 이러한 점을 감안, 관련된 전문가 양성과 교육을 통해, 필요한 지식과 능력을 갖추는 데 도움을 드리고, 자격시험을 통해 '물리적 보안 관리사'와 '융합보안 관리사'민간 전문 자격증 발급을 준비하는데, 기본교재로도 활용될 수 있도록 하였다.

따라서 본 책자의 학습을 통해 학습자들이 물리적 보안의 기본 개념부터 실제 현장에서의 적용 방법까지 폭넓은 내용을 습득하기를 희망한다. 다만 물리적 보안을 개념으로 작성된 최초의 서적인 관계로 부족한 부분은 양해를 구하며, 향후 지속적으로 개정 보완 발전시켜 나갈 계획이다. 오늘날 예고 없는 사건사고는 점차 증가하고 있어, 물리적 보안, 융합보안과 관련한 민간 전문가의 양성은 매우 중요한 실정이다. 본 책자가 관련 전문가를 육성, 배출하는데, 작은 보탬이 되길 기대한다.

2024년

이 만종

목차

Chapter 8 자생테러의 위협과 대응

Chapter 9 핵물질 불법거래와 국가안보

Chapter 10 항공 테러리즘

Chapter 11 해상 테러리즘

Chapter 12 미래의 물리적 보안 동향

부록 독자들에게 드리는 팁/용어해설

Chapter 1

물리적 보안 관리론 개념

- ★ 물리적 보안 관리의 기본 개념
- ★ 물리적 보안 구성 및 중요성
- ★ 연습문제

01

물리적 보안 관리의 기본 개념

물리적 보안 관리론(Military Security Management Theory)은 원래는 군사 및 국방 분야에서 보안을 관리하고 강화하기 위한 이론과 원칙을 다루는 학문에서 연유한다. 이는 기술, 정책, 교육 및 엄격한 절차의 조합으로 구성되며, 이러한 다양한 측면을 통합하여 조직의 안전과 보안을 유지하는 데 기여하는 것으로, 지금은 기업, 정부기관, 군사시설 등 다양한 분야에서 중요한 역할을 하는 분야이다.

따라서 물리적 보안(Physical Security)은 출입의 통제, 적절한 설비의 구축 및 화재, 정전 등의 비상사태에 대한 방지, 절도 및 도난 방지 등의 강력한 보안 절차를 통해 이루어진다. 특히 최근에는 컴퓨터와 같은 정보자산의 경우까지도, 분산 네트워크 환경으로 변화하면서 정보자산도 어디에서든 접근, 침투가 가능하기 때문에, IT 등 디지털 보안과 함께 융합 적 측면에서 물리적 보안에 대한 부담과 중요성은 점점 더 커지고 있는 상황이다.

1. 물리적 보안과 물리적 보안 관리사 개념

물리적 보안(Physical Security)의 정의는 물리적인 수단과 조치를 사용하여 시설, 자산, 정보 및 사람을 보호하는 보안 분야로서, 주로 조직, 시설, 자산 및 정보 등에 대한 다양한 물리적 위협으로부터 자산과 리소스를 물리적으로 보호하기 위한 전략과 조치를 포함하는 보안 분야를 말한다. 이러한 보안은 주로 인력, 기술 및 장비를 사용하여 물리적 위협과 공격으로부터 보호하는 데 중점을 두고 있으며, 다양한 수단과 기술을 사용하여 진행된다. 이를 담당하는 전문가를 물리적 보안 관리사라 한다.

2. 물리적 보안 관리사의 주요임무

물리적 보안 관리사는 조직이나 시설의 물리적 보안을 유지하고 강화하기 위해 다양한 임무를 수행하는 전문가로서 그들의 주요 임무는 조직의 물리적 자산과 정보를 보호하고, 내부 및 외부 위협으로부터 조직을 안전하게 유지하는 것이다. 주요 임무와 역할은 다음과 같다

1) 출입 통제

물리적 보안 관리사는 건물이나 시설의 출입을 통제하고, 인증 및 신원 확인 프로세스를 관리한다. 이는 무단출입을 방지하고 중요한 영역에 무단 접근을 막는데 중요하다.

2) 시설 보안 계획 개발

물리적 보안 관리사는 조직의 필요에 맞게 시설 보안 계획을 개발하고 구현한다. 이는 CCTV 카메라, 감지 장치, 액세스 제어 시스템 및 경보 시스템과 같은 보안 기술을 포함한다.

3) 위험 평가

시설 내에서의 위험을 식별하고, 측정하여 조직이 적절한 물리적 보안 대책을 취할 수 있도록 돕는다. 이를 통해 조직은 가장 중요한 자산을 보호하고 위험을 최소화할 수 있다.

4) 보안 훈련 및 교육

직원 및 관련 스테이크홀더에게 보안 정책 및 절차를 이해하고 준수할 수 있도록 훈련 및 교육을 제공한다. 이는 보안 인식을 높이고 보안 위반을 예방하는 데 도움이 된다.

5) 비상 대응 및 위기관리

물리적 보안 관리사는 비상 상황이나 보안 위기에 대비하여 비상 대응 계획을 개발하고 관리한다. 이러한 계획은 재난 복구 및 조직의 연속성을 보호하는 데 중요하다.

6) 보안 검사 및 감시

물리적 보안 관리사는 CCTV 및 감지 장치와 같은 기술을 사용하여 시설을 감시하고 보안 위반 사례를 식별하며, 필요한 조치를 취한다.

7) 보고서 작성 및 기록 관리

보안 관련 이슈 및 사건에 대한 보고서를 작성하고, 관련 기록을 관리하여 보안 상황에 대한 추적과 분석을 지원한다.

8) 법규 준수

관련 법규와 규정을 준수하고, 보안 정책 및 절차를 개정하거나 업데이트하여 조직이 관련 법적 요구 사항을 충족시키도록 돕는다.

3. 물리적 보안 관리사의 유사 직종

1) 융합보안 관리사

융합보안 관리사는 정보보안 및 사이버보안 분야에서 일하는 전문가로서, 다양한 보안 도메인을 통합하고 관리하는 역할을 수행하는 전문가이다. 이들은 조직의 정보 및 데이터를 보호하고 보안 위협으로부터 방어하기 위해 필요한 전략 및 정책을 개발하며, 다양한 보안 도구와 기술을 통합하여 보안 위협에 대비하는 데 중요한 역할을 한다. 아래는 융합보안 관리사의 주요 개념 및 임무에 대한 설명이다.

2) 융합보안(Converged Security)

융합보안은 전통적인 물리적 보안 및 사이버보안을 통합하는 개념이다. 이는 조직의 전체적인 안전 및 보안을 위해 물리적 보안 및 사이버 보안을 협력하여 조율하는 접근 방식을 의미한다.

3) 주요임무

(1) 보안 전략 개발: 융합보안 관리사는 조직의 보안 전략을 개발하고 구현하는데 기여한다. 이는 조직의 보안 목표와 리스크 프로필을 분석하여 적절한 보안 전략을 수립하는 것을 포함한다.

⑵ 보안 위험 관리: 융합보안 관리사는 보안 위험을 식별, 평가하고 관리하는 역할을 한다. 이는 보안 위협에 대한 모니터링과 조사를 포함하며 보안 사고의 대비 및 대응 계획을 개발한다.

⑶ 시스템 및 네트워크 보안: 정보 기술 시스템과 네트워크의 보안을 관리하고 유지하는 것이 중요한 임무이다. 이는 방화벽, 침입 탐지 시스템, 보안 소프트웨어 및 기타 기술 도구를 활용하여 시스템 및 네트워크의 취약점을 감지 및 해결하는 것을 포함한다.

⑷ 물리적 보안 관리: 건물 및 시설의 물리적 보안을 관리하고 감독한다. CCTV, 출입 통제 시스템, 보안 경비원 및 기타 물리적 보안 도구를 사용하여 건물의 안전을 유지한다.

⑸ 정책 및 규정 준수: 융합보안 관리사는 적절한 보안 정책 및 규정을 준수하도록 조직을 유도하고 이를 감독한다. 보안 규정 준수는 법적 요구사항을 준수하고 보안 위반 사례를 방지하는 데 중요하다.

⑹ 보안 교육 및 훈련: 조직 내에서 보안 의식을 높이기 위해 교육 및 훈련 프로그램을 개발하고 실행한다. 직원들을 보안 사고로부터 보호하고 보안 관련 역량을 향상시키는 데 기여한다.

⑺ 위기관리와 대응: 융합보안 관리사는 보안 위기가 발생했을 때 적절한 대응 계획을 실행하여 사고를 관리하고 시스템을 회복시키는 역할 한다. 이러한 임무와 책임을 통해 융합보안 관리사는 조직의 안전과 보안

을 보장하며 보안 위협으로부터 보호한다.

4) 보안 관리자 (Security Manager)

보안 관리자는 조직 또는 시설의 물리적 보안을 관리하고 유지하는 역할을 담당한다. 이 역할은 CCTV 시스템, 출입 통제 시스템, 경비원 등과 같은 물리적 보안 장비 및 자원을 관리하고 보안 정책을 개발하는 것을 포함할 수 있다.

5) 경비원 (Security Guard)

경비원은 건물 또는 시설의 물리적 보안을 담당하는 주요 직종 중 하나이다. 그들은 출입 통제, 시설 내 순찰, 비인가자나 위협 자에 대한 대응을 수행한다.

6) 시설 관리자 (Facility Manager)

시설 관리자는 건물 또는 시설의 운영과 유지 보수를 담당한다. 이 역할은 물리적 보안 요소의 유지와 관리를 포함할 수 있으며, 시설 안전을 강화하는 데 기여할 수 있다.

7) 위험 관리자 (Risk Manager)

위험 관리자는 조직 내부와 외부에서 발생할 수 있는 다양한 위험을 관리하고 분석하는 역할을 한다. 이 역할은 물리적 보안 측면과 함께 조직 전반적인 위험 관리를 다룰 수 있다.

8) 보안 컨설턴트 (Security Consultant)

보안 컨설턴트는 다양한 조직에 대한 보안 솔루션을 제공하고, 물리적 보안 시스템 및 절차를 설계하고 구현하는 데 도움을 준다. 이러한 직종들은 물리적 보안과 관련이 있으며, 조직의 보안 요구 사항을 충족시키고 유지하는 데 중요한 역할을 한다.

4. 물리적 보안 관리사의 임무 요소

전제한바와 같이 물리적 보안 관리는 조직이 물리적인 자산, 시설 및 리소스를 보호하고 관리하는 프로세스와 정책을 포함하는 보안 관리 분야이다. 이것은 주로 물리적인 위협으로부터 조직을 보호하고 조직의 자산을 안전하게 유지하기 위해 구현되며, 주요 목표는 물리적인 접근을 제한하고 외부 위험으로부터 보호하는 것이다. 바로 이를 수행하는 사람을 물리적 보안 관리사라고 호칭할 수 있다. 즉, 조직의 자산과 인력을 보호하고 잠재적 위협으로부터 방어하는 역할을 수행하여 조직의 안전과 보안을 유지하는데 중요한 역할을 하는 전문 요원이다. 세부적으로는 보안 엔지니어링과 물리방호설계, 대테러와 위협/공격에 대한 시나리오수립, 보안 시설물 취약점 대응, 보안관제 시스템 구축, 물리보안 장치 구축과 예산 수립을 주요 직무내용으로 한다. 어찌 보면 앞의 물리적 보안관리를 수행하는 기존의 여러 유사직종을 종합하고 포괄하는 영역으로, 다음과 같은 사항이 임무의 주요 사항이다.

1) 접근 통제

물리적 보안은 허가되지 않은 접근을 방지하고 허가된 사용자만이 시설이나 자산에 접근할 수 있도록 하기 위해, 외부의 무단 접근을 방지하고 내부에서도 적절한 접근 제어를 제공해야 한다. 이를 통해 오직 허가된 사람만이 특정 지역이나 자원에 접근할 수 있으며, 이러한 제어는 키카드, 생체 인식, 비밀번호 등 다양한 방식으로 이루어질 수 있다. 즉, 시설 내부와 외부의 접근을 통제하고 제한하는 시스템을 설정하고, 이를 통해 무단 접근을 방지하고, 출입자를 식별하고 감시할 수 있다. 또한 출입 통제 시스템을 설치하고 유지 보수해야 한다.

2) 감시 및 감지

CCTV 카메라 및 감시 시스템을 사용하여 시설 내 주변 환경을 모니터링하고 이상 행위나 불법 활동과 위험을 탐지하거나 사건을 기록한다.

3) 보안 잠금장치 및 액세스 제어

문, 창문, 서랍 등에 보안 잠금장치를 설치하여 무단 접근을 방지하고, 액세스 제어 시스템을 도입하여 권한 있는 사용자만 특정 영역에 접근할 수 있도록 한다.

4) 감지 및 경보 시스템 구축

화재 경보, 도난 경보 및 기타 위험에 대한 경보 시스템을 구축하여 긴급 상황을 탐지하고 조직에 경고한다. 보안 관련 장비와 기술의 선택, 구매, 설치 및 유지 보수도 담당한다. 이러한 장비에는 카드 키 시스템, 생체 인식 장치, 경보 시스템 등이 포함된다.

5) 보안 인력 관리

물리적 보안 관리사는 비상 상황에 대비하여 계획을 수립하고 직원을 교육하여 위험 상황을 효과적으로 다룰 수 있도록 한다. 또한 경비원, 보안 관리자 및 기타 보안 인력을 고용하여 시설을 보호하고 관리한다.

6) 물리적 환경 보호

시설의 물리적 환경을 보호하고, 자원을 안전하게 보관하고 유지 보수하는 것을 임무에 포함한다. 이로써 조직의 자산과 인력을 보호하고 잠재적 위협으로부터 방어하는 역할을 수행하여 조직의 안전과 보안을 유지하는데 중요한 역할을 한다.

7) 테러, 재난 대비 및 비상 대응

물리적 보안은 자연재해(화재, 지진, 홍수 등)와 같은 재난 상황과 인간적 재해(도난, 테러 공격 등)에 대비하기 위한 조치도 수행한다. 이러한 조치는 비상 대피 계획 및 비상 대응 시스템을 구현하여 안전을 유지하는 데 도움을 준다. 즉, 평시부터 재난 상황에 대비하여 비상 계획을 개발하고 조직의 대응 능력을 향상시켜야 한다.

8) 정책 및 교육

물리적 보안 정책을 개발하고, 직원 및 사용자에게 보안 교육을 제공하여 보안 인식을 높이고 위협에 대비할 수 있도록 해야 한다. 필요한 경우에는 보안 서비스 업체나 경찰, 소방관 등 외부 조직과 협력하여 시설의 보안을 강화한다. 여기에는 기술적인 요소뿐만 아니라 인적인 요소도 포함한다. 즉, 보안 인력과 훈련, 시스템 운영 및 모니터링도 중요한 부분으로서, 적절한 보안 정책을 개발하고 이를 시행하는 것을 포함하며, 아울러 직원 및 사용자에게 보안 교육을 제공하여 내부 위협을 줄이고 보안 환경을 강화해야 한다.

9) 경계 및 시설 보안 평가

물리적 보안 관리사는 건물 및 시설의 외부 경계를 보호하기 위한 방법도 제공해야 한다. 이는 펜스, 벽, 경계 감지 시스템 등을 통해 이루어진다. 사회 공학적 공격을 방지하기 위해 중요한 역할을 하기도 한다. 예를 들어, 침입자들은 물리적으로 시설에 침입하려고 시도할 수 있으므로 물리적 보안은 이를 방지하는 데 도움이 되어야 한다. 또한 조직의 시설을 평가하여 보안 취약점을 식별하고 보완책을 개발해야 한다. 이로써 시설 내의 잠재적 위협을 최소화하고 보안 수준을 향상시켜야 한다.

5. 물리적 보안의 목표와 원칙

물리적 보안은 시설, 장비 및 자산을 물리적으로 보호하는 데 중점을 둔 보안 분야로서, 물리적인 위험과 공격으로부터 시스템 및 자산을 보호하기 위해 다음과 같은 몇 가지 목표와 원칙을 두어야 한다.

1) 물리적 보안의 주요 목표

물리적 보안의 주요 목표는 조직 또는 시설의 안전을 유지하고 물리적 위협으로부터 보호하는 것이다. 이는 자산 보호, 기밀 정보 보호, 생명 보호 및 기타 중요한 리소스(인간 생활 및 경제 생산에 이용되는 노동력이나 기술)에 적용된다.

2) 물리적 보안의 주요 원칙

(1) 필요 최소 원칙 (Principle of Least Privilege)

사용자 및 자산에 대한 액세스 권한을 최소한으로 제한하여 필요한 만큼만 접근할 수 있도록 한다.

(2) 방어적 계층 (Layered Defense)

여러 보안 층을 사용하여 다양한 위협으로부터 보호한다. 예를 들어, 경비원, 카메라, 전자키, 생체인식시스템 등을 조합하여 보안을 강화해야 한다.

(3) 감시와 검사 (Surveillance and Inspection)

CCTV 카메라, 모션 감지 센서 등의 감시 장치를 사용하여 시설을 모니터링하고, 정기적인 검사 및 점검을 통해 위협을 식별하고 방지해야 한다.

(4) 보안 교육과 인식 (Security Education and Awareness)

직원과 사용자에게 보안 교육을 제공하여 보안 정책 및 절차를 준수하도록 유도하고, 보안 위험에 대한 인식을 높인다.

(5) 비상 대응 계획 (Emergency Response Plan)

비상 상황에 대비하여 대응 계획을 마련하고, 비상 대응 팀을 훈련시켜 신속하고 효과적인 대응을 가능하게 한다.

(6) 물리적 보안 표준 및 규정 준수 (Compliance with Physical Security

Standards and Regulations)

해당 규제 및 표준을 준수하여 보안을 강화하고 법적 요구사항을 충족시킨다. 물리적 보안은 사이버, 정보 보안과 함께 종합적인 보안 전략의 중요한 부분을 형성하며, 이러한 목표와 원칙을 준수함으로써 조직이 물리적 위협으로부터 안전하게 보호될 수 있도록 한다.

02

물리적 보안 구성 및 중요성

1. 물리적 보안의 주요 구성 영역

물리적 보안은 시설물, 장치, 자산 및 정보와 사람을 보호하기 위해 물리적인 수단과 원칙을 활용하는 분야로서, 불법적인 접근, 손상, 도난 및 파괴로부터 보호하기 위한 조치를 포함하는 개념으로 다양한 학문적 영역과 원칙이 물리적 보안을 구성하고 있다. 주요한 대표적 영역으로는 출입 통제, 감시와 모니터링, 환경 제어, 재해 대응 및 비상 대응으로 구분할 수 있다. 자세한 설명은 후술한다.

2. 물리적 보안의 필요성과 중요성

물리적 보안은 조직의 정보, 시스템, 자산 및 인프라를 다양한 위협으로부터 보호하고, 비즈니스 연속성을 유지하며 규정을 준수하며 신뢰를 구축하는 데 필수적인 역할을 하는 것이다. 즉, 시설물, 장치, 자산 및 정보와 사람을 보호하기 위해 물리적인 수단과 원칙을 활용하는 분야로서, 불법적인 접근, 손상, 도난 및 파괴로부터 보호하기 위한 조치를 포함하는 개념으로 다양한 학문적 영역과 원칙이 물리적 보안을 구성하고 있는 주요 영역이라 할 수 있다. 이처럼 물리적 보안은 정보 시스템 및 기업 자산을 물리적으로 보호하는 중요한 요소이다. 다음은 물리적 보안이 왜 필요하고 중요한지에 대한 몇 가지 이유이다.

1) 데이터 보호

많은 조직은 중요한 정보와 데이터를 보유하고 있으며, 이러한 데이터가 노출되면 엄청난 손실을 입을 수 있다. 따라서 물리적 보안 조치는 불법적인 접근을 방지하고 데이터 유출을 막는 데 도움을 준다.

2) 시스템 및 장비 보호

서버, 네트워크 장비, 컴퓨터 시스템 등과 같은 중요한 하드웨어 자산은 조직의 핵심이다. 물리적 보안은 이러한 시스템과 장비를 도난, 파괴 또는 손상으로부터 보호한다.

3) 인프라 보호

데이터 센터, 서버 룸, 네트워크 연결 장소 등과 같은 물리적 인프라는 조직의 기능을 지원하며 중단되면 엄청난 비용과 업무 중단을 초래할 수 있다. 물리적 보안은 이러한 인프라를 보호하여 서비스 연속성을 유지한다.

4) 접근 통제

물리적 보안은 불법적인 접근을 방지하고, 권한이 있는 사용자만이 특정 영역에 액세스할 수 있도록 한다. 이로써 내부자에 의한 보안 위협을 줄이고 비인가자로부터 시설과 장비를 보호한다.

5) 법규 준수

많은 규제 기관과 산업 규칙은 데이터와 시스템을 물리적으로 보호하도록 요구한다. 물리적 보안을 강화함으로써 조직은 규정 준수를 준수하고 법적 문제를 피할 수 있다.

6) 재해 대비

자연재해(화재, 홍수 등)나 인간적 재해(도난, 테러 공격 등)로부터의 보호를 위한 대비 역시 중요하다. 물리적 보안은 이러한 재해 대비 및 회복을 돕는다.

7) 신뢰 구축

고객과 파트너들은 자신들의 데이터와 정보가 안전하게 보호된다고 믿는 것이 중요하다. 물리적 보안은 조직의 신뢰성을 높이고 협력 관계를 유지하는 데 도움을 준다. 요약하면, 물리적 보안은 조직의 정보, 시스템, 자산 및 인프라를 다양한 위협으로부터 보호하고, 비즈니스 연속성을 유지하며 규정을 준수하며 신뢰를 구축하는 데 필수적인 역할을 한다.

3. 물리적 보안과 디지털 보안의 관계

전제 한 것처럼, 물리적 보안 관리는 디지털 보안과 함께 조직의 전체 보안 전략의 중요한 부분이다. 이것은 정보 보안을 보완하고 외부 위협으로부터 조직을 보호하는 데 필수적이다. 일반적으로 보안 대책을 크게 3가지로 구분하자면 기술적, 관리적, 물리적으로 나눌 수 있다. 한국의 ISMS(정보 보안 경영시스템)도 그렇고 여러 국제 인증 기준들 또한 이 3

가지로 구분하여 보안성을 검토한다. 좀 더 구체적으로 설명하면, 기술적 보호대책은 접근통제, 암호화, 백업시스템 등이 포함되며, 관리적 보호대책은 보안계획, 결재·승인 절차, 관리 대장 작성, 절차적 보안 등이 있다. 결국 물리적 보안과 디지털 보안은 모두 정보 보안의 중요한 측면을 다루는데, 서로 다른 방식으로 보안을 제공하고 보호 대상이 다르다는 점이 차이이다. 그러나 이러한 보안 유형은 종종 조화롭게 협력하여 전체 보안 전략을 완성하는 데 사용된다.

1) 물리적 보안 (Physical Security) 대상

물리적 보안은 건물, 시설, 장비, 서버 룸, 데이터 센터 등과 같은 물리적 자산 및 장소를 보호하는 것으로, 보호 방법으로는 CCTV, 출입 제어 시스템, 잠금장치, 보안 경비원, 바리케이드 등을 통해 물리적 보안을 제공한다. 목적은 주로 실제 물리적 침입, 도난, 기계적 파괴, 화재 및 자연재해로부터 자산 및 정보를 보호한다.

2) 디지털 보안 (Digital Security 또는 Cybersecurity) 대상

디지털 보안은 데이터, 컴퓨터 시스템, 네트워크, 소프트웨어 및 전자정보와 같은 디지털 자산을 보호하는 것으로, 보호 방법으로는 암호화, 방화벽, 바이러스 및 맬웨어 검사, 권한 관리, 패스워드 보안, 인증 및 보안 소프트웨어를 통해 디지털 보안을 제공한다. 주요 목적은 주로 온라인 침입, 데이터 유출, 해킹, 악성코드 공격, 스팸 및 사회공학 공격으로부터 데이터와 시스템을 보호한다.

따라서 물리적 보안과 디지털 보안은 상호 보완적이며 함께 사용될 때 보다 강력한 보안 전략을 제공할 수 있다. 예를 들어, 데이터 센터의

물리적 보안을 강화하면 더욱 신뢰성 있는 디지털 시스템 운영이 가능하며, 엄격한 출입 제어 시스템과 CCTV 모니터링을 통해 물리적 침입을 방지할 수 있다.

디지털 보안 측면에서는 데이터 암호화, 방화벽 및 네트워크 모니터링을 통해 디지털 공격으로부터 시스템을 보호할 수 있는 것이다. 결국 좋은 정보 보안 전략은 물리적 보안과 디지털 보안을 조화롭게 통합하고 관리하여 모든 유형의 위협으로부터 안전한 환경을 구축하는 데 도움이 되는 것이다.

4. 물리적 보안대책 구현 및 운영

1) 물리적 보안 대책 필요성

일례로 1970년대에는 컴퓨터의 사용은 관련된 소수의 사람들만이 사용하였기 때문에 정보 자산에 대한 물리적 보안이 단순히 전산실로의 통제만으로 이루어졌다. 그러나 점차 컴퓨터가 분산 네트워크 환경으로 변화하면서 정보자산이 어디에서든 접근 가능하게 되었다. 따라서 요즘은 물리적 보안에 대한 부담과 중요성이 점점 더 커지고 있는 실정이다. 이로 인해 물리적 보안은 적절한 설비의 구축 및 화재와 정전 등의 비상사태에 대한 방지, 절도 및 도난 방지, 출입 제한 등의 강력한 보안 절차를 통해 이루어져야 한다.

2) 물리적 보안 위험요소

물리적 보안의 위험 요소로는 ① 승인받지 않은 사람의 출입 ② 장비/문서 등의 손상, 파괴 및 절취 ③ 중요한 정보의 공개 및 협박 ④장비

및 자원의 불법 횡령이 있다. 물리적 보안의 주요 위험 요소는 다음과 같다

(1) 불법 침입자 및 침입자

불법 침입자는 물리적 보안 시스템을 뚫고 건물 또는 시설로 침입하려고 시도할 수 있다.

(2) 도난 및 절도

도난 및 절도는 물리적 자산의 손실을 초래할 수 있는 주요 위험 요소이다. 이는 자산의 물리적 보안 부재 또는 약화로 인해 발생할 수 있다.

(3) 화재 및 자연재해

화재, 홍수, 지진 등의 자연재해는 건물과 시설에 물리적 피해를 입힐 수 있으며, 이로 인해 보안 위험이 발생할 수 있다.

(4) 전력 공급 중단

전력 공급이 중단되면 보안 시스템, 감시 장비 및 출입 제어 장치 등이 작동을 멈출 수 있으며, 이는 보안 위험을 증가시킬 수 있다.

(5) 데이터 유출

물리적 보안이 부적절하게 설정되거나 유지되지 않으면 중요한 데이터가 유출될 수 있으며, 이는 정보 보안 위험으로 이어질 수 있다.

⑹ 사회 공학 공격

공격자들은 사회 공학 기술을 사용하여 사람들을 속여 정보나 액세스를 얻으려고 할 수 있다. 이는 물리적 보안을 우회하는데 사용될 수 있다.

⑺ 인프라 구조의 고장

전기, 냉각 시스템, 통신 시스템 및 기타 인프라 구조의 고장은 물리적 보안 시스템의 신뢰성을 저하시킬 수 있다.

⑻ 인사 정책 및 절차 위반

내부 직원이 보안 정책과 절차를 무시하거나 위반할 경우 물리적 보안 위험이 발생할 수 있다. 물리적 보안은 이러한 위험을 식별하고 대응하기 위한 적절한 조치를 취하는 것이 중요하다. 이러한 조치에는 출입 제어 시스템, CCTV 감시, 화재 경보 시스템, 자연재해 대비 계획 및 교육 등이 포함된다.

3) 물리적 보안 대책

물리적 보안은 물리적인 수단과 조치를 사용하여 시스템, 건물 또는 자산을 보호하는 것을 의미한다. 이러한 보안 조치를 취함으로써 물리적 위험으로부터 보호할 수 있다. 따라서 물리적 보안 대책으로는 ① 각종 잠금장치 ② 방문자 기록 및 동행 ③ 직원의 신원 보증 및 신분증 배지(badge) ④ 경비원 및 감시카메라 ⑤ 방문자 접근의 통제 ⑥ 중요 구역의 이중 출입문 설치 ⑦ 민감한 시설의 위치 ⑧ 컴퓨터 단말기 잠금장치 ⑨ 단일 출입구 및 경보 시스템 등을 고려하여야 한다.

1) 백업 매체

물리적 보안 방식에서 백업 매체는 안전하게 보관되어야 한다.(예, 안전한 금고 또는 장소) 그리고 정기적인 백업은 원본 데이터와는 다른 곳에 보관되어야 하며, 안전한 방법으로만 수행, 운반되어야 한다. 예를 들어, 컴퓨터는 하드 디스크나 개별 파일·디렉터리들을 보호해야 하며(예, 암호화), 출·퇴근 시에는 휴대형 컴퓨터를 안전한 곳에 관리하여야 한다. 특히 프린터는 기밀 정보의 인쇄는 접근이 제한된 곳에서만 출력되어야 하며, 특정 기간 이상(예, 10분) 사용되지 않은 PC의 경우 화면보호기가 동작되도록 해야 하고, 반드시 패스워드를 지정해야 하고, 컴퓨터 케이스는 잠가 놓아야 한다.

2) 책상 정리

매일 저녁 직원이 작업 공간을 떠날 때 책상 정리를 통해 조직의 기밀 데이터가 다른 사람들에게 유출되지 않도록 해야 한다.

3) 이동저장 장치

이동저장 장치(플로피, 외장 HDD, USB 메모리 등)는 종종 이메일과 마찬가지로 바이러스와 불법 소프트웨어의 원천이 되며, 기밀 데이터를 불법적으로 복사하는 데 사용될 수도 있다. 따라서 이동저장 장치는 불가피하게 써야 할 때에만 사용하도록 하고, 데이터를 디스켓에서 삭제할 때는, 완전히 삭제되도록 해야 한다. 또한 기밀 데이터는 암호화되어야 하며, 기밀 디스크의 복구는 허가된 사람만이 할 수 있도록 설정하며,

전자기적 파동으로부터의 매체 보호도 주의해야 한다.

4) 환경 문제 (천재지변, 화재, 테러 공격, 정전, 전기 합선 및 냉난방 고장 등)

(1) 환경 시설물 관리

적절하게 관리되지 않은 환경 시설물은 예기치 않은 현상을 초래하여 하드웨어 및 서비스 등에 잘못된 결과를 가져올 수 있다. 예를 들어 온도 및 습도가 적당하지 않아 컴퓨터 등의 자원이 손상되거나, 관리자가 수도 및 가스 밸브의 위치를 몰라 자연재해 시 제대로 대처하지 못하거나, 화재 탐지 및 진압 장치의 부재 및 미숙한 사용으로 인해 하드웨어 및 데이터 그리고 인명까지 위태로울 수 있는 결과를 초래할 수 있다. 따라서 이러한 환경 시설물들은 모두 규칙적이고 적절하게 관리되어야 한다.

(2) 주요 환경 시설물

습기 탐지기 및 휴대용 소화기, 수동식 화재경보기 및 연기 탐지기, 화재진압 시스템(습식 파이프, 건식 파이프, 할론 소화기 등), 내화성 자재 및 집기, 과전압 보호기 및 무정전 전원 장치(UPS), 비상 전원 차단 스위치 및 이중 전원 공급 장치 등을 보안측면에서 살펴야 한다.

(3) 시설 관리

a) 시설 부지 선정 시 고려 사항

셉 티드 (CPTED: 환경설계를 통한 범죄예방 건축설계기법) 측면에서 조직이 중요 정보 자산(자원)을 가진 시설을 지으려 할 때 될 수 있으면 남들의 이목에 띄지 않는 곳에 지어, 잠재적인 공격자의 주목을 끌지 않도록 하는 등의 여러 가지 사항이 고려되어야 한다. 특히 시설 부지 선정

시 가시성(Visibility), 이웃의 유형, 지역의 범죄율, 공공기관(경찰, 의료기관, 소방서 등) 과의 인접성, 주위 환경의 가능한 위험, 도로 접근성, 교통량 및 교통시설(기차역, 공항 등) 과의 인접성, 자연재해의 발생 가능성 등을 충분히 고려해야 한다.

b) 건축 자재 및 구조물 선정 시 고려 사항

시설에서 보호하고 있는 자원의 종류에 따라서 시설 건설 시 요구되는 건축 자재 및 구조물 요구 사항이 다르다. 예를 들어 중요 자산 보호를 위해 서는 벽이나 문, 천장, 바닥은 화재를 예방할 수 있는 필수 자재를 사용하며 가연성 자재를 사용해서는 안 된다거나, 하중과 무게 지탱 등급을 계량하여 그에 따라 시설을 지어야 한다는 등의 사항을 미리 고려해야 한다.

01 연습문제

01 물리적 보안 관리에서 "접근 제어"의 주요 목적은 무엇입니까?

A) 데이터 백업　　B) 불법 접근 방지

C) 소방 대응　　D) 네트워크 보안

정답 B) 불법 접근 방지

풀이 물리적 보안 관리에서 접근 제어의 주요 목적은 불법 접근을 방지하고 인가되지 않은 개인이 시설 또는 자원에 접근하지 못하도록 하는 것입니다.

02 CCTV (Closed-Circuit Television) 시스템은 주로 어떤 물리적 보안 기술의 일환으로 사용됩니까?

A) 생체 인식　　B) 출입문 액세스 제어

C) 화재 감지　　D) 네트워크 모니터링

정답 B) 출입문 액세스 제어

풀이 CCTV 시스템은 주로 출입문 액세스 제어 시스템의 일환으로 사용되며, 이를 통해 출입하는 사람들의 활동을 모니터링하고 기록할 수 있습니다.

03 다음 중 물리적 보안을 강화하는 방법으로 가장 적절하지 않은 것은 무엇입니까?

A) 안전한 잠금 장치 사용

B) 출입문의 유리를 불투명한 재료로 교체

C) CCTV 모니터링

D) 민감한 문서를 물리적으로 파괴

정답 C) CCTV 모니터링

풀이 CCTV 모니터링은 물리적 보안을 향상시키는 중요한 방법 중 하나이지만, 다른 옵션들보다 직접적으로 물리적 보안을 강화하는 방법은 아닙니다.

04 물리적 보안 관리에서 "사회 공학" 공격은 무엇을 목표로 하나요?

A) 네트워크 암호 해독 B) 물리적 장치 파괴

C) 사람들의 신뢰와 정보 획득 D) 화재 대응 훈련

정답 C) 사람들의 신뢰와 정보 획득

풀이 사회 공학 공격은 사람들의 신뢰를 속이고 정보를 획득하기 위한 공격 방법입니다.

05 어떤 물리적 보안 조치가 화재 대응을 위한 것인가요?

A) 생체 인식 장치 B) 스프링클러 시스템

C) CCTV 모니터링 D) 안전한 비밀번호 사용

정답 B) 스프링클러 시스템

풀이 스프링클러 시스템은 화재를 탐지하고 진압하기 위한 물리적 보안 조치 중 하나입니다.

06 다음 중 물리적 보안 관리에서 중요한 원칙 중 하나가 아닌 것은 무엇입니까?

A) 다중 요소 인증 사용

B) 적절한 물리적 액세스 제어

C) 정보 보안 정책 업데이트

D) 외부 위협 모니터링

정답 C) 정보 보안 정책 업데이트

풀이 정보 보안 정책 업데이트는 물리적 보안과는 관련이 있지만, 물리적 보안 관리의 핵심 원칙 중 하나가 아닙니다.

07 **어떤 물리적 보안 기술은 생체 특징을 기반으로 개인을 인증하고 액세스를 제어하는 데 사용됩니까?**

A) CCTV
B) 생체 인식
C) 안전한 비밀번호
D) 스프링클러

정답 B) 생체 인식
풀이 생체 인식 기술은 개인의 생체적 특징을 기반으로 인증 및 액세스 제어를 수행하는 물리적 보안 기술입니다.

08 **물리적 보안 관리에서 "정보 분류"의 주요 목적은 무엇입니까?**

A) 정보 저장 공간 확보
B) 정보 유출 방지
C) 데이터 복제
D) 네트워크 보안 강화

정답 B) 정보 유출 방지
풀이 정보 분류의 주요 목적은 중요한 정보를 보호하고 정보 유출을 방지하는 것입니다.

09 **물리적 보안에서 "열지도 분석"은 무엇을 확인하기 위한 것입니까?**

A) 전력 소비
B) 열 발생
C) 물리적 보안 위험
D) 건물 구조

정답 C) 물리적 보안 위험
풀이 열지도(Thermal Map) 분석은 건물 또는 시설 내에서 물리적 보안 위험을 식별하기 위해 열 발생 패턴을 분석하는 데 사용됩니다.

10 **물리적 보안 관리에서 "사용자 교육"의 주요 목적은 무엇입니까?**

A) 물리적 장치 유지보수
B) 사회 공학 공격 방지
C) 스프링클러 시스템 설치
D) CCTV 모니터링

정답 B) 사회 공학 공격 방지
풀이 사용자 교육은 사회 공학 공격을 방지하고 사람들이 물리적 보안 조치를 올바르게 따르도록 도와주는 역할을 합니다.

Chapter 2

출입통제 운영

- ★ 출입 통제
- ★ 출입 통제 시스템 종류
- ★ 보안 디자인(출입구 디자인) 원칙 적용
- ★ 출입 통제의 모범 사례
- ★ 연습문제

01

출입 통제

1. 출입통제구역 설정 운영

출입통제구역을 설정 시 고려 사항은 일반적으로 3개 구역을 획정 구분 통제하여야 한다. 즉, 일반인에게 개방된 지역(1구역), 일반인에게는 개방되지 않고, 직원들에게 개방된 지역(2구역), 보호되는 지역으로 신원 확인을 통해서만 접근 가능하고, 접근은 엄격히 통제하며, 외부인은 동행인 없이 접근할 수 없도록 하는 구역(3구역)등 3개 구역으로 구분 운영해야한다. 또한 건물은 업무시간 중 접수 구역을 통한 접근을 위한 것 이외에는 항상 잠겨있어야 하며, 공개된 지역에는 침입차단시스템을 통하지 않고는 출입이 차단 되도록 해야 한다.

2. 중요 시설 통제(전산실 등)

1) 주요 장비 설치 시설 출입통제

주요장비 설치시설에는 내부 네트워크에 접속되는 컴퓨터가 없어야 하며, 반드시 잠겨 있어야 한다. 또한 가능하다면 전자 카드에 의한 접근을 이용하여야 한다. 동시에 전자기적 파동으로부터의 시스템 보호를 고려하고, 건물은 보안 인력에 의해 24시간 감시되어야 한다.

2) 데이터 및 장비 실(서버 실) 출입

접근 자는 반드시 기록해 두어야 하며(일지 및 비디오 녹화), 특히 전원 차단, 절도, 홍수, 폭발, 지진 등의 재해에 대비하기 위한 비상 계획이 있어야 한다. 다음은 데이터센터 및 장비 실 설치 시 고려사항이다.

(1) 데이터 센터 설비 구성

데이터 센터는 중요 전산 자산을 보호하므로 시공 전에 미리 보안이 고려되어야 한다. 예를 들어 화재나 수해 등의 자연재해를 고려하여 최상층이나 지하에 위치하여서는 안 되며, 일반 직원들에게는 격리되나, 비상사태 시 관련 직원들의 접근이 용이하도록 건물의 중앙에 위치하도록 한다(예: 3~6층).

(2) 장비 실 설비 구성

전선 배전 센터와 가까운 시설의 중심부에 위치해야 하며 보안이 철저히 유지해야 한다. 또한 인가된 사람 외에는 출입할 수 없도록 격리된 곳에 장비 실을 위치시켜야 한다.

3. 물리적 접근 통제

1) 시설 접근 통제

물리적 접근 통제란 시설물, 지역 및 시스템에 들어오고자 하는 사람을 식별하여 허가된 사람만 접근을 허용하고 비인가 된 사람의 접근을 제한하는 것으로 시설, 컴퓨터, 사람 모두를 보호하며 인명에 대한 보호가 가장 우선시되어야 한다. 하지만, 시설 접근 통제를 위한 가장 쉬우면서 보편적인 방법은 무엇보다 열쇠와 자물쇠이다. 이는 자물쇠에 해당하는 열쇠를 가진 사람만 제한 없이 시설에 접근, 이용할 수 있는 것으로 조직 내 이동될 수 있는 자원(노트북)의 도난을 방지하기 위해 도난 방지 케이블을 설치하는 것이 그 예이다.

2) 인적 접근 통제

시설 및 지역에 접근을 하려는 사람이 실제 허가된 사람인지 식별하기 위해선 반드시 사용자 인증이 필수적이다. 사용자 인증은 보안 요원에 의한 인식 및 열쇠 사용, 스마트카드 제시, 지문, 홍채 인식 등의 방법을 통해 이루어진다. 이때 유의해야 할 사항은 다른 사람의 인가된 접근 권한을 이용하여 허가되지 않은 접근을 시도할 때 발생하는 것으로 시설 출입 시 인가된 사람의 뒤에 바짝 붙여서 통과(피기 백:Piggyback)' 하는 것을 조심해야 한다.

02

출입 통제 시스템 종류

출입 통제 시스템은 다양한 종류와 기술로 제공된다. 이러한 시스템은 보안을 강화하고 건물이나 지역의 출입을 제어하며, 다양한 용도와 환경에 맞게 사용된다. 아래에는 주요 출입 통제 시스템의 일반적인 종류를 나열하였다:

1. 카드 기반 출입 통제 시스템

사용자에게 카드나 키 패스를 제공하고, 이를 통해 출입을 허용하는 시스템이다. 카드는 스마트카드 또는 프록시미티 카드(신용카드 사이즈의 비접촉식 카드) 일 수 있으며, 리더기에 대칭되는 카드를 소지한 사용자만 출입할 수 있다.

2. 카드 키 시스템운영

카드 키 시스템은 시설물 내부 및 외부로의 무단 접근을 방지하기 위한 효과적인 기술 및 전략 중 하나이다. 아래에는 카드 키 시스템을 운영하고 보안을 강화하는 몇 가지 방법이다.

1) 카드 키 기술 선택

RFID (Radio-Frequency Identification): RFID 카드(반도체 칩이 내장된 태그)를 사용하여 무선 통신을 통해 출입문을 열 수 있다. 이 기술은 안전하며 빠르게 동작하며, 카드를 분실하면 쉽게 취소 및 재발급할 수 있는 장점이 있다.

(1) 스마트카드: 스마트카드는 더 높은 보안 수준을 제공하며, 개인 식별 정보를 안전하게 저장할 수 있다.

(2) 바이오메트릭 인증: 지문, 안면 인식 또는 홍채 스캐닝과 같은 바이오메트릭 특성을 사용하여 접근을 허용한다. 이 기술은 더 높은 보안 수준을 제공하지만 비용이 높을 수 있다.

2) 접근 제어 및 인가

각 카드는 개별적으로 구성되며, 해당 사용자의 권한을 나타내는 권한 설정을 가지고 있어야 한다. 권한은 사용자의 역할 및 책임에 따라 다르다. 예를 들어, 특정 구역이나 시간대에 대한 접근을 제한할 수 있으며, 일부 사용자에게는 특정 문을 열 수 있는 권한을 부여할 수 있다.

3) 카드 관리 및 모니터링

카드의 분실이나 도난 시에는 신속하게 취소하고 재발급해야 한다. 시스템은 카드 사용 기록을 자동으로 기록하고, 무단 접근 시 경보를 생성하도록 설정되어야 한다.

4) 물리적 보안 강화

카드 리더기와 출입문은 물리적으로 안전하게 설치되어야 한다. 리더기에 대한 무단 접근을 방지하기 위해 카메라 및 알람 시스템과 연동할 수 있다.

5) 비상 대응 계획

카드 키 시스템이 작동하지 않거나 비상 상황이 발생할 때를 대비한 계획을 마련해야 한다. 이를 위해 대체 출입 방법과 비상 연락처를 설정해야 한다.

6) 보안 교육과 인식

시설 내 모든 사용자에게 카드 키 시스템의 사용법과 보안 프로토콜을 교육하고 보안 인식을 높여야 한다.

7) 주기적인 평가와 업그레이드

시스템의 보안을 유지하기 위해 주기적인 평가와 업그레이드를 수행해야 하고, 카드 키 시스템의 취약점을 식별하고 보완해야 한다. 이러한 전략과 기술을 사용하여 카드 키 시스템을 효과적으로 운영하고 시설물의 내부 및 외부로의 무단 접근을 방지할 수 있다. 보안 요구사항과 시설물의 특정한 상황에 따라서 전략을 조정하고 보완해야 한다.

3. 생체 인식 출입 통제 시스템

생체 인식 기술을 이용한 효과적인 출입통제 방법은 현대 보안 요구사항을 충족시키기 위한 강력한 옵션 중 하나이다. 주요 생체 인식 방법으로는 지문, 안면, 홍채, 정맥, 음성 인식 등이 있다. 다음은 그중 몇 가지 효과적인 출입통제 방법이다.

1) 지문 인식 (Fingerprint Recognition)

지문은 개인의 고유한 생체 특성 중 하나로, 높은 정확성을 가지며, 만인부동의 특징으로 가짜 지문으로 속이기 어렵다. 지문 스캐너를 사용하여 출입문을 제어할 수 있으며, 다양한 규모와 가격대의 지문 인식 장치가 시장에 나와 있다.

2) 홍채 인식 (Iris Recognition)

홍채 패턴은 눈의 내부에 있는 고유한 특징으로, 빠른 인식과 높은 정확성을 제공한다. 홍채 스캐너를 사용하여 출입문을 개방하거나 닫을 수 있다.

3) 얼굴 인식 (Facial Recognition)

얼굴 인식 기술은 사람의 얼굴을 인식하고 신분을 확인하는 데 사용된다. 고급 얼굴 인식 시스템은 3D 얼굴 스캐닝과 같은 추가 보안 기능을 제공할 수 있다.

4) 소리 인식 (Voice Recognition)

목소리의 고유한 특징을 사용하여 사용자를 인식하는 음성 인식 기술도 있다. 이는 다른 생체 인식 방법과 결합하여 추가적인 보안 층을 제공할 수 있다.

5) 혈관 패턴 인식 (Vein Pattern Recognition)

혈관 패턴은 정맥 구조를 기반으로 하는 생체 특성이다. 혈관 패턴 스캐너는 높은 보안 수준을 제공하며, 피부 표면에 노출되지 않기 때문에 위조하기 어렵다.

6) 맥박 인식 (Heart beat Recognition)

심박수 패턴을 기반으로 한 생체 인식 기술도 개발 중이다. 이것은 높은 보안성을 제공하며 더 많은 연구가 필요하다. 그러나 출입통제 시스템을 구성할 때, 선택한 생체 인식 기술의 성능, 비용, 사용 편의성 등을 고려해야 한다. 또한 개인 정보 보호와 관련된 법률 및 규정을 준수하는 것이 중요하며, 생체 인식 데이터를 안전하게 저장하고 관리해야 한다.

4. 비밀번호 또는 PIN 기반 출입 통제 시스템

비밀번호나 PIN(개인 식별 번호) 기반 출입 통제 시스템은 건물, 시설 또는 정보 시스템에 접근하는 데 사용되는 보안 시스템이다. 이러한 시스템은 사용자가 정확한 비밀번호나 개인 식별 번호(PIN)를 입력해야만 허가된 접근을 허용하며, 불법적인 접근을 방지하기 위한 보안 장치 중 하나이다. 이러한 시스템은 일반적으로 소프트웨어 또는 키패드를 사용하여 구현된다. 다음은 비밀번호 또는 PIN 기반 출입 통제 시스템의 주요 특징과 동작 방식에 대한 설명이다.

1) 비밀번호 또는 PIN 입력: 사용자는 허가된 지점에 접근하기 위해 미리 설정된 비밀번호나 PIN을 입력해야 한다.

2) 인증: 시스템은 입력된 비밀번호나 PIN을 검증하여 사용자의 정체성을 확인한다.

3) 보안: 비밀번호 또는 PIN은 보안을 강화하기 위해 암호화되어 저장되며, 이를 통해 무단 접근을 어렵게 만든다.

4) 접근 통제: 올바른 비밀번호나 PIN을 입력한 사용자에게만 출입이 허용되며, 잘못된 정보를 입력한 경우에는 접근을 거부한다.

5) 기록과 감시: 시스템은 사용자의 접근 이력을 기록하고, 필요한 경우 보안 관리자나 관리팀에 경고를 보낼 수 있다.

6) 2단계 인증: 보안을 더욱 강화하기 위해 비밀번호나 PIN 외에 다른 인증 요소(예: 스마트카드, 생체 인식)를 추가로 사용할 수 있다.

7) 비밀번호 정책: 사용자에게 강력한 비밀번호를 설정하도록 요구하거나, 주기적으로 비밀번호를 변경하도록 강제할 수 있는 정책을 시행할 수 있다.

8) 비밀번호 관리: 사용자가 비밀번호를 분실하거나 잊어버린 경우를 대비하여 비밀번호 초기화 또는 복구 절차를 제공할 수 있다.

9) 비밀번호 공격 방지: 일련의 연속된 잘못된 비밀번호 또는 PIN 입력 시 일시적으로 계정을 잠금 처리하여 비밀번호 공격을 방지한다. 이처럼 비밀번호 또는 PIN 기반 출입 통제 시스템은 다양한 환경에서 사용되며, 물리적인 출입 통제뿐만 아니라 컴퓨터 시스템, 애플리케이션, 웹 사이트 등 다양한 온라인 및 오프라인 시나리오에서 보안을 강화하는 데 활용된다. 따라서 이러한 시스템은 적절한 보안 정책과 절차를 구현하고 유지 관리함으로써 정보 및 자산 보호에 기여할 수 있다.

5. RFID 출입 통제 시스템

주파수를 사용하는 방법인 RFID(반도체 칩 내장태그) 기술을 사용하여 출입을 제어하는 것으로 사용자는 RFID 태그를 소지하고, 리더기와의 무선 통신을 통해 출입을 허용 받는다. 즉, RFID 출입 통제 시스템은 개인이나 물체의 출입을 모니터링하고 관리하기 위한 기술적인 시스템이다. 다음은 RFID 출입 통제 시스템의 주요 구성 요소와 작동 방식에 대한 개요입니다.

1) 주요 구성 요소

(1) RFID 태그: 출입 가능한 개인 또는 물체에 부착되는 RFID 카드, 스티커 또는 태그이다. 이 태그에는 고유한 식별 정보가 저장되어 있다.

⑵ RFID 리더: 출입구 또는 통제 지점에 설치되며, RFID 태그의 정보를 읽고 처리하는 장치이다.

⑶ 제어 패널: RFID 리더와 연결되어 출입 통제를 관리하고 제어하는 중앙 제어 장치이다.

⑷ 데이터베이스: 태그에 대한 정보와 출입 기록을 저장하고 관리하는 데이터베이스 시스템이다.

⑸ 전원 공급 장치: 시스템 구성 요소에 전원을 공급하고, 장애 상황 시에 대비하기 위한 백업 전원 공급 장치가 필요할 수 있다.

2) 작동 방식

⑴ 등록 및 설정: 개인이나 물체에게 RFID 태그를 부착하고, 시스템에 등록한다. 등록 과정에서 태그에는 고유한 정보가 할당된다.

⑵ 인증 요청: 출입구 또는 통제 지점에 도착한 개인 또는 물체는 RFID 리더에게 인증 요청을 보낸다.

⑶ 태그 스캔: RFID 리더는 태그의 정보를 스캔하고, 해당 태그의 식별 정보를 읽어온다.

⑷ 인증 및 결정: 리더는 데이터베이스에 저장된 정보와 비교하여 해

당 태그가 유효한지 여부를 확인하고, 출입 권한이 있는 경우 통과를 승인한다. 그렇지 않은 경우 거부한다.

(5) 출입 기록 저장: 시스템은 출입 기록을 데이터베이스에 저장하고, 이를 나중에 검토 및 감사 목적으로 활용할 수 있다. 이처럼 RFID 출입 통제 시스템은 보안을 강화하고 출입 기록을 관리하는 데 도움을 주며, 다양한 환경에서 사용된다. 예를 들어, 기업 건물, 학교, 주택, 창고, 및 보안이 중요한 시설에서 사용되며, 출입 통제 및 감시에 대한 효과적인 솔루션으로 간주된다.

6. 스마트 폰 기반 출입 통제 시스템

스마트 폰 기반 출입 통제 시스템은 스마트 폰을 사용하여 건물이나 시설의 출입을 관리하고 제어하는 시스템을 의미한다. 즉, 사용자의 스마트 폰 앱을 사용하여 출입을 통제하는 시스템으로 사용자는 앱을 통해 출입 권한을 관리하고, NFC(10m 이내 거리에서 접촉하지 않고 데이터를 주고받을 수 있는 무선통신 기술) 또는 블루투스를 사용하여 출입문을 열 수 있다. 이러한 시스템은 기존의 출입 제어 시스템에 비해 편리하고 안전한 출입 관리 방법을 제공한다. 아래는 스마트 폰 기반 출입 통제 시스템의 주요 특징과 이점이다.

1) 스마트 폰 앱을 활용한 출입 제어

이 시스템은 스마트 폰 애플리케이션을 통해 출입을 제어하는 것으로 사용자는 스마트 폰 앱을 통해 문을 열거나 잠금을 해제할 수 있다.

2) 편리한 관리

관리자는 스마트 폰 앱 또는 웹 대시보드를 사용하여 출입 권한을 설정하고 관리할 수 있으며, 새로운 사용자를 추가하거나 기존 사용자의 권한을 변경할 때 효율적이다.

3) 다양한 인증 방법

스마트 폰 기반 출입 통제 시스템은 다양한 인증 방법을 지원한다. 이러한 방법에는 지문 인식, 얼굴 인식, 비밀번호, QR 코드 등이 포함될 수 있다.

4) 실시간 모니터링

관리자는 실시간으로 출입 기록을 모니터링하고, 문이 열리거나 잠겼을 때 알림을 받을 수 있다. 이를 통해 보안을 강화하고 문제가 발생할 경우 빠르게 대응할 수 있다.

5) 비 접촉 및 안전

특히 COVID-19와 같은 전염병 대유행 시기에는 비 접촉 출입 제어가 중요하다. 스마트 폰을 사용하면 신체 접촉 없이 출입을 관리할 수 있다.

6) 확장성

시스템은 다양한 규모의 시설에 적용할 수 있으며, 필요에 따라 확장 가능하다. 대규모 건물 관리나 다중 시설 관리에도 적합하다.

7) 비용 효율성

스마트 폰을 사용하는 출입 제어 시스템은 전통적인 출입 제어 시스템에 비해 설치 및 유지보수 비용이 낮을 수 있다. 이처럼 스마트 폰 기반 출입 통제 시스템은 보안과 편의성을 결합하여 다양한 분야에서 사용되고 있으며, 이러한 시스템은 더 많은 혁신과 발전이 예상되는 분야 중 하나이다.

7. 비디오 인터폰 및 비디오 출입 통제 시스템

비디오 인터폰 및 비디오 출입 통제 시스템은 주로 건물이나 주택의 출입을 관리하고 보안을 강화하기 위해 사용되는 기술이다. 이러한 시스템은 카메라와 오디오 기능을 결합하여 출입을 관리한다. 사용자는 비디오 인터폰을 통해 방문자를 확인하고 출입을 승인 또는 거부할 수 있다. 음성 및 영상 통화 기능을 결합하여 방문자나 출입자와 소통하고, 출입문을 원격으로 제어하고 모니터링 할 수 있다. 다음은 비디오 인터폰 및 비디오 출입 통제 시스템의 주요 기능과 이점을 설명한 것이다.

1) 문의 열고 닫기

시스템을 통해 출입문이나 대문을 원격으로 열고 닫을 수 있다. 이를 통해 방문자나 출입자에게 편리한 출입을 허용하거나 거부할 수 있다.

2) 시각적 확인

비디오카메라를 사용하여 방문자의 얼굴이나 환경을 확인할 수 있다. 이것은 방문자의 정체성을 확인하고 미래의 보안 문제를 방지하는 데 도움이 된다.

3) 통신 기능

비디오 인터폰은 음성 및 영상 통화를 제공하므로 주거 또는 사무 공간의 주인은 방문자와 직접 소통할 수 있다. 이것은 편리하고 안전한 방문자 관리를 가능하게 한다.

4) 원격 관리

시스템을 휴대전화 앱 또는 웹 인터페이스와 연결하여 언제 어디서나 출입문을 제어하고 모니터링 할 수 있다. 이것은 휴가 중이거나 외부에서 작업하는 동안에도 보안을 유지하기에 유용하다.

5) 이벤트 기록

비디오 인터폰 및 출입 통제 시스템은 출입 기록을 유지하고 이를 검토할 수 있는 기능을 제공한다. 이것은 사건 조사나 보안 감사에 유용하다.

6) 보안 강화

시스템을 통해 누가 건물에 들어오고 나갔는지 추적하고, 비인가 된 출입을 방지하는 데 도움이 된다.

7) 비상 상황 대응

비디오 인터폰 시스템은 비상 상황에 대비하여 출입문을 긴급하게 열고 닫을 수 있도록 지원한다.

8) 다중 단위 지원

주택이나 아파트 빌딩과 같은 다중 단위 건물에서도 사용할 수 있으며, 각 단위에 개별적인 출입 권한을 부여할 수 있다. 비디오 인터폰 및 비디오 출입 통제 시스템은 보안과 편의성을 결합하여 건물 또는 주택의 출입을 관리하는 데 유용한 도구이다. 이러한 시스템은 주거용, 상업용, 산업용 등 다양한 환경에서 사용된다.

8. 클라우드 기반 출입 통제 시스템

클라우드(데이터를 인터넷과 연결된 중앙컴퓨터에 저장해서 인터넷에 접속하기만 하면 언제 어디서든 데이터를 이용할 수 있는 것)기반 출입 통제 시스템은 기업이나 기관에서 출입 관리를 효율적으로 관리하기 위해 클라우드 기술을 활용하는 시스템이다. 즉, 출입 통제 시스템을 클라우드에 연결하여 원격으로 출입을 관리하고 모니터링 할 수 있다. 이는 특히 분산된 위치나 다중 시설을 가진 기업에 적합하다. 또한 이 시스템은 전통적인 출입 통제 방식보다 유연하고 확장 가능하며, 실시간 데이터 및 리모트 액세스를 제공하여 보안을 강화하고 사용자 경험을 향상시킬 수 있다. 클라우드 기반 출입 통제 시스템의 주요 특징과 이점은 다음과 같다

1) 원격 관리

클라우드 기반 시스템은 언제 어디서나 웹브라우저 또는 모바일 앱을 통해 출입 통제를 관리할 수 있다. 이로써 보안 관리자는 리모트 로 실시간 데이터에 액세스하고 제어할 수 있다.

2) 확장성

클라우드 기반 시스템은 쉽게 확장할 수 있으며, 새로운 출입 포인트를 추가하거나 사용자를 관리하기 용이하다. 또한 새로운 지점이나 빌딩이 추가될 때 비교적 빠르게 통합할 수 있다.

3) 비용 효율성

전통적인 출입 통제 시스템에 비해 하드웨어 및 유지 보수비용을 절감할 수 있다. 클라우드 기반 시스템은 하드웨어를 최소화하고 서비스 기반으로 비용을 관리한다.

4) 보안 강화

클라우드 기반 출입 통제 시스템은 데이터 및 인증 정보를 안전하게 저장하고 보호하기 위한 강력한 보안 메커니즘을 제공한다. 또한 다양한 식별 및 인증 기능을 지원하여 보안을 높일 수 있다.

5) 사용자 편의성

사용자는 클라우드 기반 출입 통제 시스템을 사용하여 스마트폰 앱 또는 웹 인터페이스를 통해 간편하게 출입을 요청하고 허용 받을 수 있다.

6) 데이터 분석 및 보고

클라우드 기반 출입 통제 시스템은 출입 기록 및 데이터를 분석하여 보고서를 생성하고 보안 이벤트를 모니터링 할 수 있다. 이를 통해 보안 문제에 대한 신속한 대응이 가능하다. 이처럼 클라우드 기반 출입 통제 시스템은 현대적인 보안 요구 사항을 충족하고, 기업이나 기관의 보안 프로세스를 향상시키는 데 도움이 된다. 그러나 이러한 시스템을 구현하기 전에 보안 정책을 잘 고려하고, 데이터 보호 및 개인 정보 보호를 신중하게 다루어야 한다.

9. 양자 키 분배 출입 통제 시스템

양자 키 분배 출입 통제 시스템은 양자(물리량이 취할 수 있는 최소량을 의미) 암호 학 원리를 활용하여 보안을 강화하는 출입 통제 시스템의 일종으로 양자 통신 기술을 사용하여 높은 보안 수준을 제공하는 출입 통제 시스템이다. 이러한 출입 통제 시스템은 다양한 보안 수준과 용도에 맞게 선택된다. 선택한 시스템은 건물 또는 시설의 보안 요구사항, 예산, 사용자 편의성 등을 고려하여 결정된다. 즉, 양자 암호 학은 양자역학의 원리를 기반으로 데이터를 암호화하고 해독하는 과정에서 양자 상태를 이용한다. 이런 원리를 이용하면 전통적인 암호 학에서 발생할 수 있는 일부 취약점을 극복할 수 있으며, 더욱 안전한 통신과 정보 보호를 가능하게 한다. 양자 키 분배 출입 통제 시스템은 다음과 같은 방식으로 작동한다.

1) 양자 키 분배

시스템은 양자 역학의 원리를 활용하여 두 사용자 간에 안전한 키를 분배한다(통신망의 데이터 송신부와 수신부에서 양자 암호 키를 동시에 생성 분배한다). 즉, 양자 키 분배 프로토콜을 통해 암호 화 키를 생성하고 공유한다.

2) 안전한 데이터 전송

이 분배된 양자키를 사용하여 데이터를 암호화하고 전송한다. 양자 암호 학은 키 분배 과정에서 중간자 공격을 방지하며, 데이터의 무 결성과 기밀성을 보장한다.

3) 출입 통제

양자키를 사용하여 출입 통제 시스템을 제어한다. 출입 통제 장치는 양자키를 통해 사용자를 인증하고 열쇠나 카드와 같은 전통적인 시스템보다 더 안전한 방식으로 출입을 허용 또는 거부한다. 이처럼 양자 키 분배 출입 통제 시스템은 양자 역학의 특성을 활용하여 정보 보호를 강화하므로, 고급 보안 요구 사항이 있는 환경에서 유용하게 사용될 수 있다. 그러나 현재까지 양자 암호 학 기술은 아직 실험실 단계이며, 상용화 및 대중화에는 몇 가지 기술적 문제와 도전이 남아 있다. 따라서 실제 양자 키 분배 출입 통제 시스템의 사용은 미래 기술 발전에 따라 확대될 것으로 예상된다.

03

보안 디자인(출입구 디자인) 원칙 적용

시설물이나 제품의 보안 적 취약점을 최소화하고, 내재된 위험을 줄이기 위해 디자인 원칙을 적용하는 것으로, 화재 안전, 비상 대피 경로, 침입 방지 등에 대한 보안 디자인이 응용된다. 특히 시설물 내부 및 외부로의 무단 접근을 방지하기 위한 기술 및 전략으로서 출입구의 디자인은 보안목표를 달성하는데 중요하다. 대표적인 것이 출입구의 단일출입구 전략이다.

1. 단일 출입구

주요 출입구를 한곳으로 제한하고, 다른 출입구를 제한적으로 사용하거나 비공개로 유지한다. 이렇게 하면 접근 포인트를 통제하기가 더 쉬워진다. 접근 통제를 위해 시설물 내부 및 외부로의 무단 접근을 방지하기 위한 기술 및 전략으로서 단일 출입구 운영의 필요성과 전략은 시설물 내부 및 외부로의 무단 접근을 방지하기 위한 기술 및 전략으로서 매우 중요하다. 즉, 접근 통제는 시설의 안전과 보안을 유지하는 데 중요하며, 단일 출입구 운영은 이러한 목표를 달성하는 데 도움이 될 수 있다. 아래는 단일 출입구 운영의 필요성과 전략이다.

1) 단일 출입구 운영의 필요성

보안 강화, 편의성, 감시 용이성이 단일 출입구 운영의 장점이다. 이는 시설의 주요 출입구를 통제하고, 보안을 높일 수 있으며, 다른 출입구로의 무단 접근을 방지하고 비인가자의 진입을 어렵게 만들기 때문이다. 이는 다수의 출입구를 운영하는 것보다 단일 출입구를 운영하면 출입과 관련된 프로세스가 간소화되며 관리가 편리해 질 수 있기 때문이다. 하나의 출입구를 감시하고 모니터링하기가 더 쉬워, CCTV 및 기타 보안 시스템의 효율성을 높일 수 있다.

2) 단일 출입구 운영 전략

(1) 우선 출입 통제 시스템을 구현하여 출입구를 보호해야 한다. 이러한 시스템에는 전자 출입증, 지문 인식, 카드 키 및 비밀번호 등 다양한 인증 수단이 포함된다. 또한 출입구에 보안 인력을 배치하여 비인가자의 출입을 방지하고, 안전한 환경을 유지해야 한다. 보안 인력은 특히 비상 상황에서 신속하게 대응할 수 있어야 한다. 감시 시스템으로서, 출입구 주변에 CCTV 카메라를 설치하여 실시간 감시를 수행하여, 잠재적인 위협을 조기에 탐지하고 대응할 수 있어야 한다.

(2) 시설 내부에는 민감한 영역을 설정하고, 해당 영역에 접근 권한을 제한하며, 이를 위해 카드 키나 생체 인식과 같은 기술을 사용해야한다. 이때는 시설 내부와 외부를 연결하는 네트워크를 보호하기 위해 방화벽과 최신 보안 소프트웨어를 사용하는 방안과 비상 상황에 대비하여 출입구 근처에 비상 대응 계획을 마련하고, 직원을 교육하며, 비상 통로와 의사소통 시스템도 고려해야 한다.

또한 교육을 통해 보안 정책과 절차를 주기적으로 검토하고, 직원 및 관련 담당자에게 보안 교육을 제공하는 것은 매우 중요한 사항이다. 이러한 단일 출입구 운영 전략을 통해 시설물의 보안을 강화하고, 무단 접근을 방지할 수 있다. 그러나 이것은 시설의 크기, 유형 및 특정 요구 사항에 따라 다양한 보안 조치를 조정해야 할 수 있다.

04

출입 통제의 모범 사례

출입 통제는 건물, 시설 또는 지역의 무단 접근을 방지하고 안전을 유지하기 위한 중요한 조치이다. 이는 다양한 상황과 필요에 따라 다를 수 있지만 일반적으로 다음과 같은 몇 가지 모범 사례가 있다

1. 전자 출입 제어 시스템 (Access Control System)

전자 출입 제어 시스템을 사용하여 승인되지 않은 개인이 건물 또는 지역에 접근하는 것을 방지할 수 있다. 이 시스템은 스마트카드, PIN 번호, 생체 인식 기술 등을 사용하여 출입을 제어한다.

2. CCTV 모니터링

CCTV (Closed-Circuit Television) 카메라를 설치하여 출입 지점을 모니터링하고 무단 접근을 감지하고 기록할 수 있다. CCTV 영상 기록은 사고 발생 시 조사에 도움이 될 수 있다.

3. 방화문과 출입문

각 출입 지점에 방화 문 또는 강화된 출입문을 설치하여 무단 접근을 방지할 수 있다. 이러한 문은 잠금장치와 함께 사용되어야 한다.

4. 보안인력 및 경비원

경비원 또는 보안인력을 고용하여 출입 지점을 감시하고 무단 접근을 방지한다. 보안인력은 주요 출입 지점에서 순찰하고 위험한 상황을 조기에 감지할 수 있다.

5. 출입 권한 관리

개인 또는 그룹에 대한 출입 권한을 엄격하게 관리하고 업무와 관련 없는 개인의 출입을 제한한다. 출입 권한은 필요에 따라 주기적으로 검토되어 최신 상태로 유지하여야 한다.

6. 출입 기록 관리

출입 기록을 정기적으로 검토하여 무단 접근을 탐지하고 이에 대한 조치를 취합한다. 이러한 기록은 보안사고 조사에 도움이 된다.

7. 사용자 교육과 인식

모든 직원과 관계자에게 출입 통제 정책과 절차를 교육하고 보안 의식을 높이는 것이 중요하다.

8. 비상 대비

비상 상황에 대비하여 출입 지점에서의 대피 및 비상 상황 대응 계획을 마련하고 교육한다.

9. 보안 감사

정기적인 보안 감사를 수행하여 시스템 및 절차의 취약점을 식별하고 보완한다.

10. 기술적인 향상

최신 보안 기술과 솔루션을 도입하여 출입 통제 시스템을 계속 개선한다. 출입 통제의 모범 사례는 조직의 크기와 필요에 따라 다를 수 있으며, 보안 상황과 위험을 고려하여 조정되어야 한다. 이러한 사례들은 출입 통제를 효과적으로 관리하고 안전을 유지하는 데 도움이 된다.

02 연습문제

01 출입통제 시스템에서 사용되는 RFID 기술은 어떤 원리를 기반으로 하고 있을까요?

A) 무선 통신 기술 B) 바코드 스캐닝 기술
C) 자기 인덕션 기술 D) 영상 인식 기술

정답 A) 무선 통신 기술
풀이 RFID는 무선 통신을 사용하여 정보를 전송하는 기술입니다.

02 출입통제 시스템에서 사용되는 카드키는 어떤 요소로 인증되나요?

A) 지문 스캐닝 B) 비밀번호 입력
C) 카드번호 읽기 D) 안면 인식

정답 C) 카드번호 읽기
풀이 카드키 시스템은 주로 카드에 저장된 고유한 번호를 읽어서 인증합니다.

03 시설 보안에서 CCTV (폐쇄 회로 TV) 시스템은 어떤 목적으로 주로 사용되나요?

A) 출입통제 B) 음성 통화
C) 화재 대응 D) 인터넷 접속

정답 A) 출입통제
풀이 CCTV는 시설의 출입통제를 모니터링하고 기록하는 데 주로 사용됩니다.

04 시설 내의 민감한 영역에 접근하기 위해 어떤 접근 제어 기술이 사용될 수 있을까요?

A) 생체 인식　　B) 전자 메일

C) 소셜 미디어　　D) 텍스트 메시지

정답 A) 생체 인식

풀이 생체 인식 기술은 민감한 영역의 접근을 허용 또는 거부하기 위해 사용됩니다.

05 카드키 시스템에서 카드 분실 시 어떤 조치를 취해야 할까요?

A) 아무 조치도 취하지 않아도 됨

B) 보안 관리자에게 신고

C) 새로운 카드 구매

D) 무작위로 카드 키 번호 변경

정답 B) 보안 관리자에게 신고

풀이 카드 분실 시 보안 관리자에게 신고하여 적절한 조치를 취해야 합니다.

06 시설 내부에 설치된 비상문은 언제 사용되어야 할까요?

A) 편의 상황에서　　B) 화재나 비상 상황 시

C) 출입통제 시스템 오류 시　　D) 매일 영업 종료 후

정답 B) 화재나 비상 상황 시

풀이 비상문은 화재나 비상 상황 시 대피를 위해 사용되어야 합니다.

07 출입통제 시스템의 로그 기록은 어떤 목적으로 사용될까요?

A) 법적 증거　　B) 광고 캠페인

C) 시설 인테리어　　D) 출입 통계 분석

정답 A) 법적 증거

풀이 로그 기록은 법적 증거로 사용될 수 있으며, 보안사고 조사에 유용합니다.

08 양자 암호학 기술은 어떤 보안 측면에서 중요한 역할을 할 수 있을까요?

A) 물리적 보안 B) 네트워크 방화벽

C) 소프트웨어 보안 D) 데이터 복원

정답 A) 물리적 보안

풀이 양자 암호학은 물리적으로 안전한 통신을 제공하기 위한 기술로 사용됩니다.

09 출입통제 시스템의 다중 인증은 무엇을 의미하나요?

A) 비밀번호만 사용

B) 카드키만 사용

C) 두 가지 이상의 인증 요소 사용

D) 인증 없이 자유 출입

정답 C) 두 가지 이상의 인증 요소 사용

풀이 다중 인증은 두 가지 이상의 인증 요소를 사용하여 보안을 강화합니다.

10 시설 내의 모든 출입구에 카드키 시스템을 도입해야 할까요?

A) 필수적임 B) 선택적임

C) 저렴한 대체재 있음 D) 법적 요구사항에 따름

정답 B) 선택적임

풀이 모든 출입구에 카드키 시스템을 도입할 필요는 없으며, 시설의 필요와 예산에 따라 선택적으로 적용됩니다.

Chapter 3

감시와 모니터링

- ★ 감시와 모니터링의 개념
- ★ 감시와 모니터링의 접근 방법과 사례
- ★ 감시와 모니터링 CCTV 역할과 필요성
- ★ CCTV 시스템 효과적 운영
- ★ 모니터링 방법과 도구
- ★ 비상 상황 대응위한 감시 단계
- ★ 연습문제

01

감시와 모니터링의 개념

물리적 보안에서 감시(Surveillance)와 모니터링(Monitoring)은 중요한 개념이며 보안 시스템 및 조직의 안전을 유지하기 위해 사용된다. 이 두 용어는 보안 시스템 및 절차를 관리하고 보호하기 위해 사용되는 다양한 방법과 도구와 관련이 있는 것으로 비슷한 목표를 가지고 있지만 약간 다른 의미를 가지고 있다.

1. 감시(Surveillance)

감시는 일반적으로 보안 카메라, 센서, 경보 시스템 등과 같은 기술적 수단을 사용하여 지역 또는 시설을 주시하고 기록하는 프로세스를 의미한다. 즉, 감시는 보안 이벤트를 탐지하고 기록하며, 사건이 발생하면 실시간으로 경보를 생성하거나 보안 담당자에게 알림을 보내는 데 사용될 수 있다. 즉, 미리 정의된 규칙 또는 패턴을 기반으로 비정상적인 활동을 탐지하거나 사건을 기록하기 위해 사용되는 것으로 주로 카메라를 사용하여 특정 지역 또는 환경을 모니터링하고 녹화하는 것이 감시의 핵심 역할이다.

2. 모니터링(Monitoring)

모니터링은 시스템, 네트워크, 환경 또는 다른 리소스의 상태 또는 활동을 지속적으로 관찰하고 분석하는 프로세스를 의미한다. 주로 시스템 및 네트워크 운영, 보안 이벤트, 성능 및 리소스 사용 등을 추적하고 이상 현상을 식별하는 데 사용된다. 그러나 모니터링은 보안 이벤트에만 한정되지 않고 시스템 및 네트워크 운영을 개선하고 문제를 조기에 발견하여 예방하기 위해 다양한 분야에서 활용되기도 한다. 또한 일반적으로 대시보드, 로그 파일, 경보 및 알림을 통해 시스템 및 네트워크 상태를 시각화하고 보고하는 도구 및 기술을 포함한다.

두 용어는 함께 작동하여 물리적 보안을 강화하고 시설, 자산 및 정보를 보호하는 데 도움이 된다. 요약하면, 감시는 주로 물리적 환경 또는 시설의 안전을 유지하고 보안 이벤트를 감지하고 기록하는 데 중점을 두며, 모니터링은 시스템 및 네트워크의 상태와 활동을 지속적으로 관찰하고 이해하기 위한 프로세스입니다. 두 개념은 보안 및 운영 관점에서 중요하며, 실제 보안 시스템 및 환경에서 함께 사용될 수 있습니다.

02

감시와 모니터링의 접근 방법과 사례

감시와 모니터링은 정보나 활동을 계속적으로 관찰하고 평가하는 프로세스이다. 이 두 용어는 종종 혼용되지만 약간의 차이가 있을 수 있다. 다음은 감시와 모니터링의 기본 개념 및 접근 방법에 대한 설명과 사례를 설명한다.

1. 감시 접근방법

감시는 일반적으로 활동, 사건, 장소, 시스템 등을 실시간으로 관찰하거나 기록하는 것을 의미하는 것으로 주로 보안, 범죄 예방, 비상 상황 대응 및 시설 관리와 같은 분야에서 사용되는 것이기 때문에 다음과 같은 접근방법이 필요하다.

1) 접근 방법

(1) CCTV (폐쇄 회로 TV) 카메라 시스템: 공공장소, 건물, 주차장 등에 카메라를 설치하여 활동을 기록하고 실시간으로 감시한다.

⑵ 센서 기술: 환경 센서, 움직임 감지 센서 등을 사용하여 원하는 대상의 활동을 감지하고 기록한다.

⑶ 통신 감시: 전화, 이메일, 인터넷 사용 등의 통신을 모니터링 하여 법률 준수나 보안 문제를 파악한다.

2) 설치 운영

⑴ 교통 감시 카메라: 도로와 교차로에 설치된 카메라는 교통 상황을 모니터링 하여 교통사고 예방과 교통 흐름 최적화에 도움을 준다.

⑵ 보안 카메라 시스템: 상점, 은행, 주택 등의 보안을 위해 CCTV 카메라가 사용되며, 금융 및 범죄 예방에 도움이 된다.

⑶ 환경 감시 센서: 미세먼지, 온도, 습도 등을 측정하는 센서 네트워크는 환경오염 및 재해 모니터링에 사용된다.

2. 모니터링 접근방법

모니터링은 특정 프로세스, 상황 또는 시스템의 성과를 계속적으로 추적하고 평가하여 정상 작동 여부나 문제점을 파악하는 프로세스로서 주로 프로젝트 관리, 성과 관리 및 운영 관리에서 사용된다.

1) 접근 방법

⑴ 성과 지표: 목표와 성과 지표를 설정하고 그것들을 추적하여 원하

는 결과를 달성하는 데 도움을 준다.

⑵ 실시간 데이터 분석: 데이터를 실시간으로 모니터링 하여 실시간으로 문제나 기회를 파악하고 조치를 취할 수 있다.

⑶ 피드백 루프: 결과를 평가하고 피드백을 수렴하여 조직 또는 프로세스를 개선한다.

2) 사례

⑴ IT 시스템 모니터링: 서버 및 네트워크 성능 모니터링은 장애 예방 및 성능 최적화에 도움을 준다.

⑵ 프로젝트 모니터링: 프로젝트 일정, 예산 및 성과를 추적하여 프로젝트가 정해진 목표에 도달하는 데 도움을 준다.

⑶ 생산 시설 모니터링: 제조업에서 생산설비의 성능을 지속적으로 모니터링 하여 공정 효율성을 유지하고 결함을 방지한다.

요약하면, 감시는 정보나 활동을 실시간으로 관찰하고 기록하는 것이며, 모니터링은 프로세스나 성과를 계속적으로 추적하고 평가하여 문제나 기회를 파악하고 조치를 취하는 것이다. 두 접근 방법은 다양한 분야에서 사용되며, 주요 목표는 안전과 효율성을 향상시키는 것이다.

03

감시와 모니터링 CCTV 역할과 필요성

감시와 모니터링은 물리적 보안 전략의 중요한 부분이며, 효과적으로 구현되어야만 안전한 환경을 유지할 수 있다. 물리적 보안에서 감시와 모니터링은 일반적으로 CCTV (Closed-Circuit Television) 시스템을 통해 수행된다. CCTV 시스템은 다음과 같은 역할을 수행한다.

1. 감시(Surveillance)

CCTV 시스템은 물리적인 장소나 시설을 지속적으로 감시하는 데 사용된다. 이것은 도난, 침입, 파괴, 화재 등과 같은 잠재적인 위험 요소를 탐지하고 예방하기 위한 주요 기능이다.

2. 모니터링(Monitoring)

CCTV 카메라로 촬영된 영상은 모니터, 녹화 장치 또는 컴퓨터를 통해 실시간으로 또는 나중에 검토하기 위해 기록된다. 이를 통해 보안 담당자나 관리자는 상황을 실시간으로 관찰하거나 사건이 발생한 경우 기록을 검토하여 필요한 조치를 취할 수 있다.

3. 증거 수집(Evidence Collection)

CCTV 시스템은 범죄 현장에서 발생한 사건의 증거를 수집하는 데 중요한 역할을 한다. 이 영상 기록은 경찰 또는 수사 당국에 제공되어 사건의 조사 및 해결을 지원할 수 있다.

4. 비상 상황 대응(Emergency Response)

CCTV 시스템은 비상 상황이 발생했을 때 신속한 대응을 가능하게 한다. 예를 들어, 화재, 침입, 무단출입 등의 상황에서 보안 담당자나 경찰은 CCTV 영상을 통해 상황을 평가하고 적절한 조치를 취할 수 있다.

5. 예방 및 안전 향상

CCTV 시스템은 자체적으로 예방적 역할도 한다. 카메라가 설치된 장소는 잠재적인 범죄자나 문제 행동 자 들에게 경각심을 주며, 이로 인해 범죄 발생률이 감소할 수 있다.

6. 확인 및 감시 기록 보존

CCTV 시스템은 사건이나 활동에 대한 기록을 저장하므로, 나중에 이를 검토하여 장소나 시설의 활동을 추적하고 관리할 수 있다. 따라서 CCTV 시스템은 물리적 보안을 강화하고 잠재적 위험을 탐지하며, 비상 상황 대응과 증거 수집을 지원하여 안전과 보안을 향상시키는 데 핵심적인 역할을 수행한다.

04

CCTV 시스템 효과적 운영

물리적 보안을 강화하기 위한 효과적인 CCTV (Closed Circuit Television) 시스템 설치와 운영은 몇 가지 중요한 고려 사항이 있다. 아래는 효과적인 CCTV 시스템 설치와 운영을 위한 일련의 가이드라인이다.

1. 위치 선정

CCTV 카메라를 설치할 위치를 지정할 때는 중요한 지점을 신중하고, 우선적으로 고려해야 한다. 이는 주요 출입구, 주차장, 주요 경로 및 경계선 등을 포함한 중요한 지점에 카메라를 배치한다. 보안이 필요한 기타 지역을 포함한다.

2. 고품질 카메라 및 기술 선택

고품질의 카메라와 기술을 선택하여 화질 및 성능을 보장하고, CCTV 카메라의 종류는 다양하기 때문에 환경과 목적에 따라 선택해야 한다. 고정 카메라, 팬-틸트-줌 (PTZ) 카메라, 적외선 카메라 등에서 적합한 것을 고려해야 한다.

*팬–틸트–줌 (PTZ) 카메라: 카메라가 좌우로 움직이는 것을"팬"이라 하고, 상하로 움직이는 것을 "틸트" 그리고 "줌"은 확대 축소를 의미한다.

3. 화질 및 해상도

고해상도 카메라를 선택하면 더 자세한 영상을 얻을 수 있다. 낮은 해상도의 영상은 효과적인 보안 모니터링을 어렵게 만들 수 있기 때문에 저 조도 환경에서 작동하는 카메라 등을 고려해야 한다.

4. 저장 및 보관

CCTV 영상을 저장하고 보관(백업) 하는 방법을 결정해야 한다. 특히 DVR (Digital Video Recorder:디지털 영상 저장장치) 또는 NVR (Network Video Recorder:모니터 전체를 디지털화한 감시 장치)을 사용하여 영상을 저장하고 보관하며, 보관 기간 및 보안 정책을 설정해야 한다. 또한 중요한 영상 자료는 손실되지 않도록 신뢰성 있는 저장 장치를 사용해야 한다.

5. 모니터링 및 알림 설정

원격 모니터링과 함께, 실시간 모니터링을 위해 모니터를 설치하고, 이상 사건 발생 시 경고 및 알림을 설정하고, 이메일, SMS 또는 모바일 앱을 통해 알림을 받을 수 있어야 한다. 특히 CCTV 시스템에 모션 감지 기능을 활성화하고, 경보 시스템과 연동하여 움직임이 감지되면 경보가 울리도록 설정해야 한다.

6. 조명 및 적외선 기술

어두운 환경에서도 영상을 효과적으로 기록하기 위해 적외선 (IR) 기술을 지원하는 카메라를 고려해야 한다. 또한, 조명을 개선하여 영상 품질을 향상시키는 것도 중요하다.

7. 접근 제어

먼저 CCTV 시스템을 통해 어떤 목표를 달성하려는지 명확하게 정의해야 한다. 예를 들어, 재산 보호, 안전 보장, 화재 감지 등의 목표를 설정하고, CCTV 시스템에 접근 권한을 제한하여 불법 접근을 방지하고, 시스템 보안을 강화해야 한다.

8. 주기적인 유지 보수

CCTV 시스템은 주기적인 유지 보수가 필요하다. 카메라 렌즈 청소, 소프트웨어 업데이트, 케이블 및 연결 부품 검사 등을 수행하여 시스템이 항상 최상의 성능을 발휘할 수 있도록 유지해야 한다.

9. 법규 및 규정 준수

CCTV 시스템 운영과 관련된 법규 및 규정을 준수해야 한다. CCTV

시스템을 운영할 때 개인 정보 보호 법률 및 규정을 준수하고, 무단으로 영상을 사용하지 않도록 주의해야 한다.

10. 교육 및 훈련

CCTV 시스템을 운영하는 직원과 관리자에게 CCTV 시스템을 효과적으로 사용하는 방법에 대한 교육과 훈련을 제공하여 올바른 운영 및 대응 방법을 익히게 한다.

11. 경보 시스템 구축과 사용자 피드백

카메라에서 감지된 이상 징후에 대한 경보 시스템을 구축하고, 경보는 보안 직원, 경찰 또는 관련 담당자에게 전달될 수 있어야 한다. 또한 사용자 피드백을 수집하고 이를 시스템을 개선하는 데 활용해야한다.

12. 비상 대응 계획

CCTV 시스템은 비상 상황에 대비해야 한다. 비상 대응 계획을 수립하고, 비상 상황 발생 시에 빠르게 대응할 수 있는 절차를 마련하여, 효과적인 CCTV 시스템 설치와 운영은 전략적으로 수행되어야 하며, 신속하고 효과적인 보안 대응을 가능하게 하여야 한다.

05

모니터링 방법과 도구

물리적 보안은 시설, 장치 및 자산을 물리적으로 보호하기 위한 중요한 측면으로서 주요 모니터링 방법과 도구는 아래와 같다.

1. 감시카메라

CCTV 카메라(폐쇄 회로 TV)를 사용하여 건물 내부 및 외부의 활동을 모니터링 할 수 있다. 이러한 카메라는 원격 위치에서 실시간 또는 녹화된 영상을 볼 수 있도록 해주는 모니터와 연결된다.

2. 액세스 컨트롤 시스템

전자적인 출입 통제 시스템을 사용하여 건물의 출입을 제어하고 모니터링 할 수 있다. 카드, PIN, 생체 인식 (지문, 안면 인식 등)을 통해 접근을 허용 또는 거부할 수 있다.

3. 인터컴 시스템

건물 입구에 설치된 인터컴 시스템을 사용하여 방문자의 신원을 확인할 수 있으며, 건물 내부에서 방문자와 통화하고, 필요한 경우 출입 허용을 결정할 수 있다.

4. 모션 감지 센서

모션 감지 센서는 건물 내부와 외부에 설치되어 움직임을 감지하고 경보를 작동시킨다. 즉, 예기치 않은 움직임이 감지되면 보안 인력에게 경고를 보내거나 CCTV를 활성화할 수 있다.

5. 온도 및 환경 모니터링

서버 룸, 데이터 센터 및 기타 중요한 시설에서는 온도, 습도, 연기 등의 환경 요소를 모니터링 한다. 또한 환경 이상 사항을 감지하고 경보를 생성하여 시설의 안전을 보장해야한다.

6. 보안 알림 및 감시 시스템

보안 알림 시스템은 침입 감지, 화재 경보 등과 같은 긴급 상황을 모니터링하고 알림을 생성한다. 이러한 시스템은 보안 팀 또는 관리자에게 경고를 제공하여 조치를 취할 수 있도록 해야 한다.

7. 라디오 주파수 신호 감지기

물리적 보안에서 라디오 주파수 신호 감지기는 무선 통신 및 라디오 주파수 스펙트럼 모니터링을 위해 사용되는 장비이다. 이러한 감지기는 일반적으로 다음과 같은 목적으로 사용된다.

1) 무단 무선 통신 탐지

라디오 주파수 신호 감지기는 무단 무선 통신 장비나 무단 무선 네트워크 사용을 탐지하는 데 사용될 수 있다. 이를 통해 무단 무선 장치의 사용을 방지하고 무단 액세스를 차단할 수 있다.

2) 주파수 스펙트럼 모니터링

라디오 주파수 신호 감지기는 주파수 스펙트럼을 모니터링 하여 정상적인 무선 통신 및 라디오 환경을 유지하기 위해 사용될 수 있다. 무선 통신 간의 간섭을 탐지하고 조치를 취함으로써 통신 신뢰성을 유지할 수 있다.

3) 무단 드론 탐지

드론은 종종 무단으로 날아와 무단 감시나 침입 등의 위협을 가할 수 있다. 라디오 주파수 신호 감지기는 무단 드론의 신호를 탐지하고 위치를 추적하여 보안 조치를 취할 수 있도록 도와준다.

4) 불법 무선 카메라 탐지

개인 정보 보호를 위해 불법으로 설치된 무선 카메라를 감지하는 데 사용될 수 있다. 이를 통해 사생활 침해를 방지하고 보안을 강화할 수 있다. 라디오 주파수 신호 감지기는 주로 보안 업체, 군사, 정부 기관 및 기타 조직에서 사용되며, 무단 무선 통신 및 라디오 주파수 환경 모니터링에 대한 중요한 도구로 활용된다. 이러한 감지기는 무선 통신을 모니터링하고 불법 라디오 장치를 탐지할 수 있다.

8. 보안 인력 및 경비원

보안 인력 및 경비원은 건물 내부 및 외부에서 활동을 모니터링하고 보안 사고에 대응한다. 따라서 CCTV 및 기타 도구를 사용하여 물리적 보안을 강화하고, 이러한 도구와 방법을 통해 물리적 보안을 효과적으로 모니터링하고 유지할 수 있으며, 이는 건물과 시설의 안전과 보안을 유지하는 데 중요한 요소이다. 추가로 이러한 시스템은 통합되어 중앙 제어 시스템을 통해 효과적으로 관리할 수 있다.

06

비상 상황 대응위한 감시 단계

물리적 보안 업무에서 비상 상황 대응을 위한 효과적인 감시 전략 방안은 CCTV 시스템–경보시스템–보안인력–비상대응계획–비상연락망–모니터링 및 분석–백업 시설단계로서 구성할 수 있다.

1. 첫 번째 단계는 폐쇄회로 TV (CCTV) 카메라를 설치하여 시설의 주요 포인트와 출입구를 모니터링 하는 것으로, 고해상도 카메라와 녹화 장비를 사용하여 영상을 기록하고 저장하며, 원격 접속을 허용하여 비상 상황에 빠르게 대응할 수 있도록 해야 한다.

2. 두 번째는 접근 통제 시스템운영으로 카드 키, 생체 인식, 핀 번호 등의 다중 인증 요소를 통해 출입을 통제해야한다. 따라서 비인가자의 출입을 감지하고 경보를 작동시키는 기능을 갖춘 시스템을 사용하며, 경보 시스템운영단계는 화재 경보, 침입 감지, 도난 경보 등 다양한 경보 시스템을 설치하고 유지 보수해야한다. 또한 비상 상황 발생 시에는 경보가 자동으로 울리고 관련 담당자에게 경고 메시지를 보내도록 해야 한다.

3. 보안 인력 운영으로 경비원이나 보안 인력 배치는 주요 포인트를 정기적으로 순찰하고 비상 상황에 대응할 수 있도록 하고, 경비원은 비상 상황이 발생할 경우 즉각 대응하고 관련 당국과 협력해야 한다.

4. 비상 대응 계획은 비상 상황 대응을 위한 계획을 작성하고 모든 직원에게 교육하는 것으로 계획에는 화재, 폭력 사건, 침입, 기술적 장애 등 다양한 시나리오를 고려하고, 계획은 정기적으로 검토 및 업데이트되어야 한다. 비상 연락을 위해, 비상 연락망을 설정하여 관련 기관 및 당국과의 빠른 소통을 보장하는 것은 필요한 사항으로 이 연락망은 정기적으로 검토하여 최신 정보를 유지해야 한다.

5. 이상 징후나 비정상적인 활동을 탐지하기 위해 모니터링 소프트웨어 및 도구를 활용하고, 비상 상황을 사전에 예측하고 대응하기 위해 데이터 분석을 활용해야 한다. 또한 비상 상황 발생 시 중요한 시스템 및 데이터에 대한 백업 시설 및 계획을 갖추어야 하는 것도 필수적이다.

아울러 주요 시설의 기능을 계속 유지하기 위한 대체 시설을 준비하는 것은 가장 중요한 사항이다. 이러한 전략과 시스템을 결합하여 물리적 보안 업무에서 비상 상황에 대응할 수 있는 효과적인 방법을 마련할 수 있다. 따라서 감시 및 대응 절차를 꾸준히 검토하고 향상시키며, 모든 직원이 비상 상황 대응 계획을 숙지하도록 교육하는 것도 중요하다.

03 연습문제

01 **CCTV 카메라가 건물의 입구에 설치되어 있으며 움직임이 감지되면 경보가 울립니다. 이러한 시스템은 어떤 유형의 물리적 보안 기술입니까?**

A) 생체 인식 기술

B) 침입 탐지 시스템

C) 스마트 카드 액세스 제어

D) 바이러스 백신 소프트웨어

정답 B) 침입 탐지 시스템

풀이 이 시스템은 움직임을 감지하고 건물의 입구에서 침입을 탐지하는 물리적 보안 시스템의 한 예입니다.

02 **물리적 보안에서 "보안 토큰"은 무엇을 나타냅니까?**

A) 비밀번호

B) 생체 인식 정보

C) 물리적 객체 또는 장치

D) 네트워크 암호화 키

정답 C) 물리적 객체 또는 장치

풀이 보안 토큰은 물리적으로 보관되는 장치로, 액세스를 제어하거나 식별을 위해 사용됩니다.

03 **다중 인증 요소를 사용하는 물리적 보안 시스템의 예로 다음 중 어떤 것이 있습니까?**

A) 비밀번호 및 지문 스캐너

B) 바이러스 검사 및 방화벽

C) 소셜 미디어 보안 설정

D) 웹 브라우징 방법

정답 A) 비밀번호 및 지문 스캐너

풀이 다중 인증 요소 시스템은 두 가지 이상의 인증 방법을 결합하여 보안을 강화합니다. 이 예에서는 비밀번호와 지문 스캐너가 결합됩니다.

04 감시와 모니터링에서 가장 중요한 목표는 무엇입니까?

A) 시스템 비용 최소화 B) 민감한 데이터 보호

C) 위험 식별 및 예방 D) 네트워크 속도 최적화

정답 C) 위험 식별 및 예방

풀이 감시와 모니터링의 주요 목표는 시스템에서 발생하는 잠재적인 위험을 식별하고 예방하기 위해 조치를 취하는 것입니다.

05 RFID(라디오 주파수 식별) 기술은 어떤 용도로 가장 일반적으로 사용됩니까?

A) 지문 인식 B) 재무 거래

C) 물류 및 재고 관리 D) 웹 브라우징

정답 C) 물류 및 재고 관리

풀이 RFID 기술은 제품 및 물품을 추적하고 관리하는 데 주로 사용되며, 물류 및 재고 관리 분야에서 특히 유용합니다.

06 생체 인식 시스템은 어떤 유형의 물리적 보안 기술입니까?

A) 액세스 제어 패스워드 B) 스마트 카드

C) 지문 스캐너 D) 방화벽

정답 C) 지문 스캐너

풀이 생체 인식 시스템은 개인의 생체적인 특성을 사용하여 인증하는 물리적 보안 기술입니다.

07 **CCTV 카메라가 주차장에 설치되어 있으며 어떤 사건이 발생하면 실시간으로 보안 직원에게 경고를 보내는 시스템은 무엇입니까?**

A) 침입 탐지 시스템 B) 비밀번호 보안 시스템

C) 보안 토큰 D) 액세스 제어 시스템

정답 A) 침입 탐지 시스템

풀이 이러한 시스템은 침입 또는 이상한 활동을 탐지하고 경고를 발생시키는 데 사용됩니다.

08 **물리적 보안에서 "생체 인식" 기술은 무엇을 사용하여 인증을 수행합니까?**

A) 지문 B) 비밀번호

C) 전자 서명 D) 스마트 카드

정답 A) 지문

풀이 생체 인식은 개인의 생체적인 특성을 사용하여 인증을 수행하며, 여기서는 지문이 사용됩니다.

09 **다음 중 물리적 보안을 강화하기 위한 중요한 원칙은 무엇입니까?**

A) 무작위로 암호를 변경하기

B) 액세스 권한을 최대한 부여하기

C) 필요한 경우에만 액세스를 허용하기

D) 보안 로그를 무시하기

정답 C) 필요한 경우에만 액세스를 허용하기

풀이 물리적 보안을 강화하기 위해 중요한 원칙 중 하나는 액세스를 필요한 경우에만 허용하는 것입니다. 이렇게 하면 불필요한 위험을 최소화할 수 있습니다.

10 어떤 물리적 보안 장치는 카드나 핀 번호를 사용하여 출입을 허용하거나 거부하는 데 사용됩니까?

A) CCTV 카메라 B) 생체 인식 시스템

C) 스마트 카드 리더 D) 지문 스캐너

정답 C) 스마트 카드 리더

풀이 스마트 카드 리더는 카드를 사용하여 출입을 허용하거나 거부하는 데 사용됩니다.

Chapter 4

환경제어

- ★ 물리적 보안에서 환경제어의 개념
- ★ 환경제어 방법과 고려사항
- ★ 화재 및 홍수 방지
- ★ 전원 공급 안정성 전략
- ★ 연습문제

01

물리적 보안에서 환경제어의 개념

물리적 보안에서의 “환경 제어”는 물리적 시설 및 장비를 안전하게 보호하고 위험을 최소화하기 위해 필요하다. 즉, 물리적으로 보호해야 하는 시설, 장치 또는 자산을 외부 환경 요소로부터 보호하기 위해 적용되는 보안 절차와 시스템을 의미 한다.

즉, 시설이나 장소의 환경 조건을 관리하고 제어하는 것을 의미하는 것으로 이것은 주로 기술적 또는 기계적 수단을 사용하여 신뢰성을 유지하고 보안 위협으로부터 시설을 보호하기 위한 목적으로 이루어진다. 따라서 환경 제어는 다양한 보안 목표를 달성하기 위해 사용된다.

1. 셉티드와 차이점

물리적 보안에서 환경제어(Physical Environmental Control)와 CPTED(범죄 예방을 위한 환경 디자인, Crime Prevention Through Environmental Design)은 둘 다 범죄 예방을 위한 접근 방법이지만 목표와 방법에 있어서 차이가 있다. 다음은 두 가지 접근 방법의 주요 차이점이다.

1) 목표

환경제어는 주로 건물이나 시설물의 물리적 요소를 관리하고 조절하여 안전과 보안을 강화하는 것을 목표로 한다. 이는 출입구, 창문, 경계벽, 감시 카메라, 출입 제어 시스템 등을 포함하는 것으로 주로 건물 또는 시설 내부와 외부의 보안을 강화하는 데 중점을 둔다. 반면에 CPTED는 환경 디자인을 통해 범죄 예방을 목표로 하는 것으로 공공공간, 도시 계획, 동네 디자인 등의 환경적인 측면을 고려하여 범죄 예방을 추구한다. 즉, CPTED는 동네나 도시를 더 안전하고 범죄에 취약한 상황을 최소화하기 위해 환경적 요소를 개선하려는 것을 중점으로 한다.

2) 방법

환경제어는 기술적인 요소와 물리적 보안 장비를 사용하여 건물이나 시설물의 안전을 보장한다. 이는 액세스 제어, 감시 시스템, 센서, 경계벽 등을 통해 실제 보안을 강화하는 것을 중점으로 한다.

이에 반해 CPTED는 범죄 예방을 위해 환경을 디자인하고 조작하는 것을 중점으로 한다. 예를 들어, 공원의 조명을 향상시키거나, 거주 지역의 거리를 개선하거나, 범죄의 기회를 제한하기 위해 환경적 요소를 수정한다. 이는 범죄 예방의 주요한 원칙 중 하나로써 환경을 통해 범죄 가능성을 최소화하려고 하는 것이다.

요약하면, 환경제어는 주로 건물 내부와 외부의 물리적 보안을 강화하는 데 중점을 두며, CPTED는 환경 디자인을 통해 범죄 예방을 목표로 하며 범죄 기회를 제한하고 동네 및 도시 환경을 개선하는 것이다.

02

환경제어 방법과 고려사항

다음은 환경 제어를 효과적으로 관리하는 몇 가지 방법과 고려해야 할 사항이다.

1. 액세스 제어

환경 제어 시스템은 허가된 사용자만 액세스할 수 있도록 엄격한 액세스 제어를 시행해야 한다. 따라서 물리적으로 시설에 접근하려는 모든 사람은 인증 및 신원 확인 절차를 거쳐야 한다.

2. 비상 대비

환경 제어 시스템은 비상 상황에 대비해야 한다. 그러기 위해서는 화재, 홍수, 지진 등의 자연 재해나 물리적 위협에 대비하는 계획을 마련하고 비상 상황에서 필요한 조치를 취할 수 있도록 설계되어야 한다.

3. 환기 시스템

적절한 환기 시스템을 구축하여 공기 품질을 관리하고 화재 또는 유해 물질의 누출을 탐지하는 센서를 통해 환기 시스템을 제어할 수 있다.

4. 카메라 및 감시 시스템

보안 카메라 및 감시 시스템을 사용하여 환경 내부와 외부를 모니터링하고 무단 접근 또는 비정상적인 활동을 감지할 수 있어야 한다.

5. 물리적 장애예방

환경 제어는 장비나 서버 룸에서의 물리적 장애를 방지하거나 최소화하는 역할을 한다. 따라서 시설 주변에 물리적 장애물을 설치하여 무단 침입을 방지할 수 있어야 한다. 예를 들어, 울타리, 잠금장치, 경고 시스템 등을 사용할 수 있어야 한다.

6. 비 접촉 기술 활용

비 접촉 기술을 활용하여 출입문, 문, 엘리베이터 등의 제어를 자동화하고 신체 접촉을 최소화할 수 있어야 한다. 이러한 기술에는 RFID 카드, 생체 인식, 얼굴 인식 등이 포함된다.

7. 감시 및 보고

환경 제어 시스템은 모든 활동을 기록하고 이상 징후를 탐지할 때 신속하게 보고할 수 있어야 한다.

8. 온도 및 습도 제어

환경 제어 시스템은 잘못된 조건을 제어하고 모니터링 하여 장비의 안정성과 성능을 보장해야 한다. 특히 일부 장치나 데이터 센터와 같은 시설에서는 온도와 습도를 정확하게 유지해야 한다. 이는 일부 시설 및 장비는 온도와 습도의 변화에 민감할 수 있기 때문이다.

따라서 온도 및 습도를 제어하고 모니터링 하는 시스템을 구축하고, 환경 요소를 일정한 범위 내에서 제어하여 장비의 안정성과 신뢰성을 유지해야한다. 특히 민감한 전자 장비나 서버 룸과 같은 장소에서는 온도와 습도를 일정하게 유지해야 한다. 즉, 과열이나 너무 낮은 온도, 높은 습도는 장비에 손상을 줄 수 있으므로 온도 및 습도를 조절하는 시스템을 적절히 사용해야 한다. 다음은 효과적인 온도 및 습도 제어 방법에 대한 사항이다.

1) 온도 제어

(1) 냉각 시스템

서버 룸, 데이터 센터 또는 기타 민감한 장소에 냉각 시스템을 설치해야 한다. 설치 시에는 에어컨, 냉각 타워, 냉각 유체를 사용하는 시스템 등을 고려할 수 있다.

⑵ 온도 모니터링

온도 센서 및 감지 장비를 설치하여 시설 내부의 온도를 모니터링하고 주기적으로 점검해야 한다.

⑶ 온도 경보

온도가 위험 수준에 도달하면 경보 시스템을 통해 관리자에게 알림을 보내도록 설정해야 한다.

2) 습도 제어

⑴ 가습기 및 제습기

습도를 조절하기 위해 가습기와 제습기를 사용하여야 한다. 이때 습도가 너무 낮거나 높으면 전자 기기 및 물리적 자산에 손상을 줄 수 있음을 유의해야 한다.

⑵ 습도 모니터링

습도 센서를 설치하여 습도 수준을 모니터링하고, 특히 습도 변화에 민감한 장소에서 더 자주 확인해야 한다.

⑶ 습도 경보

습도가 위험 수준에 도달하면 경보 시스템을 통해 관리자에게 알림을 보내도록 설정한다.

⑷ 접근 제어

온도 및 습도 제어 장비에 대한 물리적 접근을 제한하고, 보안 카메라를 설치하여 접근을 모니터링 하고, 제한된 인원만 온도 및 습도 설정을 변경할 수 있도록 권한을 설정한다.

⑸ 비상 대비

장비 고장 또는 전력 장애와 같은 비상 상황을 대비하여 백업 냉각 및 가습/제습 시스템을 고려하고, 온도와 습도 경보 시스템을 통해 비상 상황 발생 시 즉시 대응할 수 있도록 계획을 수립한다.

⑹ 유지 보수

온도 및 습도 제어 장비를 정기적으로 유지 보수하고, 필요한 경우 교체 또는 업그레이드한다.

⑺ 규정 및 규정 준수

관련 규정과 규정을 준수하여 온도 및 습도 제어 시스템을 설계하고 운영한다. 결국 물리적 보안을 위해서는 온도와 습도를 효과적으로 관리하는 것이 중요하며, 이를 위한 시스템 및 프로세스를 구축하고 지속적으로 모니터링 해야 한다.

9. 먼지 및 입자 제어

특정 시설이나 장치에서는 먼지, 화학물질, 입자 등의 오염물질이 발생할 수 있으며, 이러한 오염물질은 장비의 작동을 방해하거나 손상시킬 수 있다. 특히 먼지, 오염물질, 입자 등은 물리적 보안 시설과 장비에 손상을 줄 수 있다. 따라서 오염물질의 유출을 방지하고 물리적 보안 시설 내부의 공기 품질을 유지하기 위해 공기 청정기 및 필터 시스템을 사용해야 한다.

10. 물의 제어

홍수나 누수와 같은 물의 문제는 물리적 보안 시설에 매우 치명적일 수 있다. 이를 방지하기 위해 수위 감지 장치, 방수 장치 및 물 배수 시스템 등을 사용해야 한다.

11. 전력 및 전원 공급 관리

전력 공급이 중단되면 보안 시스템 및 장비가 작동하지 않을 수 있으므로 정전, 전압 변동 및 전력 장애를 방지하기 위한 시스템을 도입해야 한다. 따라서 전력 공급에 안정성을 제공하고 전원 이상을 감지하고 처리하여 시설이나 장치의 중단을 방지해야 한다. 아울러 전력 공급을 관리하고 이상 상황에서 긴급 대응을 할 수 있도록 전력 백업 시스템을 제어해야 한다.

이처럼 환경 제어 시스템은 각 시설과 조직의 고유한 요구 사항과 위험을 고려하여 설계되어야 한다. 또한 주기적인 유지 보수와 성능 모니터링이 필요하며, 새로운 보안 위협에 대응하기 위해 시스템을 업그레이드하고 개선하는 것이 중요하다.

03

화재 및 홍수 방지

1. 화재 방지 전략

화재 대비 및 비상 대피를 고려한 출입구 디자인은 건물 안전에 중요한 부분이기 때문에 관련 규정 및 법률을 준수하는 것이 필요하다. 해당 규정과 현지 건축규칙을 충족시키기 위해 전문가의 도움을 받는 것도 중요하다. 다음과 같은 화재방지전략을 고려해야 한다.

1) 화재 감지 시스템 설치

화재 감지기 및 스프링클러 시스템과 같은 화재 감지 장비를 설치하여 화재 초기에 조치를 취할 수 있도록 해야 한다.

2) 소화기 및 소화설비

적절한 크기와 유형의 소화기 및 소화설비를 설치하여 화재를 진압할 수 있는 수단을 마련한다.

3) 화재 구획분리

건물 내부를 화재 구획으로 분리하여 화재의 확산을 제한하고, 화재 방지 벽, 화재도어 등을 설치한다.

4) 가연물 방지

가연물을 저장하거나 사용할 때 적절한 안전 절차를 준수하고, 화학 물질 저장 시설을 확보한다.

5) 전기 시설 관리

전기 시설을 규정에 맞게 설치하고 정기적으로 점검하여 전기 화재를 예방한다.

6) 훈련 및 대비

건물 내에 화재 대비 계획을 마련하고, 직원 및 주민에게 화재 대응 훈련을 제공한다.

7) 출입구 디자인

출입구 디자인을 화재 대비 및 비상 대피에 고려할 때 다음과 같은 구체적이고 효과적인 방법을 고려해야 한다.

(1) 비상 출구 위치 및 표시

건물 내에 비상 출구를 적절히 배치하고, 이를 뚜렷하게 표시해야 한다. 출구 표지판, 화살표 및 조명을 사용하여 출구를 식별하기 쉽게 만들어야 한다.

⑵ 출입구 수

출입구는 적어도 두 개 이상이어야 한다. 이렇게 하면 화재가 발생할 경우 대피할 다른 경로가 확보된다.

⑶ 출입구 너비

출입구의 너비는 충분해야 한다. 규정에 따라 충분한 폭을 갖춘 출입구를 설계하고 건물 사용자의 인원수에 따라 출입구를 추가해야 한다.

⑷ 비상 조명

비상 조명은 화재 발생 시 어두운 곳에서도 출구와 대피 경로를 명확하게 비추어주어야 한다. 비상 전원을 이용하는 비상 조명 시스템을 설치하고 유지 보수해야 한다.

⑸ 자동 문 해제

화재 경보가 울릴 때, 출입구의 자동문은 자동으로 열릴 수 있도록 설계 되어야 한다. 이는 대피를 원활하게 하고 막다른 상황을 방지할 수 있다.

⑹ 화재 경보 시스템

건물 내에 화재 경보 시스템을 설치하고 정기적으로 점검해야 한다. 경보 시스템은 화재 발생을 조기에 감지하고 건물 사용자에게 경고를 제공할 수 있다.

(7) 대피 계획 및 교육

모든 건물 사용자에게 화재 대비 및 비상 대피 계획을 교육하고 연습시키는 것이 중요하다. 이러한 교육은 비상 대피 훈련을 포함해야 한다.

(8) 장애인 및 어린이 고려

모든 사람을 고려한 출입구 디자인이 중요하다. 이때는 장애인 및 어린이를 위한 특별한 대피 경로와 시설을 고려해야 한다.

(9) 소화기 및 소화설비

출입구 근처에 소화기와 소화설비를 설치하고 유지 보수해야 한다.

(10) 정기적인 검사와 유지보수

출입구 및 대피 경로는 정기적으로 검사하고 유지 보수해야 한다. 이를 통해 시스템의 작동이 항상 보장될 수 있다.

2. 홍수 방지 전략

화재 및 홍수의 특정 위험을 고려하여 맞춤형 전략을 개발하는 것이 중요하다. 정부 및 지방 당국의 지침을 따르고, 전문가의 조언을 듣는 것도 도움이 된다.

1) 홍수 예측 및 감시 시스템

지역의 홍수 위험을 평가하고, 홍수 예측 및 감시 시스템을 통해 조기 경보를 받을 수 있도록 한다.

2) 수문 및 방수설비

필요한 경우 수문, 방수벽, 방수도어 등을 설치하여 홍수의 침입을 막아야 한다.

3) 지형 조성

건물 주변 지형을 적절하게 조성하여 홍수가 건물로 유입되는 것을 방지해야 한다.

4) 배수 시설 관리

배수 시설을 깨끗하게 유지하고 정기적으로 점검하여 물이 효과적으로 배출될 수 있도록 한다.

5) 비상 대피 계획

홍수 발생 시 대피 계획을 마련하고 건물 내부에 비상 대피 장소를 마련해야 한다.

6) 주기적인 훈련

건물 주민 및 직원에게 홍수 대응 훈련을 제공하여 비상 상황에서의 대처 능력을 향상시켜야 한다.

04

전원 공급 안정성 전략

물리적 보안 측면에서 전원 공급 안정성 전략은 중요한 비즈니스 및 기술 시설을 보호하고 데이터 손실 및 서비스 중단을 방지하는 데 중요하다. 전원 공급 안정성을 강화하기 위한 몇 가지 전략은 다음과 같다.

1. 복수 전원 공급원 구성

중요한 시설에는 반드시 주요 및 보조 전원 공급원을 설정하여 단일 공급원의 장애나 고장에 대비해야 한다. 이중화된 전원 공급원은 주로 UPS (무 정전 전원 공급 장치) 및 발전기를 사용하여 구현해야 한다. 이러한 전략을 통해 기업은 시설과 데이터에 대한 안정성을 높일 수 있으며, 잠재적인 위험으로부터 보호될 수 있다.

1) 무 정전 전원 공급 장치(UPS) 사용

UPS 시스템은 전원 공급이 일시적으로 중단되었을 때 장치와 시스템에 안정적인 전원을 제공하며, 크리티컬한 장치 및 서버에는 고용량 UPS를 설치하여 전력 이상 사건에 대비해야 한다.

2) 발전기 백업

장기적인 전원 손실을 대비하여 발전기 백업 시스템을 구축해야한다. 자동화된 발전기 시스템은 전원 소실시 자동으로 가동되어 연속적인 전원을 제공할 수 있다.

3) 전원 및 케이블 관리

전원 및 데이터 케이블을 깔끔하게 관리하여 무 결성을 유지하고 물리적 위협으로부터 보호해야한다. 또한 무단 접근을 방지하기 위해 케이블과 전원 패널에 액세스 제어를 시행할 수 있다.

4) 물리적 보안 측면에서의 위치 선택

시설의 위치를 선택할 때 지진, 홍수, 산사태 등과 같은 자연 재해 및 보안 위협을 고려해야 한다.

5) 보안 감시 및 접근 제어

전원 공급 시설에 보안 카메라 및 접근 제어 시스템을 설치하여 무단 접근 및 위협을 모니터링하고 제어해야 한다.

6) 재해 대비 계획

재해가 발생했을 때를 대비한 비즈니스 연속성 및 재해 복구 계획을 개발하고 유지해야 한다.

7) 정기적인 유지보수와 테스트

전원 공급 장치와 시스템에 대한 정기적인 유지보수와 테스트를 수행하여 안정성을 유지해야 한다.

8) 교육과 인식

직원들에게 물리적 보안의 중요성을 교육하고 보안 프로토콜 및 절차를 준수하도록 인식시켜야 한다. 물리적 보안은 정보 기술 시스템과 시설을 보호하는 데 핵심적이며, 전원 공급 안정성은 중요한 측면 중 하나이다.

04 연습문제

01 물리적 보안에서 환경 제어의 목표는 무엇인가요?

A) 시설의 디자인을 개선하기 위해

B) 시스템의 성능을 향상시키기 위해

C) 시설과 시스템을 환경적인 위험으로부터 보호하기 위해

D) 환경 친화적인 기술을 도입하기 위해

정답 C) 시설과 시스템을 환경적인 위험으로부터 보호하기 위해

풀이 환경 제어의 주요 목표는 시설과 시스템을 자연재해, 인위적인 침입 및 기타 환경적 위험으로부터 보호하는 것입니다.

02 다음 중 환경 제어 시스템의 예는 무엇인가요?

A) 생체 인식 시스템

B) 양방향 방화벽

C) 온도 및 습도 제어 장치

D) 네트워크 암호화 프로토콜

정답 C) 온도 및 습도 제어 장치

풀이 온도 및 습도 제어 장치는 시설 내부의 환경을 모니터하고 조절하여 시설 내의 올바른 환경 조건을 유지함으로써 시스템 및 장비를 보호하는 데 도움이 됩니다.

03 환경 제어 시스템이 주로 사용되는 분야는 무엇인가요?

A) 컴퓨터 프로그래밍 B) 물리학 연구

C) 농업 및 식물 재배 D) 자동차 디자인

정답 C) 농업 및 식물 재배

풀이 환경 제어 시스템은 농업 및 식물 재배 분야에서 온도, 습도, 조명 등의 환경 요소를 제어하여 식물의 성장과 생산을 최적화하는 데 사용됩니다.

04 다음 중 환경 제어 시스템을 통해 보호되는 것은 무엇인가요?

A) 온라인 계정

B) 신용 카드 번호

C) 신체 건강 상태

D) 건물 외부의 장애물

정답 D) 건물 외부의 장애물

풀이 환경 제어 시스템은 주로 물리적인 시설이나 건물을 외부의 잠재적인 위험으로부터 보호하기 위해 사용됩니다.

05 환경 제어 시스템이 도움이 되는 상황은 무엇인가요?

A) 온라인 결제 시

B) 비가 오는 날에 우산을 들고 다니는 경우

C) 휴대폰 앱을 다운로드하는 경우

D) 건물 내 온도를 유지하는 경우

정답 D) 건물 내 온도를 유지하는 경우

풀이 환경 제어 시스템은 건물 내의 온도를 조절하여 쾌적한 환경을 유지하고, 장비 및 자산을 보호하는 데 도움이 됩니다.

06 환경 제어 시스템이 필요한 이유는 무엇인가요?

A) 시설의 디자인을 강화하기 위해

B) 인간의 건강을 향상시키기 위해

C) 환경 조건이 시스템 및 장비에 영향을 미칠 수 있기 때문에

D) 신기술을 활용하기 위해

정답 C) 환경 조건이 시스템 및 장비에 영향을 미칠 수 있기 때문에

풀이 환경 조건은 시스템 및 장비의 성능과 안전에 영향을 미칠 수 있기 때문에 이를 제어하여 시설 및 장비를 보호하고 유지하는 것이 중요합니다.

07 환경 제어 시스템을 통해 제어할 수 있는 요소는 무엇인가요?

A) 인터넷 속도
B) 대기 오염
C) 금리 변동
D) 컴퓨터 게임 그래픽

정답 B) 대기 오염

풀이 환경 제어 시스템은 대기 오염과 같은 환경적 요소를 제어하고 모니터링하는 데 사용됩니다.

08 환경 제어 시스템은 어떻게 시설과 시스템을 보호하나요?

A) 전자 방어막을 구축함으로써
B) 화재 감지 및 진화 시스템을 설치함으로써
C) 환경 요소를 모니터링하고 조절함으로써
D) 보안 카메라를 설치함으로써

정답 C) 환경 요소를 모니터링하고 조절함으로써

풀이 환경 제어 시스템은 환경 요소를 모니터링하고 조절하여 시설과 시스템을 보호합니다.

09 환경 제어 시스템이 활용되는 예로 다음 중 어떤 것이 포함될 수 있나요?

A) 소셜 미디어 관리
B) 농업 및 식물 재배
C) 운송 및 물류 관리
D) 대학 교육

정답 B) 농업 및 식물 재배

풀이 환경 제어 시스템은 농업 및 식물 재배 분야에서 온도, 습도 및 조명을 관리하는 데 사용됩니다.

10 환경 제어 시스템이 중요한 이유 중 하나는 무엇인가요?

A) 기후 변화를 예측하기 위해

B) 환경 요소가 시스템에 미치는 영향을 최소화하기 위해

C) 재생 가능 에너지를 활용하기 위해

D) 소비자 행동을 예측하기 위해

정답 B) 환경 요소가 시스템에 미치는 영향을 최소화하기 위해

풀이 환경 제어 시스템은 환경 요소가 시스템 및 장비에 미치는 영향을 최소화하여 시설과 시스템을 보호하는 데 중요한 역할을 합니다.

Chapter 5

재해 및 비상대응

- 재해 대응
- 비상 대응 시나리오
- 재해 복구 및 회복
- 연습문제

01

재해 대응

물리적 보안에서 재해 및 비상 대응은 조직 또는 시설이 물리적으로 보호되고, 재해 또는 비상 상황이 발생했을 때 이에 대처하기 위한 계획과 절차를 의미한다. 이러한 대응은 시설의 안전성을 유지하고, 재해로부터 인명과 재산을 보호하며, 업무 연속성을 유지하기 위해 중요하다. 아래는 물리적 보안에서 재해 및 비상 대응의 주요 사항이다.

1. 평가 및 재해 대응 계획 구축

물리적 보안 측면에서 재해 대응은 재난 상황에서 조직의 자산 및 시설을 보호하고 회복하기 위한 계획을 개발하는 것으로 시작한다. 이 계획은 재해 유형에 따른 조치 및 절차를 명시적으로 포함해야 한다. 항상 재해 및 비상 대응 계획을 수립하고 업데이트해야 한다.

1) 재해 대응 계획 구축 시 주요단계

물리적 보안 차원에서 재해 대응 계획은 조직이 물리적인 위험과 재해로부터 보호하고 대응하는 방법을 정의하는 중요한 구성 요소이다. 따라서 재해 대응은 예방과 회복을 모두 고려하는 종합적인 접근 방식을 필요로 하며, 물리적 보안은 이러한 접근 방식의 중요한 부분이다. 다음은 물리적 보안에서 재해 대응 계획을 구축하는 데 필요한 주요 사항이다.

(1) 위험 평가 (Risk Assessment)

재해 대응 계획을 개발하기 위해 먼저 물리적 보안 취약성 및 위험을 평가해보아야 한다. 이를 통해 어떤 재해 상황에 대비해야 하는지 결정할 수 있다. 먼저 물리적 위협과 잠재적 위험을 식별하고 분석해야 한다. 이러한 위험은 자연 재해 (지진, 홍수), 인간 적대 행위 (침입, 강도), 화재, 기술적 장애 등 다양한 형태일 수 있다.

(2) 비상 대피 및 구조(Emergency Response Plan)

물리적 보안 측면에서는 재해 발생 시 조직 내부 및 외부에서의 대피 및 구조 절차를 마련해야 한다. 즉, 재해가 발생했을 때 즉각적으로 대응할 수 있는 비상 대응 계획으로 이 계획은 피난 계획, 응급처치, 통신 방법 등을 다루는 것이며, 비상 출구, 구명보트, 비상계단, 소화기 및 응급처치 장비 등 물리적 보안 장치가 포함될 수 있다.

2) 데이터와 자산 보호 (Asset Identification)

물리적 보안 장치는 재해 대응에 있어 중요한 역할을 한다. 서버, 네트워크 장비, 데이터 센터 및 기타 시설에 대한 물리적 액세스 제어 및 보호 장치를 구축하고, 중요한 시설, 장비, 자원 등을 식별하여 어떤 것이 재해에 가장 취약한지 결정해야 한다.

3) 백업 및 복원

재해로부터 회복하기 위해서는 데이터와 시스템의 백업 및 복원 계획이 필요하다. 이러한 백업 데이터는 안전한 장소에 보관되어야 하며, 필요한 경우 빠르게 복원될 수 있어야 한다.

4) 비상 연락처 및 의사소통

재해 상황에서의 효율적인 의사소통은 매우 중요하다. 이는 물리적 보안 차원에서는 비상 연락처 및 통신 시스템을 확보하고, 재해 대응 팀 간에 정보를 주고받을 수 있는 방법을 마련하는 것이 필요하기 때문이다.

5) 훈련 및 시뮬레이션(Training and Simulation)

재해 대응 팀 및 조직 구성원들에게 정기적으로 비상 상황 훈련과 시뮬레이션을 실시하여 대응 능력을 향상시켜야 한다. 이는 재해 대응 계획을 만들었다면 정기적인 훈련과 시뮬레이션을 통해 조직 구성원들이 이를 이해하고 실행할 수 있도록 해야 하기 때문이다.

6) 감시 및 경보 시스템(Monitoring and Evaluation)

물리적 보안 시스템에는 화재 경보, 침입 감지, CCTV 등의 재해 감시 및 경보 시스템을 포함시켜야 한다.

7) 유연성과 적응성

재해 상황은 예측하기 어렵기 때문에, 물리적 보안 시스템과 대응 계획은 유연성과 적응성을 가지고 있어야 한다. 항상 새로운 위협에 대응하고 변경된 환경을 고려할 수 있는 능력이 중요하다.

2. 비상대응 팀 구성

비상 상황 대응을 위한 팀을 구성하고 팀원들에게 역할과 책임을 할당해야한다. 이때 팀은 소방대원, 응급 의료진, 보안 직원 등 다양한 역할을 수행할 수 있어야 한다.

3. 비상 연락처 및 통신

재해 발생 시에는 통신이 중요하다. 비상 연락처를 설정하고, 통신 장비 및 시스템을 검토하여 비상 대응을 위한 효율적인 통신 체계를 확립해야 한다.

4. 대피 및 구조

대피 계획을 수립하고 시설 내에 대피 경로와 모임 장소를 지정한다. 또한 구조 작업을 수행할 수 있는 훈련과 장비를 제공해야 한다.

5. 보안유지

비상 상황에서는 보안을 유지하고, 재해로부터 시설 및 자산을 보호하는 조치를 수행해야한다. 이는 침입 방지, 잠금, 경보 시스템 등과 관련될 수 있기 때문이다.

6. 응급 의료

응급 상황에서 의료 지원을 제공할 수 있는 응급 의료 팀을 구성하고, 필요한 의료 용품과 장비를 비치해야 한다.

7. 협력과 소통 (Collaboration and Communication)

재해 대응에서는 외부 기관과의 협력이 중요하다. 이를 위해서는 관련 기관, 비상 서비스, 이웃 기업과의 소통과 협력을 강화해야 한다.

8. 회복 및 복구 (Recovery and Restoration)

재해가 발생한 후에는 시설과 자원을 복구하고 업무를 회복하는 계획을 수립해야 한다.

9. 정기적인 검토와 개선 (Regular Review and Improvement)

물리적 보안 계획은 정기적으로 검토하고 개선하여 지속적인 보호를 제공하여야 한다. 이는 재해 대응 계획은 기업, 기관 또는 시설의 특정 요구 사항에 따라 다를 수 있으며, 해당 요구 사항과 위험 프로파일에 맞게 맞춤형으로 개발되어야 하기 때문이다.

또한 법적 규정 및 규정 준수도 고려해야 한다. 이러한 재해 및 비상 대응 계획은 자연 재해, 화재, 테러 공격 등과 같은 다양한 상황에서 조직 또는 시설의 안전을 보장하고 비상 상황에서의 효과적인 대응을 가능하게 한다. 이처럼 재해 대응(Disaster Recovery)은 기업이나 조직이 자연 재해, 인간의 오류, 고의적인 사고, 기술적 문제 등으로 인한 재해를 예방하고, 그로부터 회복하는 계획과 프로세스를 의미한다.

10. 위험평가와 자산식별(Asset Identification)

이외에도 위험 평가로서 먼저, 조직은 가능한 물리적 위험과 재해를 식별하고 평가해야 하며, 이러한 위험에는 화재, 홍수, 지진, 도난, 사이버 공격으로 인한 물리적 침입 등이 포함될 수 있다. 자산 식별도 중요하다. 조직은 주요 자산을 식별하고 분류해야 한다.

이러한 자산에는 시설, 장비, 물자, 데이터, 인력 등이 포함될 수 있다. 그리고 위험 평가와 자산 식별을 기반으로 조직은 재해 대응 계획을 개발해야 한다. 이 계획에는 이상 사건 및 재해에 대한 대응 절차와 가이드라인. 자산과 시설의 보호를 강화하기 위한 물리적 보안 조치. 비상 연락망 및 대피 계획. 재해 복구 및 복구 계획 등을 포함할 수 있다.

02

비상 대응 시나리오

1. 비상 대응 시나리오 작성 시 고려요소

물리적 보안에서 비상 대응 시나리오를 준비하는 것은 조직이 비상 상황에서 효과적으로 대응할 수 있도록 도와 줄 수 있기 때문이다. 이는 재난 발생 시 인명 피해와 재산 손실을 최소화하는 데 중요하다. 즉, 다양한 재난 또는 비상 상황에 대비하여 시행할 계획 및 절차를 예상 시나리오로 작성하고, 검증된 이를 매뉴얼 화 하는 작업에 필수적인 부분이다. 이러한 시나리오는 조직 또는 시설이 잠재적으로 발생할 수 있는 위험과 위협에 대비하여 인력, 장비 및 자원을 효과적으로 운용할 수 있도록 도와준다. 비상 대응 시나리오는 다음과 같은 요소를 포함시켜야 한다.

1) 재난 분류

다양한 재난 및 비상 상황을 분류하고 우선순위를 정한다. 이러한 분류는 자연 재해, 기술적 재해, 인적 재해 및 기타 카테고리로 나뉠 수 있다.

2) 비상 계획 작성

이러한 시나리오에 대비하여 비상 대응 계획을 작성해야 한다. 이 계획에는 비상 연락처 정보, 통신 절차, 대피 계획, 구조 및 의료 지원 계획, 자원 확보 계획 등이 포함될 수 있어야 한다. 또한 대응단계에는 경고 및 통보, 대피, 구조, 응급 처치, 피해 평가 및 회복 등을 포함해야한다.

3) 역할 및 책임

각 팀 및 개인의 역할과 책임을 명확히 정의해야 한다. 비상 대응 팀과 관련된 인원은 자신의 임무를 이해하고 실제로 실행할 수 있어야 한다.

4) 통신 계획

효과적인 내부 및 외부 통신을 보장하기 위한 계획을 마련해야 한다. 이는 비상 상황에서 정보 공유 및 협력을 강화하는 데 중요하다.

5) 자원 관리

필요한 자원을 식별하고 이를 관리하는 방법을 결정해야 한다. 이는 의료 용품, 식품, 물, 전력, 보안 장비 등을 포함할 수 있다.

6) 감시 및 경보 시스템

비상 상황을 모니터링하고 조기 경고 시스템을 설정하여 조직이 즉각적으로 대응할 수 있도록 해야 한다.

7) 회복 계획

비상 상황 후 회복 단계에 대한 계획을 마련해야 한다. 이는 시설, 시스템 및 운영을 정상화하는 데 필요한 단계를 말한다.

2. 비상 대피 경로의 효과적 운영전략

유사시 비상대피시설을 개선하고 취약성을 줄이기 위한 비상 대피 경로의 효과적인 운영 전략은 생명과 재산을 보호하기 위한 중요한 요소로서 시설물 또는 제품의 보안 적 측면을 고려하여 설계되어야 한다. 이러한 요소들은 재난 상황이나 비상 상황에서 안전한 대피 및 대응을 보장하기 위해 필요하다. 따라서 원칙을 준수하여 비상 상황에 대비하는 것은 안전을 최대한 보장하고 위험을 최소화하는 데 도움이 된다. 다음은 비상 대피 경로와 효과적인 운영 전략에 대한 일반적인 원칙과 고려해야 할 사항이다.

1) 위치선정 시 접근성 및 시인 성

비상대피시설의 위치는 쉽게 접근 가능하고 인구 밀도가 높은 지역에서 선택되어야 하며, 지진, 홍수, 산사태 등의 자연재해 위험 지역을 피해야 한다. 또한 교통수단과의 접근성을 고려하여 대중교통 경로와 연계할 수 있는 위치를 선택해야 한다.

아울러 비상 대피 경로는 쉽게 찾을 수 있어야 하며, 표지판, 조명, 색상 등을 통해 명확하게 식별되어야 한다. 이는 모든 사람들이 대피 경로를 쉽게 찾고 사용할 수 있도록 장애 가 없는 접근성을 고려해야 하기 때문이다.

2) 구조 및 설계는 논리적으로 구성

비상대피시설의 구조 및 설계는 논리적으로 설계되어야 하며, 시설은 강화된 건축 및 구조물로 설계되어야 한다. 또한 지진, 태풍 등의 재난 상황에서 안전을 보장할 수 있어야 한다. 충분한 공간과 환기 시스템, 소화기, 응급 대피 용품 등이 설치되어 하고, 장애인 및 노약자를 위한 특별한 고려사항을 갖추어는 것도 중요하다.

3) 길 찾기를 돕는 정보

대피 경로는 장애물이나 방해요소 없이 쉽게 따를 수 있어야 한다. 따라서 길 찾기를 돕는 정보가 제공되어야 한다. 이는 표지판, 비상 방송 시스템, 경로 표시 등을 통해 이루어질 수 있다.

4) 비상 조명 및 전원 백업

비상 상황에서는 전원 공급이 중단될 수 있으므로 비상 조명과 전원 백업 시스템을 설치하여 대피 경로를 밝고 안전하게 유지해야 한다.

5) 방화 및 화학 물질 대비

대피 경로는 화재와 같은 위험 상황에 대비하여 방화 및 화학 물질에 대한 안전한 통로로 설계되어야 하며, 화재 경보 시스템 및 비상 조명 등의 안전 시스템을 설치해야 한다.

6) 훈련 및 교육

건물 또는 시설물의 사용자 및 직원에게 비상 대피 경로와 사용법에 대한 교육 및 훈련을 제공해야 한다.

7) 안전 검사 및 유지 보수

비상 대피 경로 및 관련 시설물은 정기적으로 검사하고 유지 보수해야 한다. 또한 어떤 결함이나 문제가 발견되면 즉시 수정되어야 한다. 비상통신 시스템을 갖추고, 비상 연락처와 무선 통신 장비를 제공해야 한다.

8) 계획 및 테스트

비상 대피 계획을 작성하고 정기적으로 테스트하여 대피 경로 및 대응 절차의 효과성을 확인해야 한다.

9) 인간 요인 고려

대피 경로 및 안전시설은 사용자의 특성과 인간 요인을 고려하여 설계되어야 한다. 예를 들어, 노약자나 장애인을 위한 대피 시스템을 고려해야 한다.

10) 법규 준수

관련 규제와 법률을 준수해야 하며, 시설물 또는 제품의 보안 적 측면을 고려하는 규정을 준수해야 한다.

11) 운영 및 관리를 위한 예산확보와 지역사회 협력

비상대피시설은 꾸준한 유지보수와 정기적인 검사가 이루어져야 합니다. 대피 계획 및 훈련을 개발하고 주민들에게 교육해야 하며, 비상대피시설의 용량과 수용 인원을 정확하게 파악하고 업데이트해야 한다. 아울러 비상대피시설을 개선하고 유지하는 데 필요한 자금을 확보해야 한다.

정부 보조금, 지원 프로그램, 지역 기업 및 단체와의 협력을 고려할 수 있다. 또한 지역 주민들의 의견을 수렴하고, 대피시설에 대한 정보를 공유하며, 대형 재난 시나리오에 대한 연습과 훈련을 진행해야 합니다. 이러한 고려 사항을 고려하여 비상대피시설을 개선하고 취약성을 줄이면, 재난 상황에서 더 효과적으로 대처할 수 있을 것이다.

03

재해 복구 및 회복

물리적 보안에서 재해 복구 및 회복 전략은 중요한 부분이다. 이는 재해가 발생할 경우, 시스템 및 자산을 복구하고 업무 중단을 최소화하기 위한 것으로 다음과 같은 전략을 고려해야 한다.

1. 재해 예방 및 준비(Prevention and Preparedness)

물리적 보안을 유지하고 보강하여 재해의 발생을 방지하는 노력을 기울여야 한다. 예를 들어 감지 시스템 및 경보 시스템을 구축하여 재해를 조기에 감지하고 경보를 울릴 수 있도록 하는 것으로 다음과 같은 것을 고려해야 한다.

1) 비상 계획 수립(Emergency Planning)

재해 발생 시를 대비하여 비상 계획을 작성하고 이를 업무 환경에 맞게 업데이트하는 것으로 비상 연락처 및 응급 대응 팀을 지정하고 훈련시켜야 한다.

2) 백업 및 복원 전략(Backup and Recovery Strategy)

중요한 데이터와 자산의 백업을 주기적으로 수행하고 안전한 위치에 저장해야 한다. 즉, 복원 프로세스를 정의하고 필요한 복원 도구와 시스템을 준비하는 것이다.

3) 회복 시간 목표(Recovery Time Objectives, RTO) 설정

시스템 및 서비스의 중요도에 따라 회복 시간 목표를 설정한다. 중요한 시스템은 더 빠른 회복이 필요할 수 있다.

4) 시설 및 장비 유지 보수

물리적 보안 시설과 장비를 정기적으로 점검하고 유지 보수해야 한다. 즉, 안전한 환경을 유지하기 위해 필요한 조치를 취하는 것이다.

5) 위치 다중화(Geographic Redundancy)

다중 데이터 센터 또는 시설을 사용하여 데이터와 시스템을 중복 배치하여 재해 시 복구를 용이하게 해야 한다.

6) 테스트 및 교육

정기적인 테스트와 교육을 통해 비상 대응 팀 및 직원들이 비상 상황에서 올바른 조치를 취할 수 있도록 한다.

7) 보안 및 엑세스 제어

물리적 보안 시설에 대한 엄격한 엑세스 제어를 유지하여 불법 침입을 방지해야 한다.

8) 보험 및 법률 준수

보험을 가입하여 재해 발생 시 금전적 손실을 최소화하고, 관련 법률과 규정을 준수하고 필요한 보안 규정을 준수해야 한다.

9) 사후 평가 및 개선

재해 발생 후에는 사후 평가를 수행하여 어떻게 더 나은 대응을 할 수 있는지 확인하고 개선점을 식별해야 한다. 이러한 재해 복구 및 회복 전략을 통해 물리적 보안 시스템과 자산을 보호하고, 재해 발생 시 비상 상황에서 효과적으로 대응할 수 있다.

05 연습문제

01 물리적 보안에서 "재해 대응"은 다음 중 어떤 것을 가리키는가?

A) 소프트웨어 보안 조치 B) 화재 예방

C) 네트워크 암호화 D) 데이터 백업

정답 B) 화재 예방

풀이 물리적 보안에서의 "재해 대응"은 주로 물리적 위협에 대한 대비 및 예방 조치를 의미합니다. 화재 예방은 그 중 하나로, 물리적 보안에서 중요한 요소 중 하나입니다.

02 회사의 데이터 센터에서 감지된 화재의 경우, 어떤 조치가 필요한가?

A) IT 보안 솔루션 설치

B) 주변 건물의 경보 시스템 비활성화

C) 신속한 화재 진압 및 직원 대피

D) 서버 패스워드 변경

정답 C) 신속한 화재 진압 및 직원 대피

풀이 화재가 감지된 경우, 가장 중요한 것은 인명 안전과 물리적 손상을 최소화하는 것입니다. 따라서 화재 진압 및 직원 대피 조치가 필요합니다.

03 물리적 보안 재해 대응에서 "비상 대피 계획"의 목적은 무엇인가?

A) 데이터 백업 수행

B) 화재 예방 조치 강화

C) 재난 상황에서 직원 안전 보장

D) 네트워크 보안 강화

정답 C) 재난 상황에서 직원 안전 보장

풀이 비상 대피 계획은 주로 재난 상황에서 직원과 시설의 안전을 보장하기 위한 계획을 의미합니다.

04 무단 출입을 방지하기 위해 사용되는 물리적 보안 장치는 무엇인가?

A) 바이러스 스캐너

B) 생체 인식 장치

C) 방화벽

D) 데이터 암호화

정답 B) 생체 인식 장치

풀이 생체 인식 장치는 무단 출입을 방지하기 위해 사용되는 물리적 보안 장치 중 하나로, 개인의 생체 특성을 인식하여 접근을 허용하거나 거부합니다.

05 보안 카메라와 센서를 사용하여 건물 주변을 모니터링하는 시스템은 무엇인가?

A) 바이러스 스캐너

B) 생체 인식 시스템

C) CCTV 시스템

D) 원격 액세스 제어

정답 C) CCTV 시스템

풀이 CCTV 시스템은 보안 카메라와 센서를 사용하여 건물 주변을 모니터링하고 녹화하는 시스템입니다.

06 재난 대비를 위해 중요한 서류와 데이터를 안전하게 저장하는 방법은 무엇인가?

A) 보안 가방 사용 B) 불 화재 방지 기기 설치

C) 지진 대비 훈련 D) 백업 및 오프사이트 저장

정답 D) 백업 및 오프사이트 저장

풀이 재난 대비를 위해 데이터와 서류를 안전하게 보관하기 위해서는 주기적인 백업 및 중요 데이터를 오프사이트에 안전하게 저장하는 것이 좋습니다.

07 물리적 보안에서의 "중요한 문서 및 장비의 잠금"은 어떤 목적을 가지고 있는가?

A) 문서와 장비를 표시하기 위함

B) 무단 접근을 방지하기 위함

C) 데이터 암호화를 강화하기 위함

D) 소프트웨어 보안을 강화하기 위함

정답 B) 무단 접근을 방지하기 위함

풀이 중요한 문서와 장비의 잠금은 무단 접근을 방지하고 보안을 강화하기 위한 조치입니다.

08 시설 내에 비상 대피로 및 소화기의 위치를 표시하는 것은 어떤 물리적 보안 원칙을 따르는가?

A) 생체 인식 B) 보안 감시

C) 화재 안전 D) 데이터 백업

정답 C) 화재 안전

풀이 비상 대피로와 소화기의 위치를 표시하는 것은 화재 안전을 강화하기 위한 조치입니다.

09 물리적 보안에서의 "접근 제어"는 무엇을 가리키는가?

A) 데이터 백업 B) 생체 인식

C) 방화벽 설정 D) 네트워크 보안

정답 B) 생체 인식

풀이 물리적 보안에서의 "접근 제어"는 주로 생체 인식과 같은 방법을 사용하여 특정 인물의 접근을 허용하거나 거부하는 것을 의미합니다.

10 재해 대응 계획을 개발할 때, 어떤 것이 가장 먼저 고려되어야 하는가?

A) 보안 카메라 설치 B) 재난 종류 분석

C) 데이터 암호화 D) 인적 자원 훈련

정답 B) 재난 종류 분석

풀이 재해 대응 계획을 개발할 때, 먼저 어떤 종류의 재난에 대비해야 하는지를 분석하는 것이 가장 중요한 단계입니다.

Chapter 6

테러리즘

- ★ 테러리즘
- ★ 물리적 보안과 테러와의 관계
- ★ 테러리즘의 개요
- ★ 테러리즘의 정의
- ★ 테러리즘의 유형
- ★ 테러의 공격형태
- ★ 테러양상의 변화
- ★ 테러용 폭발물
- ★ 연습문제

01

테러리즘

물리적 보안은 조직 및 개인의 안전과 자산 보호를 위해 핵심적인 역할을 하는 분야이기 때문에 현대 사회에서는 물리적 보안이 사회적 안정과 기업의 지속 가능성을 유지하는 데 필수적인 요소로 인식되고 있다. 이중에서도 테러 대응활동은 물리적 보안 분야에서 가장 핵심적 분야이다. 특히 다중이용시설에 대한 다양한 테러위협대응방안을 강구하고 점검하는 것은 매우 중요한 부분이다.

냉전이후 전면전 형태의 전쟁은 감소하였으나, 최근 들어 테러는 단순히 범죄행위를 넘어 세계 곳곳에서 벌어지고 있는'테러와의전쟁'처럼 전쟁의 형태로 변화되고 있는 상황이다. 사실 어떻게 보면 테러는 정치적 현상이지만, 이는 단순히 범죄행위를 넘어 우리일상의 공간에서 예고되고, 발생되고 있다. 따라서 테러에 대한 대응은 정부만이 감당해야하는 책임이라기보다, 모든 국민이 통합방위측면에서 대응해야할 과제이다. 이는 민간부분의 '물리적 보안 관리사'의 역할을 기대하는 이유이기도 하다. 따라서 본 저서의 가장 많은 부분을 테러리즘과 관련해 배정 하였다.

02

물리적 보안과 테러와의 관계

물리적 보안과 테러 간의 관계는 여러 가지 측면에서 이해할 수 있다. 물리적 보안은 시설물, 사람 및 자산을 물리적으로 보호하는 것을 의미하며, 테러는 정치적 원인이 포함되지만, 폭력적인 행위를 통해 사회, 국가 또는 국제적으로 공포를 주거나 목표를 달성하려는 행위를 나타낸다. 이 두 개념은 다음과 같은 관련성을 가질 수 있습니다.

1. 시설물 보호

테러리스트들은 공격 대상으로 다양한 시설물을 선택한다. 공항, 정부 건물, 군사 시설, 대중교통 시스템 등이 그 예이다. 반면에 물리적 보안은 이러한 시설물을 폭력적인 공격으로부터 보호하기 위한 장치와 시스템을 구축하는 역할을 한다.

2. 안전한 환경 조성

물리적 보안은 사람들이 안전하고 보호받는 환경을 조성하는 데 도움을 줄 수 있다. 반면에 테러 공격은 개인의 생명과 안전을 위협하므로, 물리적 보안은 이러한 위험을 최소화하고 방지하기 위한 수단으로 활용된다.

3. 접근 통제

테러리스트들은 공격을 수행하기 위해 시설물 내부로 침입하려고 할 수 있다. 따라서 물리적 보안은 출입 통제 시스템, 보안 감지 장비, CCTV 등을 통해 불법적인 접근을 방지하고 감지하는 역할을 한다.

4. 자산 및 정보 보호

테러리스트들은 자산이나 정보를 파괴하거나 탈취하기 위해 공격을 할 수 있다. 따라서 물리적 보안은 이러한 자산 및 정보를 보호하기 위한 장치와 절차를 구축한다.

5. 위험 예방 및 대비

물리적 보안은 가능한 테러 위험을 사전에 감지하고 예방하기 위한 다양한 방법을 개발한다. 예를 들어, 위험한 행동이나 물품을 감지하는 센서, 스캐닝 시스템 등을 활용하여 대비 조치를 취할 수 있다.

6. 국가 및 국제적 협력

테러 방지는 국가 및 국제적 수준에서의 협력이 중요하다. 국가 간 정보 공유, 경계 보안 강화, 테러 방지 국제 협약 등 물리적 보안과 테러 방지를 위한 다양한 노력이 이루어진다.

03

테러리즘의 개요

1. 테러리즘의 위협

테러리즘(terrorism)의 위협은 오늘날 국제사회가 직면하고 있는 가장 심각한안보문제 중의 하나이다. 미국의 미시간주립대학 지리학과 교수 하름 데 블레이(Harm de Blij)는 그가 쓴『왜 지리학이 중요한가: 미국이 직면한 세 가지 도전: 기후변화, 중국의 도전, 그리고 글로벌 테러리즘)』이라는 책 속에서 미국의 관점에서 '기후변화, 중국의 부상, 국제 테러리즘'이라는 세 가지 도전을 21세기를 이해하는 키워드로 삼고 있다. 이와 관련해서 "미국의 힘, 중국의 도전, 테러리즘 세 가지를 알면 21세기가 보인다."는 말도 나오고 있다.

2. 초국가적, 비군사적 위협증대가 뉴테러리즘의 형태

오늘날 세계 안보환경의 두드러진 특징은 국가 간 전면전의 가능성은 줄었으나 테러, 대량살상무기 확산 등 초국가적·비군사적 위협이 증대되었고, 과거 잠재되었던 갈등요인들이 표면화되면서 국가안보에 대한 위협의 성격이 다양하고 복잡하게 되었다는 점이다. 지난 2001년 미국에서 발생한 9·11테러는 일개 테러조직에 의해 미국과 같은 초강대국도 전쟁에 버금가는 재산 및 인명의 손실을 입을 수 있고 정신적 공황에 가까운 충격과 위기감에 휩싸일 수 있음을 보여 주었다. 이를 통해 국가 이외의 조직이나 세력에 의한 예측 불가능한 테러의 위협이 국가안보의 중요한 영역으로 인식되었다. 새로운 형태의 테러리즘(new terrorism)은 그 세력이 영토나 국경을 초월하여 범세계적으로 네트워크로 연결되어 있어 실체를 찾기 어렵고 시기와 장소를 예측 할 수 없다는 특징을 보여주고 있다. 세계 도처에 산재해 있는 초국가적 테러 위협은 전통적인 적과 위협의 개념, 그리고 위협에 대한 대비개념을 근본적으로 바꾸어 놓았다.

3. 테러와 대량살상무기(wmd)의 비확산노력

9·11테러로 미국 주도하에서 테러와의 전쟁이 시작되었고 지난 2002년에는 아프가니스탄 전쟁에 의해 탈레반 정권이 무너지고, 2003년에는 이라크 전쟁에서 사담 후세인이 축출됨으로써, 조지 W. 부시(George W. Bush) 당시 미국 대통령은 2003년 5월 1일 이라크 전쟁에서 승리했다고 선언한 바 있다. 그러나 미국은 사담 후세인과 전쟁에서 승리했지만 이슬람테러리스트들과 새로운 전쟁을 하지 않을 수 없게 되었고, 지금도 세계 도처에서 테러사건들이 발생하고 있다. 더욱이 9·11테러를 자행한 '알 카에다(Al-Qaeda)'가 국제적 네트워크를 가진 테러집단이라고 알려지면서, 테러와 대량살상무기(WMD) 확산방지문제는 일부국가에 국한된 것이 아니라 전 세계 차원의 문제이므로 국가 간 공조가 필수적이라는 인식이 대두되지 않을 수 없게 되었다. 따라서 9·11테러 이후 국제사회의 안정과 평화에 심각한 위협으로 인식되고 있는 테러와 대량살상무기의 확산 및

연계를 예방하기 위해 유엔을 중심으로 테러와 비확산 노력이 지속적으로 강구되고 있다.

4. 테러의 안전지대는 없다

오늘날 테러리즘은 더 이상 중동과 유럽의 몇몇 국가에 국한된 문제가 아니고, 테러리즘의 안전지대는 존재하지 않을 정도로 전 세계의 모든 국가들이 직면하고 있는 심각한 문제이다. 9·11테러 참사로 세계 안전의 상징이었던 미국, 그것도 심장부를 테러함으로써 더 이상 테러의 안전지대는 사라졌다. 이제 세계 어느 나라도 국제적으로 테러의 위협으로부터 자유로운 국가는 존재하지 않으며 한국의 경우도 예외는 아니다. 지난 2007년 아프가니스탄 선교봉사단 피랍과 소말리아 해상 '마부노'호 피랍사건 등의 사례에서 보듯이 최근 국내외에서 우리국민을 대상으로 한 테러발생 가능성은 항상 상존하고 있다.

5. 철저한 대비책강구필요

더욱이 테러리즘과 관련해서는 한국은 특수한 상황에 처해 있다. 전략·전술적인 측면에서 세계 최고 수준의 다양한 테러리즘 능력을 갖추고 있는 북한과 상시 대처하고 있기 때문이다. 북한은 그동안 청와대 기습사건, 미얀마 랑구운사건, 대한항공 858기사건 등 여러 차례에 걸쳐 대남 테러리즘을 자행한 바 있어 향후 북한에 의한 테러리즘의 가능성도 전혀 배제할 수는 없는 상황이다. 따라서 국제테러리즘 및 북한의 테러리즘과 관련해서 우리의 철저한 대비책이 요구된다고 할 수 있다.

6. 테러의 개념은 다의성·포괄성·이념성을 가지고 있다

테러리즘(Terrorism)은 특정 목적 달성을 위해 행해진 테러행위를 총칭하는 말로써 테러(terror)보다 이념성·포괄성을 함축하고 있는 개념이다. 우리나라에서는 테러리즘과 테러를 구분하지 않고 같은 의미로 혼용하고 있다. 또한 외국의 경우 주로 공식문서에는 테러리즘(terrorism)을, 비공식 문서에는 테러(terror)를 사용 하는 경향이 있고, 미국이나 영국의 대테러 관련법, 조직명칭, 보고서 등에는 반드시 테러리즘(terrorism)이란 표현을 사용하고 있지만, 시사

잡지나 신문 등에서는 테러리즘(terrorism)과 테러(terror)를 혼용(混用)하고 있다. 사실 전혀 상반된 입장을 취하는 이해 당사자 모두가 동의할 수 있는 테러의 정의를 내린다는 것은 결코 쉬운 일이 아니다. 테러리즘이 포괄성과 이념성을 지닌 용어이다 보니 정의를 내리는 것조차도 간단하지 않다. 동일한 사건을 관점에 따라 테러리즘으로 규정하기도 하고, 어떤 경우에는 단순한 일반범죄로 취급하기도하며, 다른 시각에서는 애국적인 행위로 평가하기도 한다. 한 예로 영국정부는 아일랜드공화국군(IRA: Irish Republican Army)의 모든 공

격을 테러리즘으로, 그리고 IRA요원들을 테러리스트로 규정하고 있다. 반면에 IRA를 추종하는 사람들이나 리비아 등 IRA를 직접 혹은 간접적인 방법으로 지원하고 있는 국가들은 IRA의 행위를 민족주의해방운동(national liberation movement)으로 그리고 IRA요원들을 자유투사(自由鬪士, freedom fighter)로 규정하고 있는 실정이다. 심지어는 미국의 경우 중앙정보국(CIA: Central Intelligence Agency), 연방수사국(FBI: Federal Bureau of Investigation), 국무부, 법무부 그리고 국방부가 각각 다른 테러

리즘 정의를 채택하고 있는 실정이다. 분명한 것은 테러는 사회 전체를 공포상태에 몰아넣는 행위로서 민간정부에게 정치적 요구를 관철하기 위해 비무장 민간대중을 공격하는 행위이다. 테러인가 아닌가를 결정하는데 있어서 사용된 무기의 종류는 묻지 않는다. 테러의 표적(target)이 누구인가, 그 동기는 무엇인가가 테러를 정의하는 결정요소라 할 수 있다. 테러의 표적은 무고한 시민이고 그 동기는 정치적이어서 해당 정권의 특정 행동을 요구한다. 개인적 목적을 위해 무차별 대중을 공격하는 행위는 테러가 아니라 범죄일 따름이고 군사시설에 대한 공격은 테러가 아니라 전쟁인 것이다. 테러리즘은 오늘날 국제사회가 당면한 가장 심각한 문제 중의 하나임에도 불구하고 지금까지 '테러리즘이 무엇인가'에 대한 보편적인 정의(定義, definition)가 존재하지 않는다. 이는 테러리즘 개념 자체가 난제임을 반증하는 것이다. 테러리즘의 동기, 대상, 범위, 주체, 이념 등의 포함여부 그리고 학자들과 테러리즘 전문가들의 시각에 따라 테러리즘이 달리 정의됨으로써 테러리즘의 정의와 성격규정에 대한 연구와 논쟁은 끊임없이 계속되어지고 있다.

04

테러리즘의 정의

1. 의미

1) 국어사전적 의미

먼저 테러(terror)의 국어사전의 의미를 보면, 테러란 "폭력(수단)을 사용하여, 상대를 위협하거나 공포에 빠뜨리는 행위"이다. 최근에 나온 영어사전의 의미를 보면 the violent action or the threat of violent action that is intended to cause fear, usually for political purposes(대개 정치적 목적을 위해 두려움을 주기 위한 폭력 행위 또는 그러한 위협)로 정의하고 있다. 여기서 테러는 단순한 폭력행위가 아니라, ① 미리 계획된 고의적인 폭력행위, ② 정치적 동기에서 유발된 폭력행위, ③ 민간인을 공격목표로 하는 폭력행위, ④ 국가의 정규군대가 아닌 조직이나 단체에 의해 수행되는 폭력행위라 할 수 있을 것이다. 굳이 테러와 구별된 테러리즘의 의미를 본다면 테러리즘(terrorism)이란 "폭력으로 반대파를 눌러 자기들의 주장을 관철하려는 정치상의 주의(主義, ism), 즉 폭력주의"라 할 수 있다. 그리고 테러리스트(terrorist)란 테러리즘을 신봉하는 사람 즉 폭력주의자라고 할 수 있다. 그런데 전술한 테러(terror)라는 말은 테러리즘 (terrorism)

의 약어(略語) 또는 동의어(同義語)로 그리고 테러리스트(terrorist)의 약어로도 사용됨으로써 사실상 테러는 테러리즘 및 테러리스트와 사실상 혼용되고 있기 때문에 여기서 테러와 테러리즘의 엄밀한 구별은 특별한 경우를 제외하고는 무의미하다고 할 수 있다.

2) 정치학대사전적 의미

한국에서 발간한『정치학대사전』(박영사, 1980)을 보면, 정치학에 있어서 테러리즘(terrorism)은 폭력주의(暴力主義)에 입각한 공포정치(reign of terror) 또는 암흑정치(dark politics)라고도 불린다. 단순한 폭력이나 강제와는 달리 정부 또는 소위 혁명단체에 의해 조직적·집단적으로 행해지는 공포수단을 말한다. 즉 정치적 위기에 처한 권력담당자가 비밀경찰·군사경찰 기타의 직접적 권력을 가지고 정치적 반대파를 탄압하며 강행하는 정치적 행동주의를 말한다.

3) 백과사전적 의미

『브리태니커세계대백과사전』(Britianna World Encyclopedia)은 "테러리즘이란 정치적 목적을 달성하기 위해 정부나 대중 또는 개인에게 위해를 가하거나 예측할 수 없는 폭력을 사용하는 조직적 행위"라고 규정하고 있다.

2. 다양한 정의

1) UN 안보위원회 결의

UN 안보위원회 결의 1373호(2001.9.28)에서는 "테러리즘이란 민간인을 상대로 하여 사망 혹은 중상을 입히거나 인질로 잡는 등의 위해를 가하여 대중 혹은 어떤 집단의 사람 혹은 어떤 특정한 사람의 공포를 야기시킴으로서 어떤 사람, 대중, 정부, 국제 조직 등으로 하여금 특정 행위를 강요하거나 혹은 하지 못하도록 막고자 하는 의도를 가진 범죄행위"라고 규정하고 있다.

2) 아레긴-토프트(Ivan Arreguin-Toft) : 소수의 극단주의자의 수단으로 설명

아레긴-토프트(Ivan Arreguin-Toft)에 따르면 "테러는 대중적 기반이 없는 소수의 극단주의자들이 자신들의 목적을 비정상적인 방법을 통해 획득하기 위해 유괴, 암살, 폭파, 공중납치, 해상납치 등 명백하고도 비합법적인 폭력을 통해 군사적으로 압도적인 우위에 있는 적으로부터 그들의 목적을 달성하고자 하는 정당하지 못한 수단"이라는 것이다.

3) 해커(Fredrich J. Hacker): 폭력 및 공격과 연계하여 설명

해커(Fredrich J. Hacker)는 테러를 폭력 및 공격과 연계하여 설명해주고 있다. 모든 폭력이 공격적이지만 모든 공격이 다 폭력적인 것은 아니다. 불가피하게 공격적인 속성을 가지는 것에는 언어에 의한 공격, 즉 논쟁, 서로간의 경쟁, 어떤 분야에 있어서의 공격적인 탐구 등 수많은 형태가 있다. 그러나 이들을 모두 폭력이라고 하기보다는 오히려 개별적으로나 집단적으로 볼 때 창조적·생산적 성격을 갖는 경우도 있다는 것이다. 또 모든 폭력적 행동이 다 테러의 성격을 갖는 것은 아니다. 테러리즘은 대중의 행동, 사상, 감정을 테러리스트(terrorist) 자신들의 행동, 사상, 감정과 일치하는 방향으로 변화시키는 것을 목적으로 하는 최후수단이라는 것이다.

4) 윌킨슨(Paul Wilkinson):테러집단의 정치적 목적달성 위한행위로 정의

그런가 하면 테러리즘 연구의 세계적인 권위기관인 갈등테러리즘조사연구소 (RISCT: Research Institute for the Study of Conflict and Terrorism)의 윌킨슨(Paul Wilkinson)은, 테러리즘은 "조직적인 살해 및 파괴 그리고 살해와 파괴에 대한 협박을 함으로써 개인, 단체, 특정 공동체 혹은 정부를 공포의 분위기로 몰아넣어 테러집단의 정치적 목적을 달성하려고 하는 행위"라고 정의하고 있다. 테러리즘은 학자나 연구기관은 물론 국가기관에 따라서도 다양하게 정의되고 있다. 테러리즘과 관련해서 보편적 정의를 찾아보기 어렵다. 심지어는 미국의 경우 중앙정보국(CIA: Central Intelligency Agency), 연방수사국(FBI: Federal Bureau of Investigation), 국무부, 법무부 그리고 국방부가 각각 다른 테러리즘 정의를 채택하고 있는 실정이다.

3. 미국의 정의

1) 미국 연방수사국(FBI),중앙정보국(CIA)의 정의

미국 연방수사국(FBI)은 테러리즘을 '정치·사회적 목적에서 정부나 시민들을 협박 및 강요하기 위해 사람이나 재산에 가하는 불법적인 폭력의 사용'으로 규정하고 있다. 미 중앙정보국(CIA)은 "테러리즘은 개인 혹은 단체가 기존의 정부에 대항하거나 혹은 대항하기 위해서든 직접적인 희생자들보다 더욱 광범위한 대중들에게 심리적 충격 혹은 위협을 가함으로써 정치적 목적을 달성하기 위해 폭력을 사용하거나 폭력 사용에 대한 협박을 하는 것이다"라고 정의하고 있다.

2) 미국의 국방부의 정의

한편 미국의 국방부는 1983년과 1986년에 각기 다른 테러리즘에 관한 정의를 내린 바도 있다. 1983년 정의에 의하면 "테러리즘은 혁명기구가 정치적 혹은 이데올로기적 목표달성을 위해 정부 혹은 사회를 위압하거나 협박하는 수단으로 개인과 재산에 대한 비합법적인 폭력을 사용하거나 폭력사용에 대한 협박을 하는 것이다."라고 정의하고 있고, 1986년 정의에 의하면 "테러리즘은 정치, 종교, 이데올로기적 목적 달성을 위해 정부 혹은 사회에 대한 위압 혹은 협박의 수단으로 개인 혹은 재산에 대해 비합법적인 힘 혹은 폭력을 사용하거나 비합법적인 힘 혹은 폭력사용에 대한 협박을 하는 것이다."라고 규정하고 있다.

3) 미국무부의 정의

미국무부가 2008년 4월에 낸 연례보고서인 『2008 테러리즘 국가보고서』(Country Report on Terrorism 2008)는 국제테러리즘, 테러리즘, 테러리스트 집단과 관련해서 다음과 같이 정의하고 있다. 먼저 국제테러리즘(international terrorism)이란 용어는 "2개국 이상의 시민 또는 영토를 포함하는 테러리즘"을 의미한다고 규정하고, 다음으로 테러리즘(terrorism)이란 "준 국가단체 혹은 국가의 비밀요원이 다수의 대중에게 영향력을 행사하기 위해 비전투원을 공격대상으로 하는 사전에 치밀하게 준비된 정치적 폭력"을 의미한다고 규정하며, 끝으로 테러리스트집단(terrorist group)은 "국제테러리즘을 실행하거나 실행하는 주요 하위집단을 가진 모든 집단을 의미한다고 규정해 놓고 있다.

4. 영국의 「테러리즘법(Terrorism Act)」의 정의

2000년에 제정된 영국의 「테러리즘법(Terrorism Act)」은 테러리즘이란 "정부에 영향을 주거나 일반대중 또는 공공부문을 협박하려는 행동 또는 위협, 그리고 정치적, 종교적, 또는 이념적 목적을 얻어내려는 폭력행동 또는 그 위협이라고 규정하고 있다.

5. 100개 이상의 테러리즘에 대한 정의

이처럼 한 국가 내에서도 테러리즘에 대한 정의에 관한 합의(consensus)를 기대하기 힘들고, 시대에 따라 미비한 테러리즘의 정의를 보완하는 점을 인정한다고 하더라도 한 부서 내에서조차 서로 다른 정의를 사용하고 있음을 알 수 있다. 또한 학자들은 각자의 주장이나 이론에 따라 각기 다른 테러리즘의 정의를 내리고 있다. 한 연구결과에 의하면 지금까지 100개 이상의 테러리즘에 대한 정의가 학자들과 각 국가 및 국제기구 등에 의해 제시되어온 것으로 조사된 바 있다.

테러리즘은 학자나 연구기관에 따라서 다양하게 정의하고 있으나, 그 내용을 종합하여 보면 테러리즘은 주권국가 혹은 특정 단체가 정치, 사회, 종교, 민족주의적인 목표달성을 위해 조직적이고 지속적인 폭력의 사용 혹은 폭력의 사용에 대한 협박으로 광범위한 공포분위기를 조성함으로써 특정 개인, 단체, 공동체 사회, 그리고 정부의 인식변화와 정책의 변화를 유도하는 상징적·심리적 폭력행위의 총칭이다.

05

테러리즘의 유형

테러리즘의 유형은 참으로 다양하다. 고전적 테러리즘에 대비하여 뉴테러리즘 (new terrorism)이라는 용어도 널리 사용되고 있고, 최대한 많은 인명을 살해함으로써 사회를 공포와 충격으로 몰아넣은 최근의 테러리즘의 경향을 의미하는 메가 테러리즘(megaterrorism)이나 특정 인물이나 계층을 상대로 벌이는 테러와는달리 불특정다수를향한 테러리즘을 일컫는 슈퍼테러리즘(superterrorism)이란 용어도 널리 사용되고 있다.

테러리즘의 역사적·사회적·경제적 배경과 테러조직의 형태 및 그 구성원들의 특성, 테러활동의 다양한 양상으로 인해 어려움이 더욱 가중되고 있는 까닭에 테러리즘에 대한 유형분류가 쉽지 않기 때문이다. 단순한 기준으로 분류하는 것보다 는 다양한 시각 또는 관점을 포함하는 복합적 기준으로 분류하는 것이 보다 더 적절할 것으로 생각된다. 따라서 여기서는 정치적 성향, 국가개입여부, 사용주체, 테러동기 등에 따른 유형을 각각 살펴보기로 한다.

1) 적색 테러리즘(red terrorism)

정치적 성향에 따른 테러리즘은 ① 적색 테러리즘, ② 백색 테러리즘, ③ 흑색테러리즘으로 분류가 가능하다. 첫째는 적색 테러리즘(red terrorism)이다. 이것은 프랑스 혁명 당시 혁명파가 주도한 테러리즘을 지칭했으나 냉전기이후로는 좌익(또는 좌파)이나 소외계층에 의한 테러리즘을 말한다. 즉 1789년 프랑스 혁명당시 당시 J.마라(Jean-Paul, Marat) G.J.당통(Georges-Jacquesm, Danton), 로베스 피에르(Maximilien-Francois-Marie-Isadore de Robespierre) 등과 같은 개혁을 주창하던 혁명파가 주도한 테러를 '적색테러'라고 했으며, 개혁을 반대하는 반혁명파의 보복 행위를 '백색테러'라고 불렀다. 이러한 백색테러와 적색테러가 냉전기를 거치면서 그 의미가 조금 변했는데, 백색테러는 우익에 의한 테러 행위를, 적색테러는 좌익에 의한 테러 행위를 의미하고 있다. 대표적인 적색테러로는, 볼셰비키가 이끄는 러시아에서 당시 지도자였던 블라디미르 레닌(Vladimir Lenin)의 암살기도 사건 후, 볼셰비키 공산당에 의해 자행된 테러로 사상자가 1만 여명에 이르렀다.

2) 백색 테러리즘(white terrorism)

둘째는 백색 테러리즘(white terrorism)이다. 극우파가 정치적 목적달성을 위해 벌이는 암살, 파괴 등의 테러리즘을 가리킨다. 다시 말해서 이것은 기득권세력 자신의 기득권과 이익(국익)을 지켜내고, 더 나아가 적색테러리즘을 종식시키기 위해 암살과 억압, 침략과 전쟁도 일삼는 기득권 세력에 의한 반(反)테러리즘을 말한다. 발생적으로는 적색 테러리즘이 기본형태인데 프랑스혁명 중에 백색 테러리즘이 나타났다.

즉 1795년 프랑스 혁명 중에 일어난 혁명파에 대한 왕당파의 보복(Terreur blanche dans le Midi)이 백색 테러리즘의 시원(始源)으로 꼽히기도 한다. 또 다른 대표적인 백색 테러리즘으로 장개석 총통이 이끈 국민당이 대만으로 이주하면서 공산당 성향을 지닌 사람들에 대한 무차별적인 탄압사건을 지목하기도 하는데, 2주 동안 2만 8천명이 사망해서 228사건이라고도 한다.36) 또 다른 예를 든다면 미국의 인종차별단체인 KKK단(KuKluxKlan) 및 남아메리카의 극우 암살단도 백색테러단체라 할 수 있다.

3) 흑색테러리즘(black terrorism)

셋째는 흑색테러리즘이다. 이것은 독일 나치 및 친위대 잔당세력의 대 유태인공격 행위를 말한다. 좌우이념 대립의 시기에는 공산주의자에 의한 테러를 적색테러, 기득 권력층에 의한 테러를 백색테러, 무정부주의자에 의한 테러를 흑색테러라고 구분하기도 하였다. 타민족이나 타종교인에 가하는 흑색테러리즘이 있다고 한다면 선진국이라 할지라도 시급히 해결되어야 하는 사회문제가 아닐 수 있다.

2. 국가의 개입여부에 따른 분류

이것은 특정국가가 테러에 개입되었는지 여부, 그리고 1개국 이상의 국민이나 영토가 테러에 관련되었는지 여부에 따른 분류로서 크게 ① 국내테러리즘(domestic terrorism), ② 국가테러리즘(state terrorism), ③ 국가 간 테러리즘(interstate terrorism), ④ 초국가적 테러리즘(transnational terrorism) 등 4가지로 구분된다.

1) 국내테러리즘(domestic terrorism)

첫째는 국내테러리즘이다. 이것은 어떤 국가의 국민으로 구성된 반국가적·반정부적 단체가 자국 내에서 자행하는 테러행위를 말한다. 다시 말해서 1개 국가의 국민과 영토 내에서 이루어지는 테러행위로서 북아일랜드의 아일랜드공화국군(IRA: Irish Republican Army) 등을 들 수 있다.

2) 국가테러리즘(state terrorism)

둘째는 국가테러리즘이다. 이것은 한 국가의 정부가 정권의 유지를 위해 반정부세력이나 개인에게 가하는 강제적 테러리즘을 말하며 관제테러리즘이라고도 한다. 1930년대 소련의 숙청과 경찰국가들의 고문 등이 여기에 해당된다고 할 수 있다.

3) 국가 간 테러리즘(interstate terrorism)

셋째는 국가 간 테러리즘이다. 이것은 타국의 국민이나 영토와 관련되고 어느 주권국가의 정부당국에 의해 지휘나 통제를 받는 개인이나 집단에 의해 행해지는 테러리즘을 말한다. 예컨대 이스라엘 정부당국의 지휘 통제에 따라 이스라엘 특공대원 등이 팔레스타인 해방기구(PLO) 간부들이 식사하고 있는 식당을 습격·공격하는 것 등이 국가 간 테러리즘의 예라고 할 수 있다.

4) 초국가적 테러리즘(transnational terrorism)

넷째는 초국적 테러리즘이다. 이것은 국제법상 주권국가로 승인받지 못한 단체들이 테러리즘의 주체가 되어 그 단체 및 그 단체에 소속된 개인에 의해 행해지는 테러리즘을 말한다. 이는 테러리즘의 발생에 대해서 호의적인 정부로부터의 정신적·물리적 지원여부와는 관계없이 비국가적 독립된 행위자에 의해 행해지는 외국의 국민이나 영토와 관련된 테러리즘을 말한다. 팔레스타인 해방기구(Plestine Liberation Organization) 산하에서 창설·활동 중인 각종 테러리즘 조직에 의한 외교관 납치, 선박습격, 하이재킹, 대사관 점거, 인질납치사건 등이 대표적인 사례라고 할 수 있다.

3. 사용주체에 따른 분류: 위로부터의 테러와 아래로부터의 테러

테러리즘의 시대로도 불리는 현대에 있어서 테러는 위로부터의 테러와 아래로부터의 테러는 물론 좌·우익 가릴 것 없이 테러가 자행되고 있다. 사용주체에 따른 분류란 테러행위의 주체가 지배계층이냐 아니면 피지배계층이냐에 따른 분류로서 위로부터의 테러리즘과 아래로부터의 테러리즘이 바로 그것이다.

이 분류는 해커(Frederich J. Hacker) 등이 제시한 것으로 지배계층에 의한 테러가 위로부터의 테러이고 피지배계층에 의한 테러가 아래로부터의 테러이다. 그에 따르면 위로부터의 테러는 언제나 조직적이고, 아래로부터의 테러는 단독적으로 이루어질 수도 있고 다양한 집단의 협조 하에 이루어지기도 한다는 것이다.

4. 테러동기에 따른 분류: 광인 형·범죄형·순교 형

해커(Frederich J. Hacker)는 전술한 바와 같이, 먼저 테러리즘이 권력자에 의한 테러리즘이냐 피지배층에 의한 테러리즘이냐 따라 위로부터의 테러리즘과 아래로부터의 테러리즘이라고 분류한데 이어서 테러동기에 따라 광인 형·범죄형·순교 형(가장 전형적이고도 다양한 변화가능성을 지니고 있음)으로 분류한 후 두 분류를 연결 지어 설명해주고 있다.

먼저 광인 형은 마치 정서적으로 이상이 있는 사람이 다른 사람들이 볼 때는 도저히 상식적으로 이해하기 힘든 그 자신만의 목적을 가지고 행동하듯 완전한 정신병자나 다름없이 행동하는 유형이라 할 수 있다. 범죄형은 자신의 사적 이익을 취할 목적으로 불법적인 수단을 사용하는 경우이다.

범죄형 테러리스트들은 다른 보통사람들이 원하는 것과 똑같은 것을 구하지만, 그들이 자신의 목표를 사회적으로 도저히 용납할 수 없는 수단으로 추구하는 것이 다른 점이다. 순교형의 경우 이상주의적 동기를 갖고서 개인적 이익보다도 집단적 목표를 위해 위세와 권력을 추구하면서 보다 높은 대의(大義)를 위해 헌신한다고 믿고 있다. 하지만 순수한 이상형을 실제로 가려내기는 좀처럼 어려운 점이 있다.

테러리스트의 광인 형·범죄형·순교 형으로의 분류는 어느 정도 유용하고 때에 따라서는 필수적인 것이다. 그 이유는 이러한 구분은 테러리스트들의 도전에 대응함에 있어서 여러 종류의 행동방식을 결정해주기 때문이다.

전술한 광인 형 테러리스트들은 거의가 단독행동을 잘하며, 범죄형은 기업과 같은 조직을 가지며, 순교 형은 일반적으로 군대식 조직을 갖는다는 것이다.

테러리스트들은 항상 그들의 행동에 대해 철저하게 정당성을 가진다고 확신 하고 있다. 테러리스트들이 제기하는 갈등의 근원은 대개 애매한 것이며, 인위적으로 상대방의 특정한 공격적 행동을 선택하여 거기에다 모든 원인을 돌리려고 하는 것이 보통의 사례이다.

테러의 희생자들은 무차별적이지만 대개의 경우 죄가 있든 없든 상관없이 희생자의 사회적 명성이나 교환가치에 기준해서 신중하게 선택되기도 한다. 희생자들은 협박과 공포의 조성 및 이득을 얻어내기 위한 도구로 쓰여 진다. 또한 당장의 희생자들보다도 희생자들을 이용해서 얻어내고자 하는 궁극적 목적이 테러가 진정으로 노리는 과녁이다.

06

테러의 공격형태

테러의 공격유형은 테러의 수단과 방법을 기준으로 하여 구분해 볼 때, ① 요인암살테러, ② 인질 납치테러, ③ 자살폭탄 및 폭파테러, ④ 항공기납치 및 폭파테러, ⑤ 해상선박납치 및 폭파테러, ⑥ 사이버테러, ⑦ 대량살상무기테러 등이 있다.

1. 요인암살(assassination)

요인암살은 역사적으로 가장 오래된 테러의 한 형태로 특정인물을 은밀한 방법으로 살해하는 행위에서 시작하여 근래에는 공공연하게 특정인물은 물론 특정 민간인들에 대해서도 무자비한 공격을 가하는 데까지 이르렀다. 제2차 세계대전 직후 인도의 간디(M.K. Gandhi)가 암살된 후 1986년 스웨덴의 팔메(S.O.J. Palme) 수상이 암살되기까지 수많은 국가지도자 및 주요 정치지도자들이 희생됨으로써 요인암살은 테러리즘의 주요 형태이다.

요인암살은 특정국가의 집권자나 정치지도자를 암살하여 그 사회의 구성원들에게 공포심과 불안감을 조성함으로써 구성원간의 상호 단결의

와해, 그리고 정권의 붕괴를 낳게 하려는데 그 목적이 있다. 요인암살의 주요수단으로는 총기류와 폭탄이 가장 널리 사용되고 있다.

특히 폭탄공격은 19세기 초 러시아의 카파르치 라는 화학자가 암살용으로 폭탄을 발명했을 때만 해도 신뢰도가 극히 낮고 성능도 원시적인 단계에서 벗어나지 못했지만, 현대의 폭탄은 폭파기술의 발달과 원격조정장치의 개발로 가히 가공할만한 성능을 가지게 되었다. 최근에는 전통적인 금속탐지기로는 발견해 낼 수 없는 셈 텍스(semtex)와 같은 플라스틱 폭탄이 등장하여 이에 대한 대처방안이 더욱 어려워지고 있는 실정이다.

2. 인질납치(hostage taking)

인질납치는 남미의 혁명분자들이 1960년대 초에 주로 사용했던 방법으로 현재는 테러리스트들이 항공기 납치만큼 즐겨 쓰는 방법이다. 작전에 참여했다가 체포되어 수감되어 있는 동료 테러리스트의 석방을 위한 방편으로 사용하거나 혹은 인질을 볼모로 하여 정치적 혹은 물질적인 양보를 얻어내기 위해 사용하는 전술이다.

인질납치는 위험부담이 아주 적으면서 정치적 선전효과는 상대적으로 높아 1960년대 후반부터 급증해 1980년대에는 전 세계적으로 커다란 문제가 되었다. 1976년과 1986년 사이에 전 세계적으로 약 2,500여 차례의 인질납치사건이 발생했으며, 이 중 정치적 목적달성을 위한 목적으로 저질러진 사건은 10% 정도인 230여 차례나 발생했다.1990년대에 들어서는 이슬람 원리주의 단체 등이 인질납치를 선호하지 않아 대폭 감소하였으나, 테러와의 전쟁의 무대인 아프가니스탄과 이라크 등에서는 테러단체의 인질납치가 다시 증가하였다.

3. 자살폭탄 및 폭파 테러

이것은 최근 테러의 전형(典型)으로 인식되고 있는 것으로서 지상에서 차량이나 사람의 몸에 폭탄을 지니고 목표지점에서 자폭하는 자살폭탄테러와 국가통치시설, 정보산업시설, 전력교통설비, 국방시설, 댐 시설, 대형건물 등 국가의 중요시설과 자원을 폭파(혹은 방화)하는 폭파 테러를 말한다. 특히 중동지역 테러의 경우 폭약을 가득 실은 트럭이나 자동차를 이용하거나 혹은 자신의 몸에 폭탄을 장착한 채 목표물에 돌진하는 자폭공격은 가장 자주 쓰이는 방식임을 알 수 있다.

자살폭탄 및 방화테러는 테러리스트들이 시간과 장소를 용이하게 선택할 수 있어서 사전에 경계 및 방어가 극히 어렵다는 특성이 있다. 또한 폭탄의 살상도와 파괴력이 급격히 확대되고 있어 테러로 인한 피해규모도 증가하고 있다.

4. 항공테러리즘(aviation terrorism)

항공기에 대한 테러리즘은 크게 항공기납치(aircraft hijacking), 공중폭파 (sabotage bombing of airborne aircraft) 그리고 공항시설과 항공기이용객에 대한 공격(attacks against airline facilities and their users) 등이 주로 자행되어 왔다. 최근에는 테러의 수법이 대형화되면서 항공기납치가 테러에서 많이 사용되는 추세이다. 특히 2001년 9·11테러는 납치된 항공기를 이용하여 또 다른 목표를 공격함으로써 전쟁수준의 엄청난 참사를 가져올 수 있음을 보여준 항공테러리즘의 새로운 형태라고 할 수 있다. 항공테러리즘은 초창기에 동구 공산권 국가에서 서방자유국가로 탈출하여 정치적 망명을 하기 위한 수단으로 사용되었는데, 최근에는 특정세력의 목적 달성을 위한 수단으로 확산되고 있다.

제2차 세계대전 이후 동서진영으로 나누어져 공산권국가들과 심각한 이데올로기대결을 벌였던 서방국가들은 자유민주주의체제의우월성을 과시하기 위해 공산주의 국가에게 서방자유진영국가로 항공기를 납치하는 하이제커(hijacker)에 대해 대부분 아무런 처벌 없이 정치적 망명을 허락하거나 심지어는 이들 하이제커들을 영웅시하는 경향을 보이기도 했다.

이러한 경향은 항공기납치를 촉진시키는 요소로 작용하기도 한 것이다. 1960년 중반 이후 점차 테러리스트들이 항공기납치를 통해 그들의 정치적 목적을 달성하기 위한 수단으로 이용함으로써 항공기 납치는 심각한 문제로 등장하였다. 1968년과 1972년 사이에 절정을 이룬 항공기납치는 1969년 한 해만해도 85건이 발생하여 일주일에 약 2회 정도 발생했었다. 항공기테러 중 항공기테러가 수적으로 많은 이유는 테러리스트들이 그들의 정치적 목적을 주장하는 데, 적은 인력과 비용으로 짧은 시간에 최대한의 효과를 발휘할 수 있는 방법이 항공기납치임을 알고 있기 때문이다.

특히 국제교류 증대로 인해 항공기이용객은 다양한 국적의 국민들이어서 항공기 납치가 발생만 하면 국제적인 이목을 모을 수 있고, 통신체계발달로 전 세계 구석구석까지 TV를 통해 테러리스트들은 그들의 정치적 목적을 손쉽게 알릴 수 있다는 점이다. 또한 항공기이용객을 인질로 삼아 공격목표 대상 국가를 위협할 수 있다는 것이 항공기납치 증가의 원인이기도 하다. 윌킨슨이 말하듯이 테러리즘을 가장 전형적인 심리전 전술이라고 한다면, 실제로 테러리스트들은 민간인 한명을 살해하여 수많은 사람을 공포로 몰아가는 것을 모토로 삼고 있다.

테러리스트들은 PAN Am 103기와 KAL 858기 사건처럼 많은 인명을 살상함으로써 위협이 위협만으로 끝나지 않음을 보여주기도 하지만 그들은 많은 수의 사람을 살상하는 것보다는 많은 수의 사람들이 목격(目擊)하기를 더 바라고 있다. 이러한 목적달성을 위해 테러리스트들은 항공기 납치 보도매체를 교묘하게 이용하고 있다. 9·11테러가 보여주듯이, 최근 항공테러리즘은 대상국의 많은 사람들의 인적·물적 피해를 더욱 가중시키는 새로운 양상으로 변하고 있음을 알 수 있다.

5. 해상테러리즘

이것은 해상의 선박을 납치 및 폭파하거나 선박시설을 파괴하여 테러목적을 달성하는 것으로 선박의 납치과정에서 선장 및 선원을 살해하기도 하고, 정박 중인 선박이나 항구를 폭파하기도 한다. 해상선박테러 등과 같은 해상테러리즘은 항공기 납치 등과 같은 항공테러리즘에 비해 성공률이 낮고 선전효과도 적어 1980년대 이후 급격히 감소하다가 최근 소말리아 인근 해적들에 의한 해상테러리즘이 다시 증가하는 추세이다.

해적의 출현이 많은 아덴만은 과거 해상테러리즘 사건이 많았던 지역으로 2000년 10월 예멘 아덴 항에 정박 중이던 미국의 신형구축함 콜(Cole)호가 자살폭탄 탑재 소형선박에 의해 공격을 받아 승무원 17명이 사망한 바 있으며, 2002년 10월에도 프랑스 대형유조선 램부르(Limburg)호가 자살폭탄공격을 받아 원유유출과 더불어 승무원 3명이 사망하는 사건이 일어난 바 있다.

최근 소말리아 인근의 예멘에서 테러사태가 빈번히 발생하고 있으며 알카에다와 같은 테러단체는 서방세계에 대한 경제전쟁의 일환으로 범세계적 해운망의 파괴를 공공연히 시사하고 있어 국제 해상교통의 요충지 이자 테러단체의 본거지와 인접한 아덴만에서 국제 테러조직과 해적들이 상호 연계될 수 있는 가능성은 항상 존재한다고 볼 수 있다.

6. 사이버 테러리즘

현대인류는 첨단기술의 발달로 지식정보화세계에서 살아가고 있다. 사이버테러리즘(cyberterrorism, 약칭 사이버테러)이란 첨단정보통신기술을 이용하여 가상세계로 전환되어 있는 공간을 무차별적으로 공격하는 행위를 말한다. 이것은 인터넷을 이용해 시스템에 침입하여 데이터를 파괴하는 등 해당 국가의 네트워크 기능을 마비시키는 신종 테러 행위이다.

다시 말하자면, 이것은 상대방 컴퓨터나 정보기술을 해킹하거나 악성 프로그램을 의도적으로 깔아놓는 등 컴퓨터 시스템과 정보통신망을 무력화하는 새로운 형태의 테러리즘이다. 사이버 테러는 시간과 공간을 활용하고, 그 대상의 폭이 엄청나게 방대하다는 것을 특징으로 한다.

개인이나 기업의 컴퓨터 시스템은 물론 국가의 기간산업 및 행정시스템, 국방관련시스템, 금융시스템, 항공운항시스템, 교통통제시스템 등 국가운영에 치명적인 위기를 초래할 수 있다. 정보화시대가 가져온 폐해의 하나로, 해킹을 비롯한 사이버 테러는 수법이 날로 교묘해지고 파괴력 또한 갈수록 커지고 있다. 정보통신산업 기술의 발달을 이용하여 군사·행정·금융 등 한 국가의 주요 정보를 파괴하는 사이버 테러는 21세기로 들어서면서 갈수록 심각해질 것으로 예상되고 있다. 사이버 테러 수법에는 강한 전자기를 내뿜어 국가통신시스템, 전력, 물류, 에너지 등의 사회기반시설을 일순간에 무력화시키는 전자기 폭탄, 데이터량이 큰 메일 수백만 통을 동시에 보내 대형 컴퓨터 시스템을 다운시키는 온라인 폭탄, 세계 유명 금융기관이나 증권거래소에 침입, 보안망을 뚫고 거액을 훔쳐내는 사이버 갱 등이 있다.

이러한 사이버 테러의 특징은 시간이나 공간을 초월하여 세계 곳곳에서 동시다발적으로 진행될 수 있다는 점에서 그 규모가 가공할 만하게 커질 수 있고, 우회적인 경로를 사용하기 때문에 범죄자를 적발하기 어렵다는 것이다. 세계 각국은 새로운 국가 위협 요소로 떠오르고 있는 사이버 테러에 대한 대응책 마련에 부심하고 있다. 미국에서는 많은 예산을 들여 1995년부터 사이버 해킹 전담반을 구성해 사이버 테러에 대비하고 있고, 한국에서도 컴퓨터 해킹 대응팀을 구성하여 운영하고 있다.

7. 대량살상무기테러리즘

9·11테러로 인해 국제사회가 '테러시대'로 접어든 이후 나타난 국제정치적 특징 가운데 가장 두드러진 것은 테러와 대량살상무기(WMD)문제의 상호연계성이 심화된 점이다. 9·11테러사태는 첨단기술이 아닌 재래식 수단을 이용한 테러였음에도 불구하고 다수의 사상자를 냈다는 점에서 향후 핵·생화학무기와 같은 대량살상무기를 사용한 테러(WMD terror)가 행해질 경우 9·11테러사태의 수백 배 이상의 사상자를 내는 대재앙 적 사태가 발생할 수 있다는 우려를 더욱 증폭시켰다.

따라서 대량살상무기테러에 대한 철저한 대비책이 요구된다고 할 수 있다. 대량살상무기는 일반적으로 핵(방사능)무기·화학무기·생물학무기와 그 운반수단인 미사일 등으로 구분한다. 특히 화생방무기와 같은 대량살상무기는 크기도 작고 비용도 싸지만 무차별적 살상력을 가지고 있기 때문에 테러에 사용되면 가장 치명적인 피해를 줄 수 있다.

특히 국제사회에서 대량살상무기를 만들 수 있는 기술이 일반화되고 크기가 소형화되어 은밀성·이동성이 용이함에 따라 테러분자 및 테러집단들이 테러무기로 사용할 수 있고, 또 그 사용 위협만으로도 국제사회 및 대상 국가를 해치는 효과가 큰 테러이다. 따라서 이에 대한 국제사회의 철저한 대응책이 요구된다고 할 수 있다.

핵 테러에는 두 가지 방법이 시도된다. 하나는 재래식 무기로 핵발전소나 핵물질보관소를 공격하는 방법이고, 다른 하나는 핵무기로 특정 목표를 파괴하는 방법이다. 두 경우 모두 방사능 물질에 의해 대규모의 인명 피해는 물론 환경오염의 재앙을 피할 길이 없다.

테러에 사용 가능한 핵무기는 소형 핵폭탄, 더티 밤(Dirty Bomb), 원자폭탄 등 세 가지이다. 소형 핵폭탄은 서류가방 크기의 휴대용 폭탄으로 터널이나 발전소 등 기간시설 파괴에 사용된다.

더티 밤은 재래식 폭탄에 방사능 물질을 결합하여 쉽게 제조할 수 있고, 반경 수 km까지 방사능이 오염된다. 원자폭탄은 소형의 경우 TNT 1만 5천 톤의 폭발력을 지닌다. 이는 1945년 일본 히로시마에 투하된 폭탄에 맞먹는 파괴력이다. 2001년 9월 11일 뉴욕의 110층짜리 세계무역센터 쌍둥이 빌딩을 붕괴시킨 자살폭탄용 민간항공기의 파괴력이 TNT 1천 톤 정도이다. 핵폭발 시는 물론 핵폭발 후 방사능오염으로 인한 사상자까지 고려해보면 원자폭탄이 테러에 사용될 경우 피해 규모는 어림짐작이 간다.

한편 생화학 테러에는 화학무기와 생물무기가 사용된다. 테러에 사용이 가능한 화학무기는 파라티온(살충제), 겨자탄(독가스), 사린가스, VX 가스, 독성 산업용 화학물질(TIC) 등 20여 가지에 이른다. 신경가스인 사린은 1995년 일본의 신흥 종교집단인 옴 진리교가 도쿄 지하철에 살포해 5천여 명이 병원에 실려 가고 12명이 목숨을 잃은 사건으로 유명해졌다.

사린가스 1톤을 7.8㎢ 지역에 뿌리면 최고 23만 명을 살상할 수 있다. 사린보다 100배나 강한 VX는 뇌의 기능을 파괴하는 맹독성 가스로서, 노출되면 수초 만에 죽게 된다. 이상과 같은 테러공격형태 이외에도 원자력 발전소에 사람을 침투시킨다든가, 방대한 지역을 유해 방사선으로 오염시킬 우라늄으로 포장된 장치를 폭발시켜 정신적 공항을 불러일으키거나, 수도관에 독극물을 풀어 넣거나 하는 방법 등을 들 수 있다.

8. 지하철 및 철도 테러리즘

지하철 및 철도 테러리즘은 지하철 및 철도 시스템을 표적으로 하는 테러 공격을 의미한다. 이러한 공격은 다수의 인명피해와 시설 손상을 초래할 수 있으며, 대개 폭발물, 화기, 생화학물질 또는 기타 공격 수단을 사용하여 수행된다. 이러한 테러 공격은 국가 안보에 대한 현실적인 위협을 형성하며, 정부와 관련 기관들은 이러한 공격을 예방하고 대응하기 위해 적극적으로 노력하고 있다.

1) 대표적인 지하철 및 철도 테러리즘 사례

(1) 런던 지하철 폭탄테러 (2005년)

2005년 7월 7일, 영국 런던 지하철과 버스를 표적으로 하는 연쇄 폭탄테러가 발생했습니다. 이 공격은 자살 폭탄 테러리스트들에 의해 수행되었고, 스페인 마드리드 지하철 폭탄 테러와 유사한 방식으로 진행되었다. 이 공격으로 인해 52명의 사망자와 수백 명의 부상자가 발생했다.

⑵ 도쿄 지하철 사린균 공격 (1995년)

1995년 3월 20일, 일본 도쿄의 옴신립 소속 근린자치회원인 사령이 자신들의 신화적인 목표를 이루기 위해 도쿄 지하철에서 사린가스를 사용하는 공격을 실행했다. 이 공격은 13명이 사망하고 수백 명의 다른 사람을 중독 시키는 등 큰 피해를 초래했다. 일본에서의 대규모 테러 공격 중 하나로 기억되며, 옴진리교와 그의 리더인 아스아히 미쇼마가 관련되어 있었다.

⑶ 마드리드 열차 폭탄테러 (2004년)

2004년 3월 11일, 스페인 마드리드 지하철에서 동시다발적으로 연쇄 폭발이 발생했다. 이 공격은 알카에다 테러 조직의 소행으로 판명되었으며, 191명의 사망자와 수백 명의 부상자를 남겼다.

이러한 사건들은 지하철 및 철도 테러리즘의 위험성을 강조하며, 국제적으로 안보와 테러리즘 대책을 강화하는데 중요한 역할을 하고 있다. 대부분의 국가는 이러한 위협에 대비하기 위해 철저한 보안 절차를 시행하고, 정보 수집 및 국제 협력을 통해 테러 공격을 예방하려고 노력하고 있다.

07

테러양상의 변화

1. 테러의 진화과정

1) 테러의 발전은 2차 대전 당시 중국, 알제리, 베트남, 인도네시아, 팔레스타인 국가들이 군사적으로 열세하여 정면 공격 또는 방어를 할 수 없었을 때 소수정예의 게릴라전으로 기습공격을 하여 필요한 목적을 아주 적은 병력으로 최대의 성과를 이루면서 보다 조직적인 새로운 전술로 변화하게 되었다.

2) 게릴라전의 발전은 이후 특정 단체의 이익을 위한 투쟁의 수단으로 삼으면서 전 세계의 테러조직 수단으로 변형 발전하였다.

3) 현대 사회에서는 교통의 발달, 운송수단의 기동화, 장비의 과학화, 통신 수단의 첨단화로 날로 테러 조직들의 도시화, 국제화 되고 있으며 나가서 성격이 유사한 단체와 연합하는 형태로까지 발전하고 있다.

2. 세계의 대표적 테러 조직

테러조직	투쟁목표	근거지	비고
일본 적군파	세계혁명	레바논, 북한, 남미	항공기 납치사건 다수 팔레스타인 게릴라 제휴
IS(Islamic State)	수니파 이슬람국가건설	이라크, 시리아등 지역에 산재	참수등 공포, 극단주의
아일랜드 공화군 IRA	북아일랜드와 아일랜드 통합	북아일랜드 및 영국	정부군 등 고위층에 테러
하마스	이스라엘에 팔레스타인 이슬람국가 건설	가나 지구 등	폭탄 및 암살, 납치
알카에다	미국에 대한 성전 중동의 이슬람종교화	중동 및 아프리카 등 전 세계 60여개국	2001년 911테러자행
지하드	반미, 이스라엘에 팔레스타인 국가 건설	이란, 팔레스타인, 이집트 등	자살 테러, 암살
헤즈볼라	이란식 이슬람국가건설, 미국 등 외세 추방	남부 레바논	자살 폭탄
보코하람	샤리아(이슬람교리) 도입목표	나이지리아	대규모 여학생 납치등
쿠 클럭스 클랜(K.K.K)	백인 민족 우월주의표방	미국	흑인에 무차별 폭력
바스크 조국과 자유 (ETA)	스페인 북부 바스크 자치주의 독립	프랑스	스페인 정부인사에 대한 폭탄테러, 암살
콜롬비아 혁명군 (FARC)	반미, 반 정부 (남미최대 테러조직)	콜럼비아	폭탄테러, 요인납치

▶ 美 대참사에서 보는 테러라는 새로운 전쟁

2001. 9. 11 미국의 심장부인 세계무역센터, 국방성에 대하여 항공기를 이용한 자살폭격사건은 영화 또는 소설 속에서나 일어날 상황이 실제 일어났다는 사실에 전 세계가 경악하지 않을 수 없었다. 상상하지 못한 전대미문의 폭파사건을 통해 21세기 탈냉전시대의 국제 평화와 안전을 위협하는 적의 존재가 분명해졌다.

지금까지의 테러 3대 유형은 폭탄공격, 항공기 납치, 인질납치 등이었으나 미국의 대참사는 이러한 유형들을 총동원하다시피 방대하고 치밀한 군사작전을 연상시키게 했다.

미국의 심장부를 겨냥한 테러사건을 보는 우리는 그 동안 여러 차례 테러로 피해를 본 뼈아픈 상처를 가지고 있기에 테러방지의 중요성을 아무리 강조해도 지나치지 않음은 물론이다. 모든 것이 불확실해진 포스트 냉전시대에서 우리도 언제 어떤 형태의 위험에 노출 될지 모른다. 아직도 미국은 이란, 이라크와 함께 북한을 테러지원국으로 분류해 놓고 있기 때문에 더욱 그렇다. 어쩌면 미래의 '3차 대전'은 나라와 나라 간의 재래식 정규전이 아닌 예측할 수 없는 소수의 상대방으로부터 날아오는 물리적, 생화학적, 사이버 적, 그리고 최악의 경우에는 소규모 핵 테러와 같은 전쟁이 될지도 모른다.

이제 우리는 테러발생방지에 최선을 다하고 발생 후 상황 유형에 따른 대응규범(매뉴얼)을 즉, 군사적 대응방안, 우방과의 채널가동 등 유사 시 자동적으로 실천에 옮길 수 있는 모든 대비책을 분, 초 단위로 준비해 놓아야 한다.

테러는 어느 한 나라만의 문제일 수 없으며, 또한 어느 한 나라만의 노력만으로 해결될 수 있는 것도 아니다. 세계는 테러 근절을 위한 국제적 연대를 강화하고 유기적이고 효과적인 공조체제 속에서 이들에 대한 정보와 상호 테러진압 기술 등을 교류해야 한다.

3. 뉴테러리즘

미국의 대 참사사건은 지금의 테러규율을 깨고 비행기를 납치해 자신들의 주장을 알린 뒤 풀어주거나 하는 등의 민간인들의 희생을 줄여왔던 이전의 상식을 파괴했다. 아무런 요구조건도 없고 "내가 공격했다."고 나서는 사람도 없는 테러, 그러나 피해규모는 전쟁수준인 이러한 공격을 '뉴테러리즘' 또는 '포스트모던 테러리즘'이라고 지칭하고 있으며, 이와 같은 준(準) 전쟁적인 테러리즘이 기승을 부리지 않을까 전 세계는 우려하고 있다. 대량 살상을 노린 대기업체, 쇼핑센터, 정부청사 등을 표적으로 한 폭탄, 항공테러, 인터넷에 바이러스를 퍼뜨려 경제적, 행정적 손실을 입히는 사이버테러, 독가스나 세균을 살포해 불특정 다수에 심각한 피해를 주는 생화학공격 등이 그것이다.

▶ 과거의 테러형태와 다른 점

구분	과거의 테러리즘	뉴테러리즘
패러다임의 변화	극단적 수단을 동원한 의사소통(커뮤니케이션) 행위	전쟁수준의 무차별 인명살상
목적	세인의 이목을 끌어 존재확인 / 요구관철	구질서를 붕괴 / 새로운 질서 구축
조직	단일국가 / 단일조직	그물망 조직의 이념적 결사체
지배	카리스마적인 수직 형 체제	중심이 다원화된 그물코 체제
진압	정점의 지도부 제거로 무력화 가능	중심이 제거 되도 다른 중심이 역할을 대신
연락수단	직접 또는 유·무선통신	인터넷의 채팅 룸이 전략회의실, e – 메일이 전령역할

테러공격은 사전에 치밀한 계획 및 가장 효과적인 방법을 선택하는 것을 기본으로 한다. 완벽한 성공과 테러의 홍보적 효과를 기대하기 위하여 매우 잔인한 방법을 선택하는 것이 특징이다. 또한 이러한 테러를 홍보하기 위하여 언론 또는 방송을 이용하기도 한다. 일반적으로 테러공격은 5단계의 진행절차를 걸쳐 수립하여 실시한다.

1) 테러계획

대상(목표), 시간, 장소, 공격 수단 등으로 계획을 실시한다.

2) 정보 획득

테러 목적을 달성하기 위하여 가장 효과적인 목표물을 설정하고 그 목표물에 대한 정보획득 활동을 하게 되며, 이러한 활동은 직·간접적인 활동을 통하여 첩보를 수집·분석하고 계획을 완전무결하게 하기 위하여 현장답사(미행, 정찰활동)를 실시한다.

3) 장비 확보

첩보, 정보를 토대로 테러 실시에 필요한 자료를 분석하고 문제점을 보완하여 필요한 장비를 사전 준비한다. 통상 테러행위 시 최첨단 및 성능이 좋은 장비 보다 휴대가 간편한 장비 개발로 테러수단의 효과를 더욱 더 증대시키고 있다.

4) 공모 테러

필요에 따라 타인이 도움이 요구되는 경우 직·간접적으로 (원한, 배신, 이익) 연관 된 대상자에게 직접 참여를 권유하거나 간접도움을 청하기도 한다.

5) 테러 공격 5단계

(1) 1단계

대상자의 습관적 활동이나 이동에 관한 첩보 및 정보를 수집하기 위한 관찰 활동을 실시한다.

(2) 2단계

공격 계획을 수립한다. 즉, 1단계의 장시간 관찰 활동을 통해 공격하기에 가장 유리한 장소, 방법, 시간 등을 결정하는 것이다.

(3) 3단계

공격(행동)조를 구성하는 단계로서, 결정 된 공격방법을 실행할 수 있도록 잘 훈련 된 3~6명을 공격조로 구성한다. 이 때 각각의 임무와 목적에 따라 사용할 무기와 장비가 정해진다.

(4) 4단계

은거 지를 확보하고 공격을 준비하는 단계로서, 공격지점을 늘 관찰하고 계획할 수 있도록 공격지점 근처에 은거 지를 확보하여 공격을 준비하게 된다. 이때에는 주변 환경에 어울리는 복장 및 임무에 따라 잠복이 필요시는 다량의 식량도 준비한다.

(5) 5단계

계획된 방법에 의거 공격을 실시하는 단계로서, 이때에는 관계기관의 관심 및 병력을 다른 곳으로 유인하기 위하여 변칙공격(기만)등 양동작전도 실시될 수 있다.

5. 테러의 목표

1) 시설물

(1) 발전소 (원자력, 수력)

(2) 방송국 (TV, 라디오, 군사 통신국)

(3) 댐, 저수지

(4) 유류, 가스시설 (기름·가스저장 기지, 송유, 가스관)

(5) 역, 철도, 공항, 항공기, 항구, 선박 등

(6) 국가 중요건물

(7) 외국 대사관 및 공관 등

(8) 고층 빌딩

(9) 대중 교통량이 많은 다리 (원효대교, 한강대교, 반포대교 등)

(10) 중요 고속도로 (경부·호남·중부 고속도로 등)

(11) 기타 중요기업체, 공장, 군수산업체 등

2) 중요인물 목표

(1) 대통령, 국무총리 및 유명 정치인 (대선 후보자)

(2) 정치, 군사, 외교, 정보 등의 중요 직위자

(3) 경제인

(4) 종교지도자 (기독교, 가톨릭, 불교 등)

(5) 과학자 (물리학, 전자공학, 원자 학, 생물학 등)

(6) 문화, 예술 유명인 (가수, 배우, 탤런트, 체육인 등)

▶ 테러의 유형

(1) 인질 (2) 납치 (3) 폭파 (4) 암살 (5) 독가스 (6) 방화

6. 예방 및 대응책

1) 테러의 예방

테러행위의 예방을 3가지 방향에서 생각하면 다음과 같다.

- 조직의 근원지(집결지 추적 - 무력화 - 활동봉쇄)를 차단한다.
- 물리적으로 봉쇄되지 않은 조직이나 범인이 스스로 행동을 중단하도록 유도한다.
- 용의자는 사전 차단한다.

(1) 원초적 근절 방안

(가) 테러범 또는 조직 색출 및 검거

(나) 자금의 봉쇄

(다) 정치적 및 기타의 방법으로 테러범의 안식처(직업알선) 재공

(2) 근절 방안의 문제점

(가) 테러범을 살상, 구금하면 타조직원에 의한 보복테러 가능성이

있다.

(나) 물리적 진압작전 자체가 위험소지가 있다.

(다) 초국적 테러조직은 그들을 지원하는 제 3국에 근거지를 두고 활동함으로서 이들 공격은 외교적 분쟁을 초래할 가능성이 크다.

(라) 자국의 이익에 입각, 음성적 자금지원을 통해 테러 집단을 대리전에 이용하므로 효과적인 자금·자원 봉쇄에 어려움이 있다.

(마) 테러 근거지 제거도 테러조직을 수용하고 있는 국가 나름대로의 이유로 협력이 이루어지지 않는 경우도 있다.

⑶ 테러행위 기피태도 유도

가용수단을 총동원하여 테러범으로 하여금 행동을 중단케 하는 심리학적 고려가 가장 많이 요구되는 수법

⑷ 목적 달성 확률을 낮추는 방법

(가) 경비와 검문, 검색 강화

(나) 테러범과의 협상에 절대 응하지 않겠다는 강경대책

(다) 범행에 필요한 협조를 얻기 힘들게 하는 방법

⑸ 범행 부담을 높이는 방법

(가) 테러범에 대한 법적 처벌 강화

(나) 범행에 대한 보복 공격

(다) 국제 사회에서 매장

(6) 테러범에 대한 사전 검거

사전에 테러분자의 입국을 확인하여 거부하고 또 다른 증거로 보아 테러행위 가능성 있는 인물을 찾아내는 것으로서, 이것은 주로 경찰, 공항 및 항만의 보안 당국, 세관에서 행하는 통상업무에 해당되나 특별히 문제가 되는 것은 변장, 여권위조, 가장 등의 신분위장과 사전 통보를 받지 않은 상태에서 갑작스런 테러범의 출현이다. 즉, 불과 2~3명의 인원으로 승객 200~300명을 인질로 하여 그들의 목적하는 사회적 효과 등을 충분히 노릴 수 있다는 점에서 테러범들이 항공기의 납치를 가장 손쉬운 수단으로 선택하는 만큼 여기에 대한 대비책으로 입국자의 감시, 탑승자 및 화물의 검문, 검색은 물론 탑승구 경비, 기체 내 방어체제 강화가 이루어져야 한다.

2) 테러 발생 시 대응책

테러 사건 발생 시 우선 피해의 극소한 조치 및 범인과의 협상, 설득 또는 무력을 통한 인질 구출 계획을 수립해야 한다.

(1) 위협단계

사건 발생 초기단계에서 범인 정체를 빨리 파악하여 제반 대응수단을 강구하여야 한다. 항공기 납치범의 경우 인명피해를 미연에 방지하기 위해 보안 승무원과 기장을 포함한 전 승무원들이 총기, 소형폭음탄 등을 이용, 범인들의 기선을 제압하는 행동지침이 마련되어 있어야 한다. 또한 평소에는 이미 발생하였던 항공기 납치 사례를 중심으로 범인들의 취약점, 범인이 소지한 소지품과 화물 탑재 여부 등을 분석, 검토하여 유사시 대응할 수 있도록 교육, 훈련되어 있어야 한다.

⑵ 검거 단계

사건 발생 후 범인들이 일단 주도권을 장악하게 되면 검거단계로 돌입하게 되는데, 이 단계에서는 범인들의 정체는 물론 요구 조건을 제시하게 되며 또한 그들의 성격이나 범행동기가 어느 정도 밝혀지게 된다. 따라서 이들과 대응하는 일정한 조직이 구성되어 협상, 설득 또는 작전을 통한 본격적인 활동을 전개하게 된다.

⑶ 인질 구출 및 종결 단계

㈎ 사건의 종결에는 범인 스스로 인질을 석방하거나 범인의 투항, 무력에 의한 인질 구출 등이 있으며, 만약 인질 석방, 범인 투항 등으로 해결을 못했을 경우에 후속되는 것을 처음부터 잘 훈련된 특수 요원이 있어야 하며, 또한 작전의 전제는 성공적으로 종결된다면 더할 나위 없겠지만 진압작전 시에는 인질과 작전 요원의 희생을 각오해야 한다. 그러므로 최소의 희생으로 성공할 수 있다는 확신이 있을 때에만 선택하여야 한다.

㈏ 작전 실행 시기는 납치범에 의한 인명 살상 또는 그 위험이 가중된 때이며, 무력 구출 작전이 성공을 거두기 위해서는 범인들을 조종하고 있는 배후 세력의 동향에 관한 정확한 정보수집과 인질 구출 계획이 진행되고 있음을 은폐하기 위한 각종 위장전술과 역정보의 전파가 필요하며, 아울러 철저한 보안이

이루어져야 한다. 또한 국외에서 작전을 실시해야 할 경우에는 사전에 외교적 협조 및 공작이 작전의 성공에 필수적이다.

▶ 테러 중에 있는 범인들의 약한 심리 상태

(1) 사망했거나 붙잡고 있는 인질들에 대한 책임감
(2) 누군가와 정기적으로 이야기하고 싶은 강한 욕구
(3) 속고 있다는 의심, 특히 관계당국에 이야기하고 싶은 욕구
(4) 빨리 정상상태로 돌아가고 싶은 마음
(5) 자신감의 상실 (가족 및 친구들로 부터의 설득)
(6) 테러를 위하여 준비해 온 고된 시련의 시간과 노력에 대한 회의

▶ 공격 시기 및 방법

(1) 범인들이 극도로 지쳤을 때
(2) 범인들의 주위가 산만할 때
(3) 범인들이 전혀 공격을 예상치 못한 시간 및 시기
※ 공격 시기 및 방법은 범인들의 자세, 심리 상태에 크게 좌우되며, 유리한 조건은 고도의 심리전을 통한 지연전을 전개함으로서 가능하다.

3) 세계 주요국가 테러진압 특수부대

구분	부대	창설	소속	창설 동기 및 규모
한국	707 특수임무대대	1981	국방부(특전사)	– 12.12 사태가 동기(특전사령관이 직접 지휘할 수 없는 부대가 없어 문제 되었음)*4개팀, 약160여명
	868경찰특공대	1982	서울경찰청	– 1982 미문화원 방화사건과 86 아시안 게임, 88 서울 올림픽이 확정되면서 각종 테러 및 인질난동, 국내 강력사건 해결을 위해 창설되었음
	특수수색대(UDT/SEAL) 해난구조대(SSU)		국방부(해군)	– UDT/SEAL : 해상 특수전부대로서 수중침투, 폭파전문부대 – SSU :함정 및 인원구조 (해난구조)
	항공구조대		국방부(공군)	– 항공기 및 조종사 탐색구조(항공구조)
미국	델타포스(AFT)	1985	국방부	– 육·해 공군의 특수 임무 대와 미정보국 및 연방수사국소속 대테러 부대가 있지만 국내 테러 전담 부대의 운영필요성의 강조로 창설(약400명)
영국	SAS	1941	국방부	– 2차 세계대전 당시 독일과 이탈리아군에 대한 게릴라전의 전개를 위해 창설 – 전세계 대테러 진압부대 창설을 위한 원형이 되었음
	코만도	1940	국방부	– 2차 세계대전 중 해상을 통한 적진 침투를 위해 창설 – 전 세계 특수부대의 원조
프랑스	국가헌병대소속 대테러부대(GIGN)	1974	국방부	– 1972 뮌헨 올림픽 때 팔레스타인 게릴라들에 의한 이스라엘 선수촌 테러 사건 발생으로 창설 – 80~90 명

구분	부대	창설	소속	창설 동기 및 규모
러시아	알파부대 (ATC)	1974	연방 보안국 (FSB)	– 소련체제 붕괴의 초기인 70년대에 브레즈네프 서기장의 명령으로 창설 – 모스크바 본부에 220~230명 및 기타 각 지부 마다 50명씩 배치
	빔펠	1979	연방 보안국 (FSB)	– KGB의 대외첩보 수집을 위한 전위부대로 창설 – 빔펠 내에 "배가"라는 핵폭탄 테러대비 부대 운영
이스라엘	하헤브레	1957	국방부	– 민족 간의 갈등, 주변 아랍 국가들과의 마찰 등으로 인한 테러 문제가 발생되어 창설
오스 트리아	국가헌병대 (코브라)	1973	내무부	– 1973년 당시 구소련에서 이스라엘로 망명하는 소련계 유태인 또는 반체제 인사들이 지리적 여건으로 오스트리아를 경유하여 탈출할 시 이들을 안전하게 호송하기 위하여 창설 – 170명

※ 특수부대의 공통 임무: 비정규전(UW), 특수정찰(SW), 목표타격(DA), 대테러(CT)

▶ 북한 공작원 학교 선발/ 교육/ 훈련과정

본 내용은 그 동안 북한 및 해외에서 공작원으로 활동하다가 귀순 또는 망명한 사람들의 증언 내용임

북한의 공작원 양성학교는 「김정일 정치군사 대학」이며, 노동당 중앙위원회 직속이었으나 92년 1월 김정일 정치군사대학으로 개칭되었다. 김정일정치군사대학(金正日政治軍事大學)는 조선민주주의인민공화국 평양직할시 근교 산속에 있는 대학교이며, 주로 공작원 훈련교육을 위해 설립되었다고 한다. 구명칭은 금성정치군사대학(金星政治軍事大學)이었으며, 여기서 '금성'(金星)은 김일성을 의미한다.

1. 선발과정

가. 북한에서 요구하는 이념 및 사상으로 무장된 자

나. 고등 · 중등학교 졸업생으로 성적이 우수하고 신장 175cm 이상인 자

다. 혹독한 훈련에 견딜 수 있는 신체 단련자

라. 간부자제 및 평양출신자는 제외

2. 교육과정(4년)

구분	교육내용
1학년	• 이론 80% , 훈련 20% – 김일성 노작 철학, 수학, 물리, 화학, 영어 등 – 12시간 교육 후 8km를 2시간 만에 돌파해야하며, 행군은 20kg의 모래 배낭을 짊어지고 산악 30리(12km)를 30~35분 만에 주파(매일: 20kg 모래배낭에 30리, 주말 : 50리 행군, 월말 : 100리, 분기 말 : 300리 행군)
2학년	• 이론 60% , 훈련 40% – 남한의 정세교육 및 매일25일 동안 4km 잠수훈련
3~4 학년	• 이론 20 ~ 40% , 훈련 60 ~ 80% – 특공훈련 : 특공대반, 항해반, 기관반, 통신반으로 편성하며 특공대반은 침투, 납치, 암살 등을 담당

※ 4년 교육 후 1기에 보통 100명 정도 졸업

3. 정치대학 졸업 후 특수교육(2년)

가. 각 연락소에 배치되어 전문적인 특수훈련 등을 교육받고 2년 후 평균 ½ 정도 탈락

나. 훈련 통과자들에게는 공민증이 없고 공작명만 존재하며, 주민들은 헐벗고 굶주려도 이들에게는 특급대우

다. 해외공관에 배속되어도 대사나 보위부원 등 어느 누구의 간섭을 받지 않음

08

테러용 폭발물

1. 보호대상

테러목적을 가진 집단 또는 인물이 목적을 달성하기 위하여 어떠한 폭발물을 사용할지는 예측할 수가 없다. 오늘날 기술의 첨단고도화, 정보화로 폭약제조기술이 테러집단이나 범죄를 일으키려는 일반인에게 많이 노출되어 있으므로 경호원은 폭발물 제거기술을 익혀 인명 및 재산손실을 최대한 억제하도록 노력해야 한다. 또한 주요 국가시설, 방송시설, 교도소, 수원지, 발전시설, 외국공관 및 관련건물, 항공기 및 선박, 기타 경호 대상인물을 포함한 중요VIP 요인이 주 보호 대상이므로 이에 대한 보호대책이 수립되어야 한다.

2. 폭발물의 종류

1) 인명살상용
많은 인원을 살상하는 효과를 거두도록 제조된 폭탄

2) 주요시설 폭파용

군사시설, 통신시설, 관공서, 주요 비행장 및 항만 등을 폭파할 목적으로 제조된 폭탄

3) 모형폭탄

교육용 연습탄으로 인명 및 시설물에 유해하지 않거나 적을 기만할 목적으로 제조된 모형폭탄

3. 부비트랩

부비트랩은 사람을 기만 시켜 그것이 외관상 해롭지 않다고 인정되어 무심코 만지거나 또는 옮겼을 경우에 폭발되도록 고안된 폭발물을 말한다.

1) 제거방법

(1) 폭파제거 하는 방법

폭발물의 설치장소 및 폭파되었을 경우, 주변 시설물의 운용가치가 없다고 판단될 때 현장폭파를 실시한다.

파괴폭약을 사용

수목을 이용한 연소방법

화기사용 (직사, 곡사)

밧줄, 또는 철선 등 기타 폭발 가능한 줄에 의한 방법

(2) 분리 제거하는 방법

폭발물로 인하여 유용한 시설물 보호를 위한 제거 방법이다.

시설물을 보호해야 할 가치가 있다고 판단될 때

시민의 안전 요구 및 경호대상의 신변 위협이 예상될 때

테러집단이나 개인의 범죄행위를 판단하여 범인 체포의 단서를 찾기 위한 회수가 요구될 때

2) 폭발물 제거 시 확인사항

(1) 폭발물의 위치판단

(2) 폭발물 형태 및 휴즈의 종류

(3) 폭발물에 또 다른 장치연결 여부 판단

(4) 폭발물 제거 반 인원과 일반인과의 안전거리 유지

(5) 뛰거나 잡담금지

3) 폭발물 제거 및 유의사항

(1) 폭발물 발견 시에는 군, 경 폭발물 제거 반에 알려 그들이 올 때까지 기다려야한다. 그러나 시설물과 시민, 경호 대상자가 위급할 때는 직접 제거하여 주변의 안전을 도모하는 살 신 경호정신을 가져야 한다.

(2) 유의사항

모든 기계장치의 숙지 및 조작능력이 숙달되어야 한다.

부주의로 자신 및 타인을 파멸하게 하는 일이 없도록 해야 한다.

완벽한 제거기술능력은 자신감을 갖게 한다.

제거 시 한 사람이 제거하고 다른 사람은 안전한 곳으로 피신한다.

제거 시 의심나거나 폭발물 종류가 잘 식별되지 않을 때에는 전문가에게 협조를 구한다.

모든 이상 물건에 대하여 의심을 갖는다.

테러범들은 잔인하고 교활한 살인자임을 명심한다.

4. 급조 폭발물[improvised explosive device]

1) 급조폭발물은 집에서 만든 사제 폭탄이다.

IED(Improvised explosive device) 또는 도로매설폭탄(roadside bomb)이라고 부른다. IED의 재료로 ANFO(질산암모늄과 경유를 중량 비 94:6으로 배합하여 만든 폭약)가 많이 사용되는데, ANFO 폭약으로 만든 IED를 비료폭탄(fertilizer bomb)이라고도 부른다. 즉, 정해진 규격이나 절차와는 무관하게 제작되어 설치한 폭발물을 말한다. 폭탄의 위력을 군용 대인지뢰 크레모아에 비유해 홈 메이드 크레모아(home made claymore)라고 부르기도 한다. 게릴라 혹은 특공대가 작전에 사용하기도 하며, 무장 세력이 테러 공격 시 이용하기도 한다. 주로 차량, 보트, 동물 등에 설치하거나 직접 몸에 지니고 있다가 자살 테러를 행한다. 2013년 4월 15일 미국 매사추세츠 주에서 열린 보스턴마라톤 대회 도중 폭발해 많은 사상자를 발생시킨 압력솥 폭탄도 급조폭발물의 일종이다. 또한 아무 의심없이 관심을 가질만한 여러 가지 물건에다 독창적인방법으로 설치하여 사용한다.

(1) 도화선 점화방식

급속연도 도화선 (분당 100cm 연소)

저속연소 도화선(분당 5cm 연소)

(2) 인력 식 : 연결된 선을 당길 때 작용된다.

(3) 압력 식 : 일정한 중량이 가해질 때 작용된다.

(4) 전기 식 : 일정한 전기를 이용하여 작용시킨다.

(5) 압력해제 식 : 가해진 중량이 해제될 때 작용된다.

(6) 장력해제 시 : 장력이 해제될 때 작용된다.

(7) 진동식 : 일정한 진동이 가해지면 작용된다.

(8) 주파수 : 라디오 주파수나 기타 무선주파수에 지정시켜 작용된다.

(9) 시한 식 : 미리 정해놓은 시간에 작용된다.

(10) 휴즈 식 : 열 또는 기타의 방법으로 휴즈 절단 시 사용된다.

2) 폭발물 설치순서

(1) 효과를 극대화 할 수 있는 위치 및 장소선정

(2) 폭발물 설치 후 이를 보호 및 은폐

(3) 안전장치를 이용하여 폭발물을 고정 및 조정

(4) 부비트랩 장치

(5) 안전장치제거(폭발물 설치완료)

3) 폭발물 설치 가능 장소

습관적 또는 필요에 의한 물건 및 출입통로 등에 설치한다.

(1) 초인종 : 전기 식

(2) 대문 : 인력 식, 장력해제 식

(3) 현관, 보도블럭 : 압력 식

(4) 화분 : 압력해제 식, 인력 식

(5) 의자, 책상 : 압력 식

(6) 창문 : 인력 식, 인력해제 식

(7) 침대 : 압력 식, 압력해제 식

(8) 전화기 : 전기 식, 인력 식, 압력해제 식

(9) TV 및 가전제품 : 전기 식

(10) 담배 : 지연 식

(11) 책 : 압력해제 식

(12) 소품 : 인력 식, 압력 식, 압력해제 식

06 연습문제

01 다음 중 해당되지 않는 것은?

A) 테러의 어원은 불란서어에서 테러리즘의 유래는 프랑스공포정치이다.

B) 원래 테러란 '커다란 공포', '떠는 상태'를 의미한다.

C) 프랑스공포정치란 프랑스 혁명당시 공화파가 왕당파를 무자비하게 처형하였다.

D) 혁명을 추진하기 위한 강권정치는 '적색 테러리즘'이라 부른다.

정답 A)

풀이 원래 테러(terror)란 '커다란 공포, 떠는 상태,''겁주다'를 의미하는 라틴어'terrer'에서 나왔다.

02 정치적 성향에 따른 테러리즘의 분류에 해당되지 않는 것은?

A) 적색 테러리즘　　B) 백색 테러리즘

C) 흑색테러리즘　　D) 뉴테러리즘

정답 D)

풀이 정치적 성향에 따른 테러리즘은 적색, 백색, 흑색 테러리즘으로 분류가 가능하다. 뉴테러리즘 은 전통적 테러리즘에 비교되는 최근의 새로운 형태의 테러리즘을 말한다.

03 일본의 지하철사건 독가스살포사건과 같은 불특정다수를 향한 테러리즘을 일컫는 용어는?

A) 슈퍼테러리즘　　B) 뉴테러리즘

C) 메가 테러리즘　　D) 백색 테러리즘

정답 B)

풀이 불특정다수를 공격대상으로 하여 대량살사의 결과를 초래하는 새로운 유형의 테러리즘이다.

04 극우파가 정치적 목적달성위해 벌이는 암살, 파괴 등의 테러리즘은?

A) 흑색테러리즘 B) 백색 테러리즘

C) 적색 테러리즘 D) 슈퍼테러리즘

정답 B)

풀이 기득권 세력 자신의 기득권과 이익(국익)을 지켜내고, 더 나아가 적색 테러리즘을 종식시키기 위해 암살과 억압, 침략과 전쟁도 일삼는 기득권 세력에 의한 반 테러리즘을 말한다.

05 국제법상 주권국가로 승인받지 못한 단체들이 테러리즘의 주체가 되는 것은?

A) 국내테러리즘 B) 국가테러리즘

C) 초국가적 테러리즘 D) 국가 간 테러리즘

정답 C)

풀이 정부로부터의 정신적, 물리적 지원 여부와는 관계없이 비국가적 독립된 행위자에 행해지는 외국의 국민이나 영토와 관련된 테러리즘을 말한다.

06 서기 1세기경 팔레스타인들이 테러단체를 결성해 로마에 협력하는 유대인들을 공격한 조직은?

A) 자코뱅당 B) 팔레스타인해방기구

C) 시카리 D) 하바시

정답 C)

풀이 팔레스타인은 서기1세기경 시카리(sicarry)라는 테러단체를 결성해 유대인을 공격 하였으며, '하바시' 는 1968년 팔레스타인 해방 기구 테러조직을 이끈 인물이다.

07 뉴테러리즘의 특징과 관계없는 것은?

A) 테러주체불명확

B) 상징성을 구체적으로 공격

C) 그물망조직체계

D) 대량살상무기

정답 B)

풀이 전통적 테러는 상징성을 구체적으로 공격하였으나 뉴테러리즘의 목표는 오히려 예측할 수 없는 공격과 방법을 활용하고 있는 게 뉴테러리즘의 또 다른 특징이다.

08 평화를 원하거든 전쟁에 대비하라는 말을 한 사람은?

A) 시저 B) 링컨

C) 케네디 D) 베게티우스

정답 D)

풀이 '진정한 평화는 언제나 용기 있게 준비하는 자의 몫이다'는 유명한 명언을 남긴 로마의 전략가이다.

09 '테러리즘(terrorism)의 위협은 오늘날 국제사회가 직면하고 있는 가장 심각한 안보문제 중의 하나 이다'라고 말한 학자는?

A) 하름 데 블레이(Harm de Blij)

B) 프리드리히. 해커

C) 윌킨스

D 아레긴 토프트

정답 A)

풀이 미국의 미시간주립대학 지리학과 교수 하름 데 블레이(Harm de Blij)는 '테러리즘(terrorism)의 위협은 오늘날 국제사회가 직면하고 있는 가장 심각한 안보문제 중의 하나 이다'라고 말하였다.

10 오늘날 세계 안보환경의 두드러진 특징에 해당되지 않는 것은?

A) 국가 간 전면전의 가능성이 증가 하였다.

B) 초국가적 위험이 증가 하였다.

C) 잠재된 갈등요인이 표면화 되었다.

D) 국가안보에 대한 위협의 성격이 다양하고 복잡하게 되었다.

정답 A)

풀이 국가 간 전면전의 가능성은 줄었으나 테러, 대량살상무기 확산 등 초국가적·비군사적 위협이 증대되었고, 과거 잠재되었던 갈등요인들이 표면화되면서 국가안보에 대한 위협의 성격이 다양하고 복잡하게 되었다.

11 "테러는 대중적 기반이 없는 소수의 극단주의자들이 자신들의 목적을 비정상적인 방법을 통해 획득하기 위해 유괴, 암살, 폭파, 공중납치, 해상납치 등 명백하고도 비합법적인 폭력을 통해 군사적으로 압도적인 우위에 있는 적으로부터 그들의 목적을 달성하고자 하는 정당하지 못한 수단"이라고 주장한 사람은?

A) 해커 B) 아레긴-토프트

C) 윌킨스 D) 하바시

정답 B)

해설 아레긴-토프트(Ivan Arreguin-Toft)에 따르면 "테러는 대중적 기반이 없는 소수의 극단주의자들이 자신들의 목적을 비정상적인 방법을 통해 획득하기 위해 유괴, 암살, 폭파, 공중납치, 해상납치 등 명백하고도 비합법적인 폭력을 통해 군사적으로 압도적인 우위에 있는 적으로부터 그들의 목적을 달성하고자 하는 정당하지 못한 수단"이라고 하였다.

12 **북아일랜드의 아일랜드공화국군(IRA: Irish Republican Army)이 행하는 것과 같은 테러로서, 어떤 국가의 국민으로 구성된 반국가적·반정부적 단체가 자국 내에서 자행하는 테러행위를 무엇이라 하는가?**

A) 국가 간 테러리즘 B) 국가 테러리즘

C) 초국가적 테러리즘 D) 국내테러리즘

정답 D)

해설 이것은 어떤 국가의 국민으로 구성된 반국가적·반정부적 단체가 자국 내에서 자행하는 테러행위를 말하는 것으로, 국내테러리즘이다. 다시 말해서 1개 국가의 국민과 영토 내에서 이루어지는 테러행위로서 북아일랜드의 아일랜드공화국군(IRA: Irish Republican Army) 등을 들 수 있다.

13 **테러의 수단과 방법을 기준으로 하여 테러의 공격유형이 구분해지는 데 해당되지 않는 것은 ?**

A) 요인 암살테러 B) 사이버테러

C) 미사일 발사 D) 항공기납치 및 폭파

정답 C)

풀이 테러의 공격유형은 테러의 수단과 방법을 기준으로 하여 구분해 볼 때, A) 요인암살테러, B) 인질 납치테러, C) 자살폭탄 및 폭파테러, D) 항공기납치 및 폭파테러, E)해상선박납치 및 폭파테러, F) 사이버테러, G) 대량살상무기테러 등이 있다

14 **뉴테러리즘이 보여주는 특징에 해당되지 않는 것은?**

A) 규모가 거대하다.

B) 무차별 인명살상.

C) 인질, 납치 암살, 폭탄테러 등 소규모 폭력성.

D) 불특정 일반대중을 목표로 한다.

정답 C)

풀이 테러수단에 있어서 전통적 테러리즘은 인질, 납치 암살, 폭탄테러 등 소규모 폭력성을 보여주었지만, 뉴테러리즘은 이러한 테러대상에 대한 무차별적인 대량살상 및 대량파괴를 자행함으로써 과거에 지니고 있던 최소한의 도덕적 정당성마저도 포기하고 있다. 뉴테러리즘은 규모면에서 과거 테러리즘과는 비교가 안될 정도로 거대해졌다. 그리고 전술한 바와 같이, 대상에 있어서도 주로 불특정 다수의 일반대중을 목표로 하고 있으며 대량살상을 기도하고 있다. 무차별적인 인명살상을 통해 최대한의 타격을 가하려고 하기 때문에 그 피해는 엄청나다.

15 핵 테러에 사용 가능한 핵무기에 포함되지 않는것은?

A) 소형 핵폭탄.
B) 더티 밤(Dirty Bomb).
C) 원자폭탄.
D) Emp 탄.

정답 D)

풀이 핵 테러에는 두 가지 방법이 시도된다. 하나는 재래식 무기로 핵발전소나 핵물질 보관소를 공격하는 방법이고, 다른 하나는 핵무기로 특정 목표를 파괴하는 방법이다. 두 경우 모두 방사능 물질에 의해 대규모의 인명 피해는 물론 환경오염의 재앙을 피할 길이 없다. 테러에 사용 가능한 핵무기는 소형 핵폭탄, 더티 밤(Dirty Bomb), 원자폭탄 등 세 가지이다. 소형 핵폭탄은 서류가방 크기의 휴대용 폭탄으로 터널이나 발전소 등 기간시설 파괴에 사용된다. 더티 밤은 재래식 폭탄에 방사능 물질을 결합하여 쉽게 제조할 수 있고, 반경 수 km까지 방사능이 오염된다.

Chapter 7

사제폭발물(IED) 테러위협

★ 사제폭발물 제조, 범행도구 사용
★ 국내·외 사제폭발물 사용 현황
★ 연습문제

01

사제폭발물 제조, 범행도구 사용

최근 10년간 사제폭발물이 사용된 사례를 살펴보면, 사제폭발물의 사용 목적이 대개 사회에 대한 적개심과 분노 심 또는 개인적 원한 등에 의해 발생한 경우가 많이 나타났고, 실제 사제폭발물을 직접 제조하여 범행에 사용한 경우가 대부분이다. 즉, 범죄자들이 직접 사제폭발물을 제조하여 범행도구로 사용하는 것은 어렵지 않으며 그 성과는 다른 어느 범행도구를 사용한 것보다 확실하게 나타나는 특징을 지니고 있다.

사제폭발물(私製爆發物, Improvised Explosive Device: IED)의 제조법이나 이미 제조된 사제폭발물은 인터넷상의 사이버공간에서 불법적으로 거래되거나 사제폭발물로 변질될 가능성이 농후한 유해 화학물질이 거래되고 있다. 이러한 실정을 감안하여 이후 폭발물에 의해 발생할 수 있는 각종 범죄의 추상적 위험성을 적극 고려해야만 한다.

1. 사제폭발물의 개념 및 구성요소

1) 사제폭발물의 개념

사제폭발물(IED)이란 파괴적·치명적·유해적인 불꽃형식의 물질 또는 민감한 화학 물질을 포함한 즉흥적인 방식으로 제조한 장치이며, 수제폭탄(homemade bomb)이나 파괴와 무능화를 위한 파괴 장치를 의미한다. 특히 사제폭발물(IED)은 반달리스트(vandalist)나 테러리스트(terrorist), 자살폭탄테러범 그리고 정부에 대한 반란세력들에 의해 자주 사용된다. 또한 사제폭발물(IED)을 사용함에 있어서는 제조방법이 비교적 용이하고 즉흥적으로 만들어지기 때문에 작은 파이프 폭탄의 형태에서 정교한 장치에 이르기까지 여러 형태로 나타나며 2003년에는 이라크 전쟁 중에 특히 많이 사용되었다(Clay Wilson, 2005: CRS1-2). 원래 사제폭발물(IED)이라는 용어가 사용된 배경은 1970년대 영국군에 의해 유래되었으며, 이후에 아일랜드 공화국군(Irish Republican Army: IRA)이 효율성이 상당히 높은 폭탄인 뷰비츄렙(boobytrap) 또는 원격제어폭탄을 만들기 위해 리비아에서 몰래 들여온 농업비료와 셈텍스(semtex)로 폭탄을 사용한 것을 시초로 수제폭탄 또는 길가에 놓인 폭탄(Roadside Bomb)이라는 용어와 혼용되어서 사용하고 있다.

국내에서는 사제폭발물(IED)에 대해 각 기관별로 다소 상이하게 정의하고 있다. 합동참모본부에서는 살상, 파괴, 타격 등을 목적으로 상용 및 군용폭약, 제작한 폭약, 각종 화기 탄, 화학적·생물학적 약품이나 병원체 등을 사용하여 인위적으로 급조한 모든 폭발성 장치를 일컫는 용어라고 하고 있다. 육군에서는 인원살상, 시설 및 장비 파괴 등을 목적으로 치명적인 살상 및 파괴효과가 있는 화학 물질이나 폭발성 부품을 결합하여 급조 식 으로 제작하거나 설치한 폭발성 장치를 지칭하는 용어라고 하고 있다. 마지막으로 경찰에서는 공인되지 않은 사람 또는 단체가 사적 자재의 사용을 위하여 임의로 불안정한 물질을 혼합·화학 시켜 폭발성 있는 물질을 만들어 이를 사용하거나 기존의 화학 류 를 이용하여 조립, 가공, 변조, 성형 등의 단계를 거쳐 제조하는 일체의 폭발물을 지칭

한다. 이렇듯 사제폭발물(IED)의 개념도 상당히 다양하게 정의되고 있으며, 최근에는 '폭발물'과 '폭발성 있는 물건'을 구별하여 그 개념을 규정하고 있다.[1]

2) 사제폭발물의 구성요소

사제폭발물(IED)은 일반적으로 주 장약(Main Charge), 기폭장치(Initiating System), 용기(Casing)로 구성되어 있다. 주 장약(Main Charge)은 폭발력을 발휘하는데 가장 중요한 요소로서 군용탄약이 많이 사용되고 있으며, 다이나마이트(dynamite)[2]나 최근에는 화학물질 등을 혼합[3]하여 주 장약으로 사용하는 경우도 있다. 기폭장치(Initiating System)의 경

1 대법원 2011도17254; 형법 제119조 1항이 규정한 폭발물 사용 죄는 공공위험범죄로서 법정형이 사형, 무기 또는 징역 7년 이상의 징역으로 매우 무겁게 설정되어 있고, 형법이 제172조에서 '폭발성 있는 물건을 파열시켜 사람의 생명, 신체 또는 재산에 대하여 위험을 발생시킨 자'를 1년 이상의 유기징역에 처하는 폭발성 물건파열 죄를 별도로 규정하고 있는 점을 감안할 때 어떠한 물건이 형법 제119조 1항에 규정된 폭발물에 해당하는지는 폭발작용 자체의 위력이 공안을 문란하게 할 수 있는 정도로 고도의 폭발성능을 가지고 있는지에 따라 엄격하게 판단하여야 한다. 폭발물사용 죄에서 폭발물은 폭발작용의 위력이나 파편의 비산 등으로 사람의 생명, 신체, 재산 및 공공의 안전이나 평온에 직접적이고 구체적인 위험을 초래할 수 있는 정도의 강한 파괴력을 가지는 물건을 의미하며, 사제폭탄의 경우 신체 또는 재산을 경미하게 손상시킬 수 있는 정도에 그칠 때에는 공공의 안전을 문란하게 하기에는 파괴력과 위험성의 정도가 현저히 부족해서 폭발성 있는 물건에 해당될 여지는 있어도 폭발물로 보기는 어렵다. 즉, 사람의 신체나 재산에 직접적인 위험을 초래하거나 공공의 안전을 문란케 할 정도의 위험성이나 파괴력이 없는 사제폭탄은 형법상 '폭발물'이 아니라 '폭발성 있는 물건'으로 봐야 한다.

2 다이나마이트(dynamite)라 하면 니트로글리세린(nitroglycerine)을 7%이상 함유하는 폭약을 총칭해서 일컫는 말이다. 대게 니트로글리세린이 7% 정도 함유되어 있고 대부분이 질산암모늄(ammonium nitrate)과 가연물로 이루어진 것을 질산암모늄 다이나마이트(AMMON)라고 한다. 또한, 다이나마이트 에는 콜로이드모양과 가루모양이 있고 기폭은 주로 뇌관을 쓰며, 광산, 탄광, 토목공사 등에 널리 이용되고 있다.

3 화학물질을 이용해 제조 가능한 사제폭발물은 다음과 같다; ANFO, 초안폭약, 흑색폭약, 플라스틱폭약, 텔미트 폭약, 미지안킷트, 니트로메탄·톱밥 폭약, 과망간산칼륨·알미늄 폭약, 니트로메틴: 질산암모늄 폭약, 백색화약A(염소산칼륨: 설탕: 유황), 백색화약C(염소산칼륨: 송진분말), TATP(아세톤·과산화수소·염산), P.L.X(니트로메탄·에틸렌디아민), 액체폭약(니트로메탄·암모니아), 염소산칼륨·등유 폭약 등이다(황세웅, 2012: 152).

우 초기화 시스템이나 신관이 장치를 작동하며, 간단한 명령을 통한 무선조종으로 장난감 자동차나 음료수 캔 등의 원격제어로 폭발된다. 배터리는 뇌관을 위한 에너지원으로 사용되고 모든 유형의 배터리는 사제폭발물의 핵심이다. 배터리 건전지는 AA처럼 작은 것을 사용하고 자동차와 트럭 건전지로 장거리 무선 전화기에 사용되기도 하며 집이나 사무실의 로컬 전원 공급 장치로도 사용이 가능하다. 용기(Casing)는 사제폭발물에 사용되는 용기, 즉 음료수 캔이나 담배 케이스 또는 대형 트럭이나 비행기에 탑재시키는 등 다양하게 나타날 수가 있으며, 고정적인 형태가 아닐 뿐만 아니라 컨테이너 등에 폭발물을 은닉하여 필요시 공격을 행할 수도 있다.

2. 사제폭발물의 종류 및 설치형태

1) 사제폭발물의 종류

사제폭발물은 단순폭발물부터 화학, 생물학 등 다양한 내용물을 담뱃값만큼의 작은 크기로 사용되는 형태에서 차량에 탑재하는 형태까지 그 크기와 사용방법 그리고 파괴규모 또한 다양하다.

〈표 1〉 사제폭발물 형태에 따른 폭발규모

위협설명	폭약량(TNT환산)	실내 배출거리	실외 배출거리
파이프 폭탄	5 lbs 2.3 kg	70 ft 21 m	850 ft 259 m
자살벨트	10 lbs 4.5 kg	90 ft 27 m	1,080 ft 330 m
자살조끼	20 lbs 9 kg	110 ft 34 m	1,360 ft 415 m

서류가방 폭탄	50 lbs 23 kg	150 ft 46 m	1,850 ft 564 m
소형 승용차 폭탄	500 lbs 227 kg	320 ft 98 m	1,500 ft 457 m
승용차 폭탄	1,000 lbs 454 kg	400 ft 122 m	1,750 ft 534 m
승합차 폭탄	4,000 lbs 1,814 kg	640 ft 195 m	2,750 ft 838 m
소형배달트럭	10,000 lbs 4,536 kg	860 ft 263 m	3,750 ft 1,143 m
화물트럭	30,000 lbs 13,608 kg	1,240 ft 375 m	6,500 ft 1,982 m
대형트럭	60,000 lbs 27,216 kg	1,570 ft 475 m	7,000 ft 2,134 m

2) 사제폭발물 설치형태

(1) 고정 형 사제폭발물

고정 형 사제폭발물은 지정된 살상지점에 미리 폭발물을 설치·은닉해 놓고 공격목표가 폭발물의 위험반경 내에 들어왔을 때에 폭발시키는 형태를 말하며, 이동표적은 장갑차나 전차 등을 주목표로 한다. 이러한 고정 형 사제폭발물은 주로 전쟁 등에서 사용되며, 유·무선 센서 등을 기폭장치로 사용한다. 이 형태의 폭발물은 신발, 양말, 서류가방 폭탄, 비디오카메라나 비디오테이프, 장난감 등의 물건에 폭약을 은닉하여 원격 조정으로 폭파하는 폭탄 형태로서 일상생활에서 흔히 볼 수 있으며, 또한 휴대할 수 있는 배낭을 이용한 폭탄 등 폭약을 담을 수 있고 의심을 받지 않을 수 있는 모든 유형의 용기를 이용한 다양한 폭탄이 있다.

〈표 2〉 사제폭발물의 설치형태

구분	주요목표	기폭장치	운용방법	비고(특징)
고정형 사제폭발물	이동표적 (장갑차, 전차 등)	유·무선, 센서 감응점화	피해자·공격자 작동, 시한작동 등 발화	도로주변 설치
이동형 사제폭발물	이동차량, 주요건물, 인원밀집지역 등	유·무선 점화	공격자작동 발화	자살폭탄에 주로 사용
투척형 사제폭발물	창문이 내려지거나 서행차량, 인원밀집지역, 주요건물 등	도화선에 뇌관연결, 시한점화 기폭장치	공격자작동 발화	의심받지 않도록 위장소형물체 사용

(2) 이동 형 사제폭발물

이동 형 사제폭발물은 공격 대상물의 주변 또는 공격 대상물의 지근 거리에 위치하고 있다가 신속하게 목표물에 접근하여 폭발시키는 것을 의미한다. 이 중 차량탑재 형 사제폭발물VBIED(Vehicle Born Improvised Explosive Device)이 가장 대표적인 예이다. 차량탑재 형 사제폭발물은 많은 양의 폭탄을 차량에 탑재할 수 있고, 공격 목표로의 이동이 용이하다는 장점을 지니고 있어 무차별 폭발물 테러에 자주 이용된다.

이러한 차량탑재 형 폭발물 테러는 크게 직접 공격방식과 간접 공격방식으로 나눌 수가 있다. 직접 공격방식은 테러범들이 소유하고 있는 차량에 폭발물을 탑재한 이후 공격대상의 목표물 근처에 주차시킨 후 폭발을 시키는 방법과 직접 차량을 운전하면서 공격 목표에 충돌하는 자살폭탄 등이 있다. 간접 공격방식은 요인 암살에 주로 사용되는 방식으로 테러의 대상이 되는 요인이 탑승하고 있는 차량에 은밀히 접근해 폭발물을 부착시켜 폭발시키도록 하는 것이다. 간접 공격방식의 경우 폭발물은 엔진, 트렁크, 차량 하부, 예비 타이어 보관 등에 설치하며 세밀한 점검이 없이는 발견하기 어려운 경우가 많다.

(3) 투척 형 사제폭발물

수류탄이나 깡통 등에 폭발 반응을 일으키는 화학물질 등을 혼합하여 휴대하면서 요인암살 및 차량의 창문을 열어놓은 채로 정지해 있거나 이동하는 차량, 밀집된 인원, 주요건물, 검문소 등을 목표로 공격하는 형태를 취한다.

02

국내·외 사제폭발물 사용 현황

1. 국내 사제폭발물 관련 주요사례

최근 주요 사제폭발물 관련 사례를 보면 자신의 삶에 대한 비관이나, 금품을 갈취할 목적, 치정에 의한 원한, 무동기, 회사에 대한 원한 등 개인의 분노표출방식으로 사제폭발물을 사용하였다. 사제폭발물 사용도 화공약품을 사용하거나 기타 폭죽용 화약을 이용하여 제작한 폭발물을 소지하여 사용하거나 또는 사용하려고 소지하는 등 개인의 분노표출방식의 수단으로 사제폭발물의 사용이 늘어나고 있는 추세이며, 그 방법이나 장소도 고정적이고 예측 가능한 장소가 아닌 다양한 장소와 방식을 취하고 있다.

〈표 3〉 국내 사제폭발물 관련 주요사례

구분	사건 개요
1	'01년 2월 대구 시민운동장 화단에 질산암모늄 등으로 제작한 시한폭탄이 든 노트북용 가방을 놓아 이를 주운 시민 2명에게 화상을 입힌 고등학생 임모군 검거
2	'02년 12월 서울 구로구 애경백화점 CGV영화관 광고판 뒤에 돈을 갈취하기 위해 폭죽용 화약으로 제작한 폭발물을 설치하고, CJ대표에게 폭발물을 우편발송하여 이를 열어본 비서에게 전치 2주의 상해를 가한 피의자 1명 검거
3	'02년 6월 광주에서 변심한 애인과 그 가족을 살해할 목적으로 폭죽용 화약 등을 이용한 폭발물을 피해자 우편함에 넣어 두어 가족의 신고로 지문감식 중이던 경찰관을 상해하고 피해자 직장 여자화장실을 폭죽용 화약 및 휘발유로 제작한 폭발물을 설치하여 청소중이던 빌딩 관리인(70세)에게 상해를 가해 치료 중 사망
4	'05년 10월 전주 소재 자신의 집에서 임차보증금을 받지 못하고 강제퇴거를 당하게 되자 이를 방해하기 위해 폭죽용 화약 등으로 제작한 사제폭발물과 LPG가스통을 설치하여 폭발물사용 예비
5	'09년 4월 충남 논산에서 산업용 타정 총 실탄에서 모아온 흑색화약 1.5kg 등을 이용하여 사제폭탄 2개를 제조한 뒤 인터넷을 통해 판매시도
6	'09년 10월 김해 소재 자신이 근무하는 회사 사장을 살해하기 위해 인터넷을 통해 구입한 질산칼륨(2~3kg), 알루미늄 분말가루(1kg), 유황가루(1kg)와 플라스틱 파이프(PVC)통을 이용해 제작한 폭발물을 신나와 함께 사장의 차량에 설치하여 살해하려고 하였으나 폭발하지 않아 미수에 그친 피의자 1명 검거
7	'11년 1월 남양주에서 도망간 옛 애인의 행방을 찾지 못하게 되자 불특정 여성을 대상으로 복수하기 위해 부탄가스와 폭죽을 이용한 사제폭발물을 제작하였으나 지인의 신고로 예비에 그친 용의자 검거
8	'11년 2월 포항에서 화공약품을 이용해 제작한 사제폭발물을 몸에 두르고 파출소를 찾아와 세상을 비관하는 말을 되풀이하며 자해소동을 벌이다 연락을 받고 찾아온 부모와 함께 귀가하였으나 인근 방파제에서 이를 터트려 자살
9	'11년 3월 포항의 한 식당에서 염소산칼륨과 같이 길이 10cm, 지름 3cm의 수도관 파이프로 만든 사제폭발물 10여개를 들고 위협하다 결국 검거
10	'11년 4월 부산의 옛 애인 오피스텔을 찾아가 시비중인 A를 112신고를 받고 출동한 경찰관이 엘리베이터에서 내리는 순간 불상의 폭발물을 터뜨려 용의자 현장에서 사망, 경찰관 2명 부상

2. 사제폭발물로 변질 가능한 유해물질의 인터넷 불법거래 억제

최근 인터넷상에서 사제폭탄의 제조방법을 알려주고 사제폭탄 제조와 관련된 원료물질을 판매하는 사례 및 사제폭탄을 제조하여 자살하거나 타인을 살상하는 행위 등이 연이어 발생하고 있다.[4]

이처럼 사제폭발물로 변질 가능한 유해 화학물질들이 인터넷 상 에서 공공연히 거래가 되거나 제조방법 등이 유포되고 있다. 경제적 궁핍이나 직장을 구하지 못하는 상황 등의 어려움에 처하는 경우, 소수자 차별이나 정체성 혼란 등 사회에 대해 부적응하는 경우, 분노 표출방식의 수단으로서 인터넷 상 에서 사제폭발물로 변질 가능한 유해물질이나 사제폭발물의 획득하여 활용할 가능성이 있다.

현재 환경부에서는 민간 네티즌으로 사이버케미칼 감시단을 구성하여 인터넷상 불법유통의 감시를 강화하고 있으나 민간단위에서의 감시만으로는 한계가 있다. 따라서 국가차원에서의 강력한 단속과 관련 제도의 정비를 통해 사제폭발물과 관련된 물질들의 유통에 대해 사전에 차단하려는 노력을 강구해야 할 것이다.

3. 대테러 유관기관 협력

테러라는 범죄가 발생하는 현장에서는 대테러 작전의 특성상 테러조직원과 맞서는 대테러요원의 인명손실은 물론 다수의 무고한 민간인들의

---

4 2011년 6월 13일부터 6월 26일까지 환경부, 보건복지부, 경찰청 공동주관으로 유해 사이트 신고대회를 개최하여 동반자살, 화학물질을 이용한 사제폭발물 유통행위, 유독물 무등록 판매, 사고대비물질(질산암모늄) 등 불건전 정보를 적발한 바 있는데 불건전 정보 1,270건에 대해서는 포털 사이트에 삭제 요청을 하였고, 사제폭발물 매매 등 범죄 혐의 성 게시 글 139건에 대해서는 경찰청에서 수사 검토 중에 있다(환경부, 2011. 7. 18일자 보도자료).

희생과 막대한 사회적 비용이 손실되기 마련이다. 이러한 추가적인 손실이 강요당하고 있는 상황에서 테러리즘에 활용되는 장비 또한 시간이 흐를수록 첨단화·정밀화되어 가는 것은 물론이고, 불특정 다수의 희생과 사회적 비용을 최소화하면서도 효과는 극대화하는 방향으로 사제폭발물(IED)에 대한 유관기관의 협력방안이 공조되어야 할 것이다.

사제폭발물 처리를 위한 유관기관은 기본적으로 군과 경찰 그리고 민간인들의 적극적인 협력에 의해 대응할 수가 있다.[5] 물론 국내에서는 직접 사제폭발물을 제조하여 테러공격에 활용한 사례가 빈번하게 발생하지는 않지만, 폭발물을 이용한 범죄의 추상적 위험성을 적극 고려하여 사전에 모든 정보를 수집·분석하여 활용해야만 할 것이다.

5 남해지방해양경찰청 특공대 주관으로 민·군·경 7개 유관기관 사제 폭발물처리 합동훈련을 실시하였다. 특공대는 사제폭발물 처리능력을 향상 시키고, 유관기관 간 정보 공유 및 유기적인 업무 협조체제를 구축하기 위하여 4월 4일~4월 5일 양일간 여객선 성희호 선상에서 민·군·경 7개 유관기관 사제폭발물처리 합동훈련을 주관하였다. 이번 훈련에는 전국 해양경찰청 특공대 EOD(폭발물처리)팀, 부산지방경찰청 특공대, 공군5전술공수비행단, 해군특수전여단, 육군 9탄약창, 한국공항공사, 부산항보안공사 등 7개 기관에서 40명이 참석하여 각 기관의 폭발물처리 능력을 공유하고, 각종 정보를 바탕으로 실제 테러에 사용되었던 사제 폭발물을 각 기관에서 재현하여 상방 핸드처리 훈련과 MK-2(원격이동처리세트)를 이용한 원격 이동처리 훈련을 실시하였다. 앞으로도 남해지방해경청은 지속적인 유관기관 합동훈련을 실시하여 폭발물처리 및 테러대응 능력을 향상시켜 관내에서 발생 할 수 있는 테러사건을 예방해 나가는데 앞장 설 계획이다(경찰정보신문 2011년04월13일).

07 연습문제

01 사제폭발물 테러의 주요 특징 중 하나는 무엇인가요?

A) 신체적인 공격　　B) 대규모 집단 공격

C) 폭발물을 이용한 공격　　D) 사이버 공격

정답 C

풀이 사제폭발물 테러는 폭발물을 사용하여 공격하는 것으로 특징 지어집니다.

02 사제폭발물 테러가 국가 안보에 미치는 영향은 무엇일 수 있나요?

A) 환경 오염　　B) 인구 이동

C) 경제 파탄　　D) 문화 교류

정답 C

풀이 사제폭발물 테러는 경제적 파탄을 초래할 수 있으며 국가 안보에 직간접적인 영향을 미칩니다.

03 사제폭발물 테러 방지를 위한 핵심 전략 중 하나는 무엇인가요?

A) 군사적 태세 강화　　B) 사이버 보안 강화

C) 국제 협력 강화　　D) 국경 통제 강화

정답 C

풀이 국제 협력은 사제폭발물 테러 방지에 중요한 역할을 합니다.

04 사제폭발물 테러가 가장 많이 발생하는 장소는 어디인가요?

A) 공항 B) 상업 지구

C) 교통 수단 D) 정부 건물

정답 B

풀이 사제폭발물 테러는 주로 상업 지구나 인구 밀집 지역에서 발생합니다.

05 "IED"란 무엇을 의미하나요?

A) International Emergency Declaration

B) Improvised Explosive Device

C) Integrated Explosive Detector

D) Internal Explosive Detonator

정답 B

풀이 "IED"는 Improvised Explosive Device의 약어로, 사제폭발물을 가리킵니다.

06 국가 안보를 강화하기 위해 정보 수집과 분석을 담당하는 기관은 무엇인가요?

A) 국방부 B) 경찰청

C) 국가정보원 D) 외교부

정답 C

풀이 국가정보원은 국가 안보를 강화하기 위해 정보 수집과 분석을 담당하는 기관입니다.

07 테러 조직의 재원 조달 방법 중 하나로 주로 사용되는 것은 무엇인가요?

A) 정부 보조금 B) 범죄 수익

C) 기부금 D) 수출 수입 거래

정답 B

풀이 테러 조직은 주로 범죄 수익을 활용하여 자금을 조달합니다.

08 사제폭발물 테러의 주요 목표 중 하나는 무엇인가요?

A) 경제 성장 촉진 B) 정치적 불안

C) 국가 안보 강화 D) 사회적 통합

정답 B

풀이 사제폭발물 테러의 주요 목표 중 하나는 정치적 불안을 조장하는 것입니다.

09 사제폭발물 테러에 대비하기 위한 국가 안보 정책 중 하나는 무엇인가요?

A) 인권 보호 강화 B) 언론 자유 억제

C) 인터넷 검열 강화 D) 정부 감시 강화

정답 A

풀이 인권 보호를 강화하는 것은 국가 안보 정책의 일환으로 사제폭발물 테러에 대비하는 중요한 요소입니다.

10 사제폭발물 테러의 주요 동기 중 하나는 무엇인가요?

A) 문화 교류 촉진 B) 정부 지원 확대

C) 이데올로기 확산 D) 국제 외교 활동

정답 C

풀이 사제폭발물 테러의 주요 동기 중 하나는 이데올로기 확산과 관련이 있습니다.

Chapter 8

자생테러의 위협과 대응

- ★ 제4세대의 전쟁, 비대칭전쟁
- ★ 자생테러의 개념, 조직 및 전술
- ★ 자생테러의 주요사례
- ★ 한국의 자생테러의 위협과 대비전략
- ★ 한국의 자생테러의 가능성
- ★ 한국의 자생테러 대비전략
- ★ 연습문제

01

제4세대의 전쟁, 비대칭전쟁

1. 테러의 공격양상이 끊임없이 진화

테러는 제4세대의 전쟁, 비대칭전쟁이라는 새로운 전쟁유형으로서[1] 어느 한 국가의 문제가 아니라 국제사회 모두의 문제가 되었다. 또한 테러의 양상이 전통적 테러리즘의 소규모의 폭력성에서 탈냉전 후의 뉴테러리즘은 핵, 화학, 생물학, 방사능물질을 이용한 대규모 폭력성의 슈퍼테러리즘으로 나타나고 있다는 점에서 심각성이 더해가고 있다. 이러한 가운데 테러의 공격양상이 끊임없이 진화하고 있으며, 세계의 테러환경도 지속적으로 변하고 있다.

2. 자생적 테러리즘(homegrown terrorism)이 새로운 위협으로 대두

최근 자생적 테러리즘(homegrown terrorism)이 새로운 위협으로서의 대두되고 있으며 또한 이에 대한 대비책이 함께 강조되고 있다. 버락 오바마(Barack Hussein Obama) 행정부는 지난 2010년 5월 27일 취임 16개

1 이수형, "21세기 국제분쟁의 변화경향에 관한 이론적 분석: 제4세대 전쟁, 네트전, 비대칭위협을 중심으로," 21세기정치학회 추계학술회의 발표논문, 2002 참조.

월 만에 미국 국가안보의 현주소와 앞으로 나아갈 방향을 담은 지침서 격인 국가안보전략(NSS: National Security Strategy)보고서를 공개한 바 있는데, 이 보고서를 통해 미국 내에서 자라고 있는 '자생적 테러리즘에 대한 대책마련의 필요성을 강조한 바 있다.[2]

지난 2004년 3월 11일 스페인 마드리드(Madrid)에서 발생한 테러사건은 미국의 대테러전쟁 수행에 커다란 타격을 가했다. 테러이후 스페인 정부는 이라크로부터 철수하기로 결정했고 영국, 이탈리아, 일본 등 이라크에 파병한 국가들을 테러의 공포에 휩싸이게 했다. 연이어 2004년 4월 15일 오사마 빈 라덴은 7월 15일까지 이라크에서 철군하지 않으면 '성전'(테러를 의미)을 감행하겠다고 영국에 경고했고, 그로부터 1년 후에 그는 자신이 했던 경고를 실행에 옮겼다. 그것이 바로 2005년 7월 7일 영국 런던(London)에서 연쇄폭탄테러로 나타났다.[3] 런던 올림픽 개최소식과 스코틀랜드에서의 G8 정상회담에 때맞추어 2005년 7월 7일 아침 러시아워(rush hour) 시간에 영국 수도 런던의 지하철 역 세 곳과 버스 등 모두 네 군데[4]에서 연쇄 폭발사건이 발생하여 56명이 사망하고 700여명이 부상당했다.[5]

9·11테러 이후 국제사회는 테러에 대항하기 위해 국제적 연대를 강화

2 이 국가안보전략(NSS)보고서의 큰 줄기는 두 가지다. 미국 본토에서 자생적 테러리즘을 중점 부각시키고, 선제공격론(pre-emptive war)으로 대변되는 전임 조지 W 부시 행정부의 일방통행식 외교를 폐기한다는 것이다. 김영석, "오바마 새 안보전략 공개…일방주의 외교 폐기, 미 본토 자생적 테러 대책 '중심축,'" 『국민일보』, 2010.5.27.

3 백영철, "자생적 테러의 대응방안에 관한 연구," 경찰청, 『대테러 연구』, 제28집, 2005, p.55.

4 런던 경찰은 2004년 7월 7일 오전 8시 49분 1시간 30분 안에 런던 중심가에서 네 차례의 폭발이 이어졌다고 밝혔다. 첫 폭발은 런던 금융가에 위치한 리버풀 스트리트역과 올드게이트역 사이에서 발생했다. 이어 에지우어 로드 지하철역, 킹스크로스역과 러셀 스퀘어역 사이에서 폭발이 일었다. 타비스토크에서는 버스 폭발이 발생하였다. 『중앙일보』, 2005.7.8.

5 백영철(2005), p.58.

하는 한편, 국내법과 제도를 재정비하였다. 그럼에도 불구하고 인도네시아, 인도 등 전 세계적으로 대형테러가 발생하였다. 특히 전술한 2004년 3월 11일 스페인 마드리드 및 2005년 7월 7일 영국 런던에서 발생한 테러는 국제테러분자가 아니라 자국민에 의한 테러였다는 점에서 세계에 충격을 주었다. 이는 새로운 테러주체가 등장하고 있음을 알리는 사건이었다. 영국 런던 지하철 테러사건과 스페인 마드리드의 열차테러는 다양한 형태의 차별을 받아왔던 파키스탄과 모로코에서 이주한 부모를 둔 자국 국민에 의해 자행되었다. 이민2–3세대들인 스페인 및 영국의 테러범들은 해당국가에서 온갖 차별과 멸시를 받았던 자들로서 이들의 좌절이 테러로 분출되었다고 볼 수 있다.[6]

3. 한국의 테러양상과 환경도 국제안보환경에 따라 변화

한국을 둘러싼 테러양상과 테러 환경 역시 국제안보환경에 따라 변화하고 있고 점진적으로 다양화되고 있다. 그러나 테러환경의 변화에 대한 전반적인 인식이 부족하고 이에 대한 논의도 활성화되지 못하고 있는 것이 현실이다. 국제화의 진전에 따라 위험지역에 대한 방문객이 증가했으며, 대테러전쟁에 따른 국제공조의 일환으로 단행된 아프간과 이라크에 대한 파병은 아랍 권에서 한국에 대한 적대감의 표출로 이어지고, 한국과 한국인에 대한 테러의 직간접적인 원인으로 작용하고 있는 것이 한국이 직면하고 있는 기본적인 테러환경이다.

6 김열수, "한국에서의 새로운 테러 주체의 등장 가능성: 유럽의 자생적 테러 주체와의 비교를 중심으로," 위기관리 이론과 실천,『한국위기관리논집』, 제3권 제1호, 2007.6, p.1.

한국과 영국 및 스페인 간에는 외국인 노동자의 유입, 국제결혼인구의 증가, 대테러전쟁 참여 등 환경적인 측면에서 공통점이 적지 않아 영국과 스페인에서 발생한 자생테러가 주는 시사점은 결코 적지 않다고 할 수 있다.[7] 국제결혼이민자, 외국인노동자, 북한이탈주민 등의 국내유입증가에 따라 나타나고 있는 다양한 유형의 차별 등은 사회적 갈등의 근원이 될 수 있으며, 이는 자생테러의 잠재적 원인으로 작용하여 한국의 새로운 테러환경이 될 수도 있기 때문이다.

7 최진태, "한국의 테러환경 변화분석과 대응방향," 위기관리 이론과 실천, 『한국위기관리논집』, 제6권 제1호, 2010.3, p.64.

02

자생테러의 개념, 조직 및 전술

1. 자생테러의 개념

자생테러는 국내자생테러의 준말이다. 국내자생테러(또는 국내자생테러리즘)란 국내와 자생과 전술한 테러(또는 테러리즘)가 합성되어 만들어진 용어이다. 국내란 국가내(國家內, domestic) 즉 '나라의 안'을 뜻하는 말이다. 자생(自生, natural growth)이란 ① 자기 자신의 힘으로 살아감, ② 저절로 나서 자람, ③ 저절로 생겨남 또는 인(因)이 스스로 과(果)를 낳음 등을 의미하는 말이다.[8]

국내자생테러란 국제테러집단에 의한 국제(외입)테러와 구별(또는 대칭)이 되는 개념이다. 국내자생테러는 2004년 스페인의 3·11마드리드테러와 2005년 영국의 7·7런던테러의 경우처럼 이민 2–3세대로 태어나서 자라고 교육받은 자국민에 의해 국가내부에서 발생한 테러라는 점에서[9] 일반적 '국제테러집단에 의한 국제(외입)테러'와는 다른 새로운 유형의 위협적 테러라고 할 수 있다.

8 "자생,"『Daum 국어사전』, http://krdic.daum.net/dickr/contents.do?offset=A031903300&query1=A031903300 #A031903300(검색일: 2010.11.24).

9 김열수(2007.6), p.4.

미국의'2007년 폭력적 과격화와 자생적 테러행위 방지법(The Violent Radicalization and Homegrown Terrorism Prevention Act of 2007)'을 보면 폭력적 과격화, 자생테러, 이데올로기에 기초한 폭력에 관해 잘 규정해주고 있다. 이 법안은 자생테러(homegrown terrorism)란 "정치적 또는 사회적 목적을 촉진시키기 위해 미국정부, 미국의 민간인, 또는 그와 관련한 부분을 협박하거나 억압하기 위해 주로 미국 또는 미국의 속령 내에서 태어나 자라거나 기반을 두고 활동하는 집단 또는 개인에 의한 완력 또는 폭력의 사용, 계획적 사용, 또는 위협적 사용이라고 정의하고 있다.[10] 이와 함께 폭력적 과격화(violent radicalism)와 이데올로기에 기초한 폭력(ideologically based violence)도 함께 정의해주고 있다. 먼저 폭력적 과격화란 "정치적, 종교적 또는 사회적 변화를 조장하기 위해 이데올로기에 기인한 폭력을 용이하게 할 목적으로 극단주의 적 신념체계를 채택하거나 촉진하는 과정" 그리고 이데올로기에 기초한 폭력이란 "집단 또는 개인의 정치적, 종교적 또는 사회적 신념을 촉진시키기 위해 집단 또는 개인에 의한 완력 또는 폭력의 사용, 계획적 사용, "위협적 사용이라 각각 규정되어 있다.[11]

2. 유럽산 자생테러의 생성과 조직

오사마 빈 라덴(Osama bin Laden)이 차린 아프가니스탄 테러캠프에서

10 HR 1955 Full Text, http://www.govtrack.us/congress/billtext.xpd?bill=h110-1955(검색일: 2010. 11.25).

11 "The Violent Radicalization and Homegrown Terroreism Prevention Act of 2007," *Wikipedia*(a free encyclopedia), http://en.wikipedia.org/wiki/Violent_Radicalization_and_Homegrown_
Terrorism_Prevention _Act_of_2007(검색일: 2010.11.25).

강도 높은 군사훈련과 세뇌교육을 받는 것이 과거의 테러리스트였다면, 오늘날의 테러리스트는 인터넷과 비디오를 통해 집에서 양성된다. 유럽의 경우 '유럽에서 태어나서 자란 유럽연합(EU) 시민'이 테러리스트가 되고 있는 것이다.[12] 또 아프가니스탄 등에서 잔뼈가 굵은 테러리스트들이 여러 나라로 침투, 조직을 이끄는 것이 아니라 영국 등 유럽 각국에서 자생적으로 조직이 생겨나고 있다.

미국 시사주간지 『타임(Time)』지(2005년 7월 18일자)와 『뉴욕타임즈(New York Times)』 2005년 7월 10일자는 오사마 빈 라덴이 이끄는 알카에다의 핵심간부 75%가 체포되거나 사망한 뒤 유럽 각국에서 과거보다 더 민첩하게 움직이는 유럽산 테러리스트들에 의한 새 조직이 생겨나고 있다고 보도한 바 있다. 2003년 모로코 카사블랑카 테러, 2004년 스페인 마드리드 열차 테러,2005년7·7런던테러 등이 이들의 소행으로 추정되고 있다. 이는 상당 부분 이민자에게 너그러운 영국 등 유럽의 전통 때문이라는 지적이다.

2005년 7·7런던테러 직후 '알카에다 유럽조직'이라는 단체가 자신들의 소행임을 주장하는 성명을 발표했다. 마드리드와 카사블랑카 테러도 알카에다의 소행으로 알려졌었다. 『워싱턴 포스트(Washington Post』의 지적대로 이제 알카에다는 일종의 '브랜드'가 되었다. '알카에다'라는 이름 아래 기본노선을 공유하는 조직이 각국에 생겨나 활동하고 있는 것이다. 이른바 알카에다에 감화된 '잠재 세포조직(sleeper cell)'이다.

도미니크 드 빌팽(Dominique de Villepin) 프랑스 총리의 보좌관인 브뤼노 르메르(Bruno Lemerre)는 "최근의 테러리스들은 외국인이 아니라 그

12 『중앙일보』, 2005.7.11.

사회 안에서 잘 통합된 내부자(Insider)"고 말했다. 2005년7·7런던테러 이후 다른 유럽도시들에서 추가테러 가능성이 높게 제기하게된 것도 이런 이유에서였다.

미국의 닉슨센터(The Nixon Center for Peace and Freedom) 로버트 레이큰 연구원은"이민 2세대들은 유럽연합(EU)의 일원이다. 따라서 비자 없이 입국할 수 있기 때문에 미국에 새로운 안보위협이 되고 있다."고 말했는데, '신발폭탄'으로 유명해진 영국의 리처드 레이드(Richard Reid)처럼 이슬람으로 개종한 유럽인들이 테러리스트로 활약한 지는 오래다.[13]

3. 자생테러의 훈련과 전술

1) 디지털 지하드시대의 테러분자 훈련

디지털 지하드(digital jihad)는 2001년 9·11테러 직후 미국이 아프가니스탄을 침공하면서 등장한 신조어(新造語)이다. 특히 이슬람권 해커들이 미국과 영국에 가한 사이버 테러를 뜻하는 말이다.[14] 이제 지하드(jihad: 聖戰)전사는 집에서 길러진다. 비디오 선전물과 인터넷 등을 통해서다. 영어에 친숙한 서방 권 신세대 전사들을 위해 영문자막이 딸리거나 아예 영어로 녹음된 비디오 선전물도 나오고 있을 정도다.

2005년 7·7런던테러의 배후로 알려진 알카에다 유럽조직도 인터넷 등을 통해 알카에다 본류와 접촉했을 것으로 추측되고 있다. 아프가니스탄·보스니아·체첸에서 활동하던 과격분자들이 조직을 주도하던 것도 옛날이야기이다. 조직에서 한두 명 정도만 알카에다의 '본류'와 접촉할 뿐

13 백영철(2005), p.72.

14 이호갑·박형준, "디지털 지하드: 가장 강력한 테러무기는 인터넷," 『동아일보』, 2006.12.7.

이다.[15]

전술도 변했다. 과거 여객기나 정부건물 등'경성목표물(hard target)'을 노리던 데서 지하철·기차 같은'연성목표물(soft target)'로 옮겨갔다. 이들이 가장 관심을 보이는 공격수단도 사린가스(sarin gas)나 탄저균(the bacteria of anthrax)처럼 소량으로 대량의 인명을 살상할 수 있는 생화학·방사능 무기이다.

아라비아반도 알카에다 조직의 홈페이지인 '사우트 알지하드(성전의 목소리)'에 올려진 "이제 아프가니스탄이나 이라크가 아닌 집에서(at home) 훈련을 받을 수 있다."라는 선전 문구를 마우스로 누르면 '무아스카르 알바타르(알바타르 훈련캠프)' 온라인 매거진이 등장한다.[16]

알바타르 온라인 매거진에서 알바타르는 이슬람의 사도 무하마드가 사용한 검(劍)을 뜻한다.'알바타르'온라인 매거진은 이미 30권에 달하는 방대한 지하드 훈련교본을 만들어왔다. 이 온라인 매거진은 직접 볼 수도 있고, PDF(portable document format)파일로 네티즌이 자신의 컴퓨터에 저장할 수도 있다. '다운로더블 지하드(Downloadable Jihad: 컴퓨터로 내려 받아 실행하는 성전)'가 여기서 시작된다.

정권에 불만을 느끼거나 서구 기독교인들에 분개한 사람은 누구나 이제 컴퓨터로 조직적인 훈련을 받을 수 있다. 오사마 빈 라덴(Osama Bin Laden)사망으로 인해 직접 명령 없이 알려지지 않은 작은 세포조직들이 테러를 감행할 수 있는 것도 다운로더블 때문이다.

알바타르가 수집해 공개한 자료는 방대하다. 정규군보다 더 강력한 킬러를 만들어 내는 정교한 훈련프로그램으로 가득 차 있다. 단순하

---

15 "테러·테러리스트,"『월간중앙』,2005년 8월호, pp. 220~221.

16 『중앙일보』, 2005.7.19일.

고 우발적인 테러가 아니라 이슬람 전사를 만들기 위한 철저한 교육과정이 사이버 세상에서 진행된다. 알바타르는 우선 체력단련을 강조한다. 1,200m 수영, 240회 윗몸일으키기, 240회 팔굽혀펴기 등 하루에 해야 할 기초체력훈련과 휴식시간까지 전해준다. 무기사용법에 대한 자료도 방대하다. 각국 소총·권총·수류탄을 사진과 함께 소개하면서 전 세계 어디서 어떤 무기를 구입해도 사용할 수 있도록 분해·조립·방법도 번호를 매겨가며 나열해 놓았다.

가장 방대한 분량은 단연 폭탄제조 항목이다. 일상생활에서 쉽게 접할 수 있는 물질로 폭탄을 만드는 방법에 대해 자세히 소개하고 있다. 폭탄의 종류도 다양하다. 허리나 가슴에 두르는 폭탄벨트, 가방에 담을 수 있는 중형폭탄, 그리고 차량에 싣거나 감출 수 있는 차량폭탄 제도에 대해 단계별로 자세히 설명하고 있다. 물질을 섞는 비율은 물론 운반 시 주의사항까지도 완벽하다. 특히 최근에는 화학무기 제조에 관한 자료들이 올라오고 있어 머지않아 이를 사용한 공격이 있을 가능성이 커지고 있다.

문제는 알바타르 등 과격 이슬람 사이트들이 단순한 테러만을 교육하는 곳이 아니라는 점이다. 이들이 궁극적으로 꿈꾸는 것은 이슬람혁명이다. 알바타르는 각 권마다 일정부분을 '점령과 통치'에 할애(割愛)하고 있다. 무자헤딘 전사들이 한 거점 혹은 지역을 장악한 뒤 행해야 할 지침들이다. 수구세력에 대한 소탕작전, 게릴라전 수행 및 대처방법, 통치구조 구성방법, 정보기관 설립 등에 대한 부분들도 언급하고 있다. 포로 및 반대세력 처형방법까지도 포함되어 있다.

전문가들은 현재 이 같은 과격무장단체의 테러교육 프로그램이 수십 개 넘게 운영되고 있다고 우려하고 있다. 최근에는 자폭테러를 자행하는 방법을 자세히 소개하는 비디오가 인터넷에 유포되기도 했다. 미국을 비롯한 각국의 대테러 사이버 팀들이 이 사이트들을 추적해 폐쇄하고 있지만 이들은 계속 옮겨 다니고 있다. 이들은 아랍어 블로그나 e-메일 리스트를 통해 자신들의 위치를 알린다.

카이로의 알아흐람 전략연구소의 테러전문가 할라 무스타파(Hala Mustafa) 박사는 "인터넷 세상에서 다운로더블 테러((downloadable terror)를 뿌리 뽑을 수 있는 방안은 현재로서 없다"고 진단했다. 알카에다를 소탕한다는 것은 테크놀로지 차원의 문제가 아니기 때문이다.[17]

2) 자살폭탄테러 전술

2005년 영국 7·7런던 연쇄폭탄테러가 서유럽 최초의 자살폭탄테러인 것으로 밝혀졌다. 자살폭탄테러는 9·11이후 폭발적 증가를 보이면서 최고조기를 맞고 있다.[18] 지난 2005년 7월 17일자 『워싱턴포스트(Washington Post)』가 인용한 미국 랜드연구소의 자료에 따르면 자살 폭탄테러의 4분의 3이 2001년 9·11테러 이후에 일어났다는 것이다. 특히 2003년 미국의 이라크침공 이후 자살 폭탄테러는 파상적으로 일어나 약 400건이 이라크에서 발생했다. 2005년 5월에만도 이라크에서 90건의 자살 폭탄테러가 발생했으며 이는 팔레스타인이 1993년 이후 그 시점까지 이스라엘에 대해 저지른 것과 맞먹는다. 2005년 7월 15일 하루만 해도 이라크 바그다드에서 12건의 자살폭탄테러가 발생했다. 한 도시에서 하루에 12건의 자살폭탄이 터진 것은 전례가 없다. 자살폭탄으로 반미 지하드(jihad: 성전)에 목숨을 바치겠다는 지원자가 그만큼 많다는 것을 의미

17 백영철(2005), pp.73-74.

18 『동아일보』, 2005.7.19.

하기도 한다.

자살테러는 무기라는 관점에서 본다면 아주 효과적인'치명적 무기(lethal weapon)'이다. 작동이 복잡하지 않으면서도 목표물을 정밀히 타격할 수 있다. 언론에 대서특필되기 때문에 선전효과도 크다. 랜드연구소(RAND Corporation)의 테러리즘 전문가인 브루스 호프먼(Bruce Hoffman)은 "전력이 절대적으로 열세인 입장에서 대량살상무기(WMD: Weapons of Mass Destruction)를 제외하면 자살테러보다 더 효과적인 공격방법은 없다."고 말했다.

최근 들어 자살테러범이 주로 빈곤층과 저 교육층 출신이라는 통설을 부정하는 분석도 나오고 있다. 하버드(Harvard)대 앨버트 아바디(공공정책학)교수는 "이슬람 테러리즘은 오히려 정치적 의식의 향상과 깊은 관계가 있다"고 주장했다. 실제 최근 테러를 일으킨 범인 중 많은 수가 중산층 출신으로 대학수준의 교육을 받았다.[19]

자살폭탄테러는 사전에 경고가 없다. 폭탄이 터져 사람들이 죽고 다친 뒤에야 알 뿐이며 해결책도 마땅찮다. 국가 지도자들이나 대테러 관련부서 전문가들은 "일단 테러리스트들의 요구를 들어주면 뒤이은 테러가 또 일어나 다른 요구를 해온다"고 여긴다. 그럼에도 불구하고 자살폭탄테러가 끊이지 않는 것은 "자살폭탄테러가 성공했다"는 역사적 사례들에[20] 저항세력(테러분자)이 미련을 두기 때문이다.

그러나 모든 자살폭탄테러가 정치적 효과를 거두는 것은 물론 아니

19 백영철(2005), p.75.

20 1983년 레바논 미 해병대 막사를 겨냥한 자살폭탄테러로 미 해병이 241명이나 죽은 뒤 당시 레이건 미 대통령의 해병대 철수 결정이 한 보기다. 1985년 이스라엘군의 남부 레바논 부분 철수와 2000년의 완전철수, 1994년과 2001년 스리랑카 정부가 반군 타밀호랑이해방선전(LTTE)과 휴전·평화협상을 결정한 사실 등도 저항세력의 줄기찬 자살폭탄테러에 결정적 영향을 받은 것으로 분석된다. 백영철(2005), p.76.

다. 적으로부터 양보를 받아내는 과정에서 많은 희생이 뒤따라야 한다. 그런 희생을 치르고도 완고한 적으로부터 아무런 성과를 얻지 못하기 일쑤다. 그런 사실을 잘 알면서도 자살폭탄테러를 시도하는 까닭은 무엇일까? 미 국제정책 연구소(IPI)의 대테러연구팀장인 보아즈 가노가 자살테러에 관해 쓴 한 논문에 따르면 자살테러의 장점은 다음과 같다.

즉 ① 자살공격은 '약자의 무기'임에도 많은 사상자와 막대한 피해를 입힌다; ② 자살공격은 뉴스가치가 높아 언론에 크게 보도 한다; ③ 자살공격은 매우 초보적 공격임에도 공격 목표와 시간 장소를 마음대로 조절할 수 있다. 따라서 시한폭탄보다 더 정교하고 성공가능성이 높다; ④ 일반적인 테러공격은 도피전략을 마련하는데 신경을 써야 하지만, 자살공격은 도피계획을 따로 세울 필요가 없다; ⑤ 자살공격자가 잡히지 않고 죽으니 공범자들이 위험에 빠질 염려도 없다 등이 바로 그것이다.

자살폭탄테러는 대체로 혼자 또는 두 명이 조를 이루어 진행한다. 한 명은 결행하더라도 그를 받쳐주는 조직원이 적어도 열 명은 넘는다. 공격목표를 설정하고, 그에 관한 정보를 모으고, 자살테러분자를 모집해 군사훈련은 물론 정신적 훈련을 하고, 폭탄을 모으고, 자살테러 결행 자를 현지까지 안전하게 데려가려면 적어도 10여 명의 조직원이 도와주어야 한다.

비용만 따지면 자살폭탄 공격은 큰 부담이 없다. 미 테러연구자 브루스 호프만(미 RAND 연구소장)은 '자살테러의 논리'라는 글에서 150달러 미만으로 한 건의 자살폭탄테러를 치러낼 수 있다고 추정했다(물론 사람의 목숨 값을 따지면 이야기가 달라진다).[21]

---

21 김재명,『나는 평화를 기원하지 않는다』(서울: 지형, 2005), p.386.

150 달러 미만의 저비용으로도 미디어 효과를 비롯해 저항집단이 얻는 것은 많다. 1983년 폭탄차량을 몰고 베이루트의 미 해병대 막사로 돌진해 잠자던 미 해병대원 241명을 죽인 자살공격자는 단 한 명이었고, 1987년 스리랑카군의 막사로 폭탄을 실은 트럭을 몰아 40명의 정부군 병사를 죽인 것도 단 한 명의 LTTE(Liberation Tigers of Tamil Eelam, 타밀 엘람해방호랑이) 요원이었다.

2002년 10월 인도네시아 발리 섬의 한 디스코텍에서 202명을 죽인 것은 두 명의 자살폭탄 테러리스트였고, 이미 알려진 바처럼 9·11테러는 19명의 행동대원으로 나섰다. 투입대비 산출 효과가 크다는 것이 자살폭탄 테러의 큰 장점으로 꼽힌다.

2001년 9·11 동시다발테러사건은 비행기 납치범들이 연료가 가득한 비행기를 자살폭탄으로 이용한 극적인 사건으로 기록된다. 9·11사건의 배후 조종자이자 오사마 빈 라덴의 오른팔로서 알카에다 그룹의 2인자인 아이만 알 자와히리(Ayman al-Zawahiri, 이집트 의사출신)는 9·11 뒤 남긴 한 문건에서 "순교 작전(자살폭탄공격)은 무자헤딘(이슬람전사)의 사상자를 최소로 줄이면서도 적에게는 커다란 해를 끼치는 가장 성공적인 전술"이라고 규정했다. 이른바 비용 대비 효과, 또는 투입 대비 산출에서 자살폭탄테러가 다른 공격에 비해 가장 성공적이라는 의미를 함축하고 있다.[22]

22 백영철(2005), pp.76-77.

03

자생테러의 주요사례

1. 2004년 3·11스페인마드리드 테러의 경위, 특징 및 교훈

1) 3·11마드리드 테러의 경위

2004년 3월 11일 오전 6시 39분, 첫 폭발을 시작으로 일일 평균 65만 명이 이용하는 스페인 마드리드 남부 아토차(Atocha)역의 4개의 교외선 통근열차에서 10개의 폭탄(총 200Kg)이 연쇄적으로 폭발하여 202명이 사망하고 2,000여명이 부상당하는 테러가 발생하였다.[23] 테러 발생 28일 후인 4월 3일, 스페인 경찰은 테러범들의 은신처였던 마드리드 남쪽의 한 아파트에서 모로코인 또는 모로코계 스페인인 11명, 인도인 2명, 스페인인 2명, 시리아인 3명 등 테러 용의자들을 체포하였다. 그 후에도 스페인은 총 76명의 테러 협의자를 체포하여 25명을 테러범으로 구속하였다. 테러범들은 대부분 모로코계 스페인 이민 2세이거나 모로코인 이었다.[24]

23 열차폭탄 테러의 시간대별 상황을 살펴보면, 6시 39분 첫 번째 열차가 아토차 역에 멈춰 섰을 때 3개의 폭탄이 3,4,5,번 차량에서 폭발하였으며, 거의 동시에 역 500미터 밖에서 두 번째 열차의 1,4,6번 차량이 폭발하였고, 6시 41분 세 번째 열차가 엘포소(Elpozo)역을 통과할 때 5,6번 차량이 폭발하였으며 네번째 열차가 산타에우게니아(Santa Eugenia)역을 통과할 때 4번 차량이 폭발하였다. 임헌준, "한국 철도의 테러 정책 발전 방향: 해외철도 테러 사례와 대응을 중심으로," 국방대학교 안보과정 논문(2006), p.28.

24 홍순남, "3·11마드리드 테러와 7·7런던테러 비교분석," 경찰청, 『대테러 논총』, 제3집, 2005, p.146.

집권 국민당은 바스크분리주의단체(ETA)[25]에 의해 테러가 발생했다고 발표했으나 비디오테이프 분석 결과 테러범들이 ETA가 아니라 자생적 테러집단의 소행으로 밝혀지자, 미국의 대이라크 전을 찬성했던 국민당이 참패하고 이라크에서 철군을 주장했던 사회노동당이 승리하게 되었다. 1,300명 규모의 스페인군은 이라크에서 철수하였고 스페인 문화권의 몇 개 중남미 국가들도 이라크에서 철수하는 철군 도미노 현상이 발생하였다.[26]

2) 3·11마드리드 테러의 특징과 교훈

마드리드 테러의 특징을 살펴보면 첫째, 인터넷 등 첨단통신장비를 이용한 초국가적 연계조직에 의해 테러가 발생했다는 점이다. 스페인 수사당국은 사고현장에서 발견한 불발폭탄에 장착된 휴대폰과 마드리드 북동부 25km 지점에서 발견된 도난차량에서 7개의 뇌관과 아랍어로 된 코란의 녹음테이프를 발견함으로써 사건의 진상을 밝힐 수 있게 되었다. 또한 은신처에서 발견된 녹음테이프에는 알카에다의 유럽 조직인'알 무프티 여단'과'안사르 알카에다'라는 조직의 이름으로 녹음이 되어 있었다는 것과 알카에다가"폭탄테러가 자신들의 소행"이라고 밝힌 점을 추정해 볼 때 마드리드 테러는 알카에다와 느슨하게 연계된 자생적 조직에 의해 수행된 것으로 보인다.

둘째, 첨단 장비가 테러의 수단으로 사용된다는 점이다. 테러범들은 일회용 무선장비를 이용한 기폭장치를 사용하여 4개의 열차에서 고성능 폭탄 10개를 4–5분 간격으로 폭발시켰다.

---

25 ETA는 Euskadi Ta Askatasuna(Basque Fatherland and Liberty)의 약어임.

26 김열수(2007.6), p.3.

셋째, 테러에 가담하는 인원이 점차 증가한다는 점이다. 3·11마드리드 테러는 휴대폰을 기폭장치로 사용함으로써 자살폭탄 테러가 아니더라도 대형 테러를 일으킬 수 있다는 것을 보여 주었다. 문제는 동시다발적으로 대형 테러를 일으키기 위해서는 많은 인원이 필요하다는 것이다. 조직과 기획팀, 그리고 4개의 열차에서 거의 비슷한 시간에 테러를 일으키기 위한 행동 팀을 합한다면 테러범들의 수는 20명 안팎이 될 수 있다. 스페인은 3·11테러 범행용의자 76명 중 25명을 구속 기소하였다.[27]

스페인 3·11마드리드 테러가 주는 교훈은, 국제테러집단에 의한 테러가 아니라 자생적 테러범에 의해 대형 테러가 발생했다는 점이다. 물론 스페인 국적이 아닌 테러범들도 있었지만 모로코계 스페인인이 테러를 주도했다. 특히, 테러의 주범으로 지목된 자말 주감(Jamal Zougam)은 모로코에서 스페인으로 이민을 왔던 스페인 국적의 사람이다. 비록 자말 주감이 아프가니스탄의 알카에다 캠프에서 훈련을 받은 경험이 있고 또 유럽의 알카에다 조직원이었다고 하더라도, 문제는 그가 스페인 국적의 사람으로서 스페인 국민을 향해 테러를 가했다는 점일 것이다. 종교적 신념이 아무리 강하다고 하더라도 이들이 스페인 내에서 차별과 멸시를 받지 않았다면 적어도 자국민을 향해 테러를 일으키지는 않았을 것이다.[28]

2. 7·7런던테러의 경위, 특징 및 교훈

1) 2005년 7·7런던테러의 경위

2005년 7월 7일 오전 8시 49분부터 1시간 30분 동안 런던 금융 중심

27 임헌준(2006), p.29.

28 김열수(2007.6), p.3.

가의 지하철에서 연쇄 폭탄 폭발사건이 발생하여 56명이 사망하고 700여 명이 부상당하는 테러가 발생하였다.[29] 테러범 4명[30]은 4.5kg이 든 폭탄 배낭을 메고 킹스크로스 역으로 집결하여 목표물을 향해 분산한 것으로 알려졌으며 4명 모두 파키스탄 계 영국 시민권자이며 폭발현장에서 숨졌다. 런던 경찰은 실종자와 테러에 관련된 신고전화 12만 여 통 중에서 2층 버스 폭파범의 어머니가 아들의 실종신고를 하면서 단서를 찾았다. 가슴부위가 훼손된 시체에서 테러범의 신분을 확인했던 것이다. 이를 근거로 테러범의 은신처를 급습하였다. 또한 목격자들의 증언과 지하철 CCTV(closed-circuit television) 화면 5,000개를 분석하여 사건을 재구성함으로써 사건 발생 7일 후에 테러 사건의 전모가 밝혀졌다.

마드리드 테러로 스페인군이 이라크에서 철수하는 것을 목격한 알카에다는 모든 이라크 파병 국이 이라크에서 철수할 것을 경고하기도 했다. 테러범들의 목적이 영국군을 이라크에서 철수시키는 것이었다고 하더라도 영국은 영국군 8,000여 명을 이라크에서 철수시키지 않았다.[31]

7·7런던테러는 종전의 대규모 테러와 달리 영국에서 태어나고 영국에서 자란 이슬람 계 영국인들이 자행한 자생적 자폭테러였다. 7·7런던테러는 런던이 2012년 올림픽 개최지로 선정된 지 하루 만에 발생했으며 영국 스코틀랜드에서 2004년 7월 6일부터 G8(선진7개국과 러시아) 정상회의가 열리고 있는 시점에서 터진 것이어서 더 큰 충격을 주었다.[32]

---

29 3개 지하철역과 역 사이, 또는 역, 그리고 버스 등 4곳에서 폭탄테러가 발생했다. 홍순남(2006), p.154.

30 모하메드 시디칸(30세)은 빈민층 이민 자녀와 장애아를 돕는 초등학교 보조교사였으며, 세흐자드 탄위어(22세)는 체육학을 전공한 대학생으로서 벤츠를 즐겨 타는 성공한 이민 2세였다. 2층 버스에서 폭탄 테러를 자행한 사람은 하시브 후세인(19세)이었다. 김열수(2007.6), p.4.

31 김열수(2007.6), p.4.

32 백영철(2005), p.77., p.61.

2) 7·7런던테러의 특징과 교훈

런던 테러의 특징을 살펴보면 다음과 같이 요약해 볼 수 있다. 첫째, 대형 테러가 얼마나 쉽게 일어날 수 있는가를 보여준 점이다. 테러범 4명은 폭탄 배낭을 메고 러시아워 시간에 지하철과 버스에 탑승하여 자살폭탄 테러를 일으킨 것이다. 이 방법은 테러범들이 마음만 먹는다면 어느 국가에서나 가능하다.

둘째, 알카에다와 관련이 있다는 점이다. 테러범들이 자폭했기 때문에 그 배후를 밝히는 것이 쉽지 않지만 4명의 테러범 중 2명이 파키스탄의 알카에다 캠프에서 훈련받은 사실이 확인되었다.[33] 굳이'알카에다 유럽조직'이라는 테러집단의 명칭을 정하지 않더라도 알카에다에 충성하는 테러범들이 늘어나고 있는 것이다. 알카에다가 테러라는 상품의 브랜드처럼 활용되고 있다는 것이었다.

영국 테러가 주는 교훈은, 국제테러집단에 의한 테러가 아니라 영국에서 태어나서 자라고, 그리고 민주주의를 교육받은 자국민에 의해 대형테러가 발생했다는 점이다. 영국이나 스페인, 그리고 다른 유럽 국가들이 아프리카에 식민지를 가지고 있었던 관계로 이들 국가에서는 아프리카계 이민 세대들이 많이 살고 있다. 이들의 자손들이 바로 자국민을 대상으로 테러를 일으키고 있는 것이다. 이들은 해당국가에서 소수자(minority)로 살아갈 수밖에 없다. 갖은 차별과 멸시가 이들을 테러로 인도한 것으로 분석되고 있다.[34]

---

33 세흐자드 탄위어와 모하메드 시드칸은 2004년 11월붙너 2005년 까지 파키스탄의 알카에다 캠프에서 훈련받은 것이 확인되었다. "영여객기 폭파 음모 런던 지하철 테러와 연관 가능성", 『연합뉴스』, 2006.8.12.

34 김열수(2007.6), p.4.

04

한국의 자생테러의 위협과 대비전략

1. 한국의 자생테러의 위협과 가능성

1) 한국의 비본토박이 후손의 좌절: 외국인 노동자, 국제결혼 자와 그 후손의 현황과 좌절

경의적인 경제성장을 이룩한 국가, 올림픽을 통해 그 위상을 세계에 알린 국가, 인력난은 가중되지만 고학력의 영향으로 3D산업에 취업하기를 기피하는 사회적 분위기, 남성 초과적 성의 불균등과 이로 인한 농촌 총각들의 결혼 곤란 등 한국의 경제적·사회적 요인들이 변수가 되어 수많은 외국인 노동자들과 외국인 여성들이 한국에 들어오게 되었다. 외국인 노동자들은 전국의 공장·건설현장·식당·농장·어장 등 산업현장에서 한국인이 기피하고 있는 일자리를 채워주고 있다. 이들은 한국 노동시장의 일정 부문을 전담하게 되었고 그 결과 한국사회에 없어서는 안 될 존재로 자리 잡게 되었다.[35] 농촌으로 시집오기를 기피하는 한국 여성들 대신 이를 희망하는 외국인 여성들은 한국의 농촌은 물론 한국사회의 버팀목이 되어가고 있다. 이 뿐만이 아니다. 수많은 외국인 남성 근로자와

---

35 설동훈, "한국의 외국인노동자 인권실태와 대책," 『인권과 평화』, 제2권 제1호, 2001, p.53.

결혼하는 한국 여성들도 눈에 띄게 늘어나고 있는 추세이다.

국내 외국인 노동자들은 한국의 올림픽 개최를 전후하여 본격적으로 한국에 들어오기 시작했다. 1987년, 6,000여 명에 불과하던 외국인 노동자들이 2005년에는 합법 체류 자와 불법 체류 자를 포함하여 현재 30여 만 명이 넘는 외국인 노동자들이 한국에서 살고 있다.

결혼이민자수도 2023년 현재 17만 명을 넘어서고 있다. 국내 외국인 수의 증가와 한국인 남성과 외국인 여성과의 결혼 수의 증가가 한국사회에 던져주는 함의는 무엇일까? 산업현장에서는 인력이 부족하고, 청년층의 실업률이 높음에도 불구하고 한국의 고학력 인력이 3D 업종을 꺼려하기 때문에 산업현장의 요구를 충족시키기 위해 외국 노동자의 숫자는 계속 증가할 수밖에 없다. 물론 외국인 노동자는 한국정부의 정책에 따라 그 숫자는 유동적일 수 있으나 정부는 산업현장의 요구를 무시하지는 못할 것이다. 이것은 한국사회가 한국 인구의 1%를 차지하고 있는 외국인 노동자를 생산의 도구로만 볼 것이 아니라 사회적으로 이들을 포용해야 한다는 것을 의미한다.

결혼이 자신의 자아성취의 걸림돌로 생각하는 젊은이들이 늘어나고 있다. 또한 한국사회에서의 높은 교육비와 생활비, 사회적 보육망의 미비, 맞벌이 가족을 위한 사회적 지원 부족 등의 이유[36]로 결혼을 포기하는 젊은이들도 늘어나고 있다. 설령 결혼을 한다고 하더라도 자녀를 갖지 않거나 최소한의 자녀만을 가지려고 하는 분위기가 한국 사회를 지배하고 있다. 전 세계에서 가장 낮은 출산율[37]과 최단시간 내에 고령화 사회

36 『한겨레』, 2007.2.14.

37 한국의 출산율은 1970년 4.53명, 1980년 2.83명, 200년 1.47명, 2004년 1.16명, 2005년 1.08명으로 급락하여 사상 최저치를 갱신한 바 있다. 『이데일리』, 2007.2.23.

로의 진입 등이 이를 증명해 주고 있다. 이러한 연유로 한국의 인구는 점차 줄어들 수밖에 없고 노동력은 외국인 노동자들이 대체할 수밖에 없을 것이다. 교통·통신의 발달과 세계화의 이데올로기적 속성이 국가 간의 노동 경계선을 허물게 되어,[38] 한국의 외국인 노동자는 더욱 증가하게 될 것이다.

한국에서는 매년 부부 10쌍 중 1쌍 이상이 국제결혼을 하고 있다. 농촌 총각이 외국인 여성과 결혼하기도 하고, 한국 여성이 한국에 있는 외국인 근로자와 결혼하기도 한다. 한국정부가 이러한 변화를 인정하고 이들과 더불어 살 수 있는 방안을 적극적으로 마련해야 된다는 것을 의미한다. 그렇다면 정부와 한국사회는 지난 20년 동안 이런 변화에 능동적으로 대처해왔는가? 불행히도 정부와 한국사회는 외국인 노동자를 사회 구성원으로 받아들이는데 인색했으며, 급격히 증가하고 있는 국제결혼의 추세를 감안하여 이들과 이들의 2세를 포용하는 다민족·다인종 사회로의 전환에 인색했다는 지적이 제기되어온 것도 사실이다.

외국인 노동자, 국제결혼 자와 후손의 고통과 좌절은 어떠한가? 한국사회의 소수 집단으로 등장하고 있는 외국인 노동자와 국제결혼으로 인한 외국인 배우자들과 이들의 자녀에 대한 차별과 편견의 문제 등이 강도 높은 사회적 갈등의 요인으로 부상하고 있다.[39] 이들이 받는 고통과 좌절이 클 수밖에 없다.

이들의 인권실태에 대해 전문가들의 다음과 같은 지적도 많아지고 있다. "외국인 노동자의 대부분은 한국에서 그들의 꿈을 실현하고 있다. 그들이 하는 일이 고되고 힘들지만, 자기 나라보다는 몇 배 이상의 임금을

38 홍원표, "한국의 외국인 노동자 정책변화와 과제," 『민족연구』, 제28집, 2006, p.92.

39 강휘원(2006) p.6.

받는다는 사실에 만족하고 있다. 그러나 그렇지 못한 사람도 많다. 산업 장애를 당하여 장애인이 된 사람, 열심히 일하고도 임금을 받지 못한 사람, 송금사기를 당해 빈털터리가 된 사람, 폭행·성폭행 피해를 입은 사람의 수가 수천 명이 넘는다고 한다. 목돈을 모아 귀국한 사람들 중에서도 한국에서 인간적 모욕을 겪은 적이 없는 사람이 거의 없다고 한다. 즉 한국에서 공공연히 자행되고 있는 외국인 노동자 인권 탄압으로 인해 한국사회의 이미지가 부정적인 것으로 변해가고 있다."[40]

"한국에서 외국인 노동자가 겪는 고충의 유형은 다양하지만 그 중에서 대표적인 것으로는 장시간 노동(61.1%), 저임금(46.7%), 폭행 및 괴롭힘(22.8%), 임금체불(20.6%), 열악한 작업조건(20.1%), 한국인과의 차별(18.9%), 폭언 및 모욕(17.9%), 산업재해 및 직업병(15.3%), 한국인 노동자와의 갈등(14.9%) 등이다."[41]

이들이 겪는 고충 중에서도 이들을 좌절케 하여 분노로 연결될 수 있는 것은 폭행 및 괴롭힘, 폭언 및 모욕 등이 될 것이다. 국제결혼이 가져온 폐해도 많지만 국제결혼으로 태어난 2세들에 대한 문제도 심각하다. 혼혈아들에 대한 편견과 이들에 대한 놀림도 심각한 수준이다. 한국 남성과 결혼한 이주 여성들이 한국어가 능숙하지 못하다 보니 2세들의 한국어 구사력이 어눌할 수밖에 없어 2세들의 학업 성취 수준이 떨어질 수밖에 없다. 또한 한국 토박이들과 다른 피부색깔로 인해 친구들로부터 놀림을 받기도 한다. 같은 혼혈아라도 유복한 집안에서 백인 아버지와 함께 살면서 영어를 능숙하게 구사하는 2세와 동남아 출신 어머니를 둔 2세에 대한 한국 본토박이들의 차별도 심하다. 혼혈인에게도 '등급'이 있

40 설동훈(2001), p.53.

41 설동훈,『외국인 노동자와 한국사회』(서울: 서울대학교출판부, 2002), pp.269-271.

는 것이다. 친구들의 수군거림, 학업 부진, 자신에 대한 왕따 현상 등으로 혼혈아들은 한국사회에서 더욱 소외되어 가고 있다.[42]

2. 새터민과 후손의 현황과 좌절

북한 이탈주민의 국내입국 현황은 지속적인 증가세를 보이고 있다. 탈북의 동기가 무엇이든 간에 탈북자가 꾸준히 증가하고 있다. 북한의 경제난, 식량난, 그리고 에너지난이 지속되는 한 생활고로 인한 북한의 탈북자는 계속될 것이다. 또한 김정은 체제가 지속되는 한 탈북자는 계속될 것이다. 따라서 북한이탈주민들이 한국사회에 제대로 뿌리를 내릴 수도 있도록 하기 위한 다각적인 정책이 필요하다고 할 수 있다.

통일부를 비롯한 관계 당국은 새터민[43] 지원대책을 마련하고 많은 노력을 해온 것이 사실이다. 하나원을 개원하여 새터민이 한국 사회에 적응할 수 있도록 교육도 실시하고, 정착금도 지급하며, 고용을 지원하기 위한 노력도 해왔다. 그럼에도 불구하고 새터민의 한국 사회 정착은 쉽지 않다. 새터민의 고통과 좌절은 어떠한가?

새터민이 한국사회에 적응하는데 겪는 어려움은 ① 기초지식과 정보의 부재로 인한 곤란, ② 언어 이질화 문제, ③ 생활 및 사고방식의 차이, ④ 문화적 차이로 인한 부적응, ⑤ 남한 주민들 대비 경제적 빈곤감, ⑥ 남한주민들의 무관심과 경멸, ⑦ 전문지식 부족으로 인한 열등감 등이다.[44]

---

42 김열수(2007.6), pp.7-8.

43 2005년 1월 9일부로 통일부는 탈북자를 새터민이라는 용어로 바꾸었다. 새터민은 탈북자 중 한국으로 탈북한 인원을 지칭한다. 본 논문에서는 필요에 따라 이를 혼용했다.

44 김영수, "탈북자 현황과 이들에 대한 올바른 인식"(바른 사회를 위한 시민사회 심포지움 발표논문), 2002.

새터민들이 위에서 제시한 여러 가지 이유로 인해 한국의 자본주의 사회에 적응하는 데에 어려움을 겪을 수는 있다. 한국사회가 같은 민족인 새터민들을 포용하지 못하고 이들을 감싸주지 못한다면 이들은 한국사회로부터 소외될 수밖에 없다. 갖은 고생 끝에 북한을 탈출하여 한국에서 그 꿈을 이루려고 입국했지만 그 꿈을 이룰 수 없다면 이들은 좌절할 수밖에 없다. 꿈은 고통이 동반되지 않을 수 없다. 그러나 외국인 근로자들이 느끼는 고통과 같은 민족인 새터민들이 느끼는 고통은 감정적으로 다르다고 할 수 있다. 친구로부터 차별받는 것과 형제로부터 차별받는 것이 같을 수 없는 것이다.

외국인 근로자, 국제결혼자 및 그 2세, 그리고 새터민들이 한국사회에서 계속 차별을 받아 좌절하게 된다면 이들이 선택할 수 있는 길은 별로 없다. 또 한국사회를 불안정하게 하려는 세력들은 이들의 불만을 자신들의 목적에 맞게 이용할 수도 있다. 테러도 한국사회의 불안정화를 위한 하나의 수단이 될 수 있을 것이다. 이들이 대형 테러를 일으킬 수 있는 가능성과 그렇지 않은 가능성을 스페인·영국 테러범과의 차별과 유사성으로 구분하여 이를 서술해보고자 한다.

05

한국의 자생테러의 가능성

1. 한국의 발생 가능한 테러 유형

테러의 안전지대는 지구상에 존재하지 않으며, 그 어떤 국가나 공동체 그리고 개인도 완벽하게 테러로부터 안전할 수 없는 것이다. 특히 한국도 미국의 우방국으로서 미국 관련시설이 다수인 점 등으로 인해 테러 가능성이 점차 고조되고 있으며, 한국도 이제 국제테러 단체의 위협에서 더 이상 안전하지 않다는 것을 실감하게 되었다. 급변하는 한반도의 환경 속에서 한국에서 발생 가능한 테러리즘의 유형은 다음과 같이 세 가지로 생각해 볼 수 있다.

첫째로, 북한 테러리즘이다. 지난 반세기 동안 북한은 끊임없이 남한을 상대로 테러리즘을 자행해왔다. 테러의 실행방법으로는 생화학 테러리즘, 핵관련 테러리즘, 사이버 테러리즘을 활용할 가능성이 높다.

둘째로, 국제 테러리스트 단체에 의한 테러리즘이다. 국제적으로 해외 거주인, 근로자와 해외 유학생 및 여행자 등의 증가와 한국군의 해외 평화유지 활동과 이라크에 전투부대 파병 등으로 국외에서 활동하는 재외공관 시설과 인원 및 회사를 대상으로 국제테러 단체로부터 테러의 위협이 급증하고 있다.

한국의 반 테러리즘 국제연대의 참여로 인해 알카에다 소속의 테러리스트에 의한, 또는 전 세계 50여개 국가에 암약하고 있는 것으로 알려져 있는 알카에다와 긴밀한 공조관계를 유지하고 있는 국제테러단체에 의한 테러리즘의 발생 가능성이 전망되고 있다.

셋째로, 국내 자생적 테러리즘이다. 국가발전에 따른 국민의 기대와 이를 충족시켜 줄 수 있는 충족감 사이의 격차가 확대되면서 상대적 박탈감을 갖는 사람들이 단독 또는 조직을 형성하여 계획적인 테러범죄를 저지를 가능성이 존재한다.[45]

그동안 테러에 관한한 다소 안심지역이었던 한국은 이라크 파병을 계기로 테러대상국가가 되었다. 실제로 2004년 알카에다의 2인자인 아이만 알 자와히리는 “우리는 미국·영국·프랑스·한국 등의 군대가 이집트와 아라비아 반도, 예멘이나 알제리를 침공하기 전에 지금 반격을 해야 한다”라고 이라크 파병국가들을 경고하는 메시지에서 공공연히 한국을 지목하기도 했다. 이것은 한국도 테러대상국으로서 더 이상 안전지역이 될 수 없음을 의미한다고 할 수 있다.[46]

알카에다가 한국을 테러 표적으로 삼는다는 징후가 보이기 시작한 것은 비단 최근의 일이 아니다. 9·11테러를 기획할 때 한국과 일본 주둔 민군시설에 여객기를 추락시키는 공작을 추진하려다 중지한 것으로 보도되고 있다.

그런가 하면 앞서 1995년도에도 비슷한 위협이 있었던 것으로 알려지고 있다. 알카에다가 서울에서 이륙한 미국 국적의 항공기 3대를 비롯해 11대의 항공기를 태평양 상공에서 폭파시키려는 일명 ‘보진카 계획’을 실

---

45 박동균, “한국에서 발생 가능한 테러유형과 사이버테러 대비전략,” 『통일신문』, 2009년 9월 23일자.
46 백영철(2005), p.55.

행하려다 실패한 사실도 「9·11테러진상보고서」를 통해 확인·공개된 바 있다.[47]

우리 정부는 지난 2004년 4월 23일 자이툰부대 1진을 이라크 아르빌 지역으로 파병했다. 2008년 12월 30일 완전 철수할 때까지 연인원 1만 7708명이 국가의 부름을 받았다. 자이툰부대는 진료 8만8800명, 물자 제공 52만6000점, 중장비·컴퓨터 등 기술 교육 2400명, 건물과 도로 보수 등 물심양면으로 쿠르드족을 도왔다.[48]

2. 한국에서의 대형자생테러가능성을 낮게 보는 이유

외국인 노동자, 국제결혼 자, 새터민 등 이른바 한국의 비본토박이들과 국제결혼 후손 자들은 스페인 테러범이나 영국 테러범과는 다르다. 이를 몇 가지로 구분해보면 다음과 같다.[49]

첫째, 종교 면에서 차이가 있다. 스페인 및 영국은 기독교인데 반해 테러범들은 대부분 이슬람교를 믿었다. 기독교와 이슬람교 간의 충돌의 역사는 같다. 특히 1798년 나폴레옹의 이집트 원정 이후 150년간이나 지속되었던 서구의 이슬람 식민지배로 인해, 이슬람 세계는 일찍이 한 번도 겪어보지 못했던 치욕적이고 충격적인 패배를 맛보았다. 결국 이란의 호메이니는 유럽 기독교권에 맞서 최소한 동등했거나 때로 승리했던 과거의 영광으로 되살릴 수 있는 길을 이슬람 근본주의에서 찾으려 했다. 현대에 등장한 이슬람 근본주의는 식민지시기를 거치면서 당면하게 된 근

47 백영철(2005), p.80.
48 염성덕, "국익 위해 UAE 파병하라," 『국민일보』(쿠키뉴스), 2010.11.11 17:39,
49 김열수(2007.6), p.9.

대화 과정 속에서 겪은 좌절에 대한 반작용이며, 이는 테러분자들의 정신적 신념으로 재무장되고 있다.[50]

유럽과 이슬람 국가 간에는 기독교와 이슬람교라는 종교적 대칭선이 존재한다. 9·11테러도 그러했지만 영국·스페인 테러범들은 모두 이슬람교 신도들이었다. 그러나 한국은 종교의 자유가 허용되어 있어 특정한 종교가 국교의 역할을 하지 않을 뿐만 아니라 종교적 차이로 인해 서로를 차별하지도 않는다. 한국의 근로자들은 출신 국별 종교에 따라 자신의 종교를 가지고 있다. 특히, 탈북자의 경우에는 종교가 거의 없는 편이나 새터민으로 정착하는 과정에서 자신의 종교를 갖기도 한다. 따라서 종교적인 이유로 이들이 한국에서 대형테러를 일으킬 이유는 없다.

둘째, 침략의 역사 면에서 차이가 있다. 스페인이나 영국은 과거에 식민지를 경영한 경험이 있다. 그 과정에서 식민지 사람들이 식민국으로 이민을 오게 되었고 이들의 2세 중 일부가 테러범으로 밝혀졌다. 그러나 한국은 과거에 식민지를 경영한 경험이 없다. 식민국과 식민지라는 지배-피지배의 관계가 서로 간에 성립되지 않기 때문에 다른 국가에 대해 역사적 부채가 없다는 뜻이다. 따라서 외국인 근로자들이 한국에 대해 역사적 증오를 가질 필요가 없다. 특히, 새터민의 경우에는 비록 6·25의 경험이 있긴 하지만, 북한을 탈출한 입장에서 한국에서 대형테러를 일으킬 이유가 없다.

셋째, 알카에다 브랜드와의 연계성 면에서 차이가 있다. 스페인 및 영국의 테러범 및 테러 기도범 들은 알카에다와 연계가 있었다. 이들 테러범들이 알카에다의 유럽 조직이든 또는 세포 화된 자생적 조직이든 이들

50 하정호, "굿바이 헌팅턴, 굿바이 아우슈비츠," 당대비평·평화네트워크 공동기획, 『전쟁과 평화』(서울: 삼인, 2001), p.89.

은 직·간접적으로 알카에다와 연계가 있었다. 그러나 한국의 외국인 노동자들이 알카에다와 연계되어 있다는 증거는 없다. 특히, 새터민들의 경우에는 더더욱 알카에다와 연계될 이유가 없다. 근본주의자의 대표 격인 알카에다와 연계가 없다는 입장에서 이들이 한국에서 대형테러를 일으킬 이유가 없다.

넷째, 테러의 발생여부이다. 영국 및 스페인에서는 이민 2세들에 의해 테러가 발생했거나 또는 발생할 뻔했다. 유럽의 이민자들이 잠재적 테러분자로 오해되는 이유가 바로 여기에 있다. 그러나 한국에서는 비본토박이들에 의해 대형테러가 발생한 사례가 없다. 외국의 근로자들이나 또는 새터민들에 의한 테러는 발생하지 않았다.

다섯째, 이민 2세의 존재여부이다. 영국 및 스페인에서는 테러를 일으킬 적령기에 속하는 이민 2세, 3세들이 존재한다. 그러나 한국에서는 이민을 잘 받아들이지도 않지만, 한국인과 결혼한 외국인 근로자와의 2세들도 아직 어리다. 또한 새터민들은 이민을 온 것이 아닐 뿐만 아니라 그들의 자녀들도 이민 2세는 아니다. 따라서 한국의 상황은 영국이나 스페인 상황과 다르다.[51]

3. 한국의 대형자생테러 가능성을 높게 보는 이유

앞에서 한국 비본토박이·후손들의 스페인·영국 테러분자와의 차이점이 있음을 살펴보았는데, 다른 한편으로 스페인·영국 테러범과 한국의 비본토박이 및 국제결혼 후손 자들이 가지고 있는 유사성도 있다. 이를 몇 가지로 구분해보면 다음과 같다.

51 김열수(2007.6), p.9.

첫째, 아프가니스탄 및 이라크 전에 참여하고 있다는 유사성이 있다. 스페인 및 영국은 이슬람 국가인 이라크 및 아프가니스탄에 병력을 파병하였다. 기독교 국가가 이슬람 국가에 들어간 것이다. 한국은 기독교 국가는 아니지만 세계 평화와 안전을 유지하기 위해 국제 거버넌스의 입장에서 이들 국가에 병력을 파병하였다. 비록 한국군이 기독교 국가는 아니지만 이슬람 국가에 외국군이 들어왔다는 것을 근본주의자들은 용납하지 않을 수도 있다. 게다가 한국에는 주한미군이 존재하고 있다. 한국이 이라크에 병력을 파병하고 있을 때, 알카에다의 2인자로 알려진 아이만알 자와히리는 알 자지라 방송을 통해 한국을 포함한 전 세계 미국 동맹들의 시설을 공격하기 위해 지도부를 구성해 조직적인 저항에 나서라(2004.10.1)고 촉구하기도 했다.[52] 또한 국가정보원은 알카에다 조직원이 지난 10년 사이 두 차례에 걸쳐 한국에 들어온 일이 있다[53]고 밝히기도 했다. 스페인·영국처럼 한국도 이라크와 아프가니스탄에 한국군을 파병했고, 또 주한미군이 존재하기 때문에 한국에서 대형테러가 일어날 수도 있다.

둘째, 이민세대, 또는 외국인 근로자들이 많이 거주하고 있다는 유사성이 있다. 유럽의 각 국가들은 주로 중동이나 아프리카 국가들로부터의 이민이나 외국인 근로자들이 많은 반면, 한국에는 주로 아시아계 외국인 근로자들이 많다. 영국·스페인 테러범들 대부분이 이슬람 계 이민2세였다. 2007년 2월, 한국을 방문한 프랑스 대테러 사령탑인 브뤼기에르 수석판사는 오늘날 테러의 특징을 테러의 세계화로 요약하면서, 테러조직이 한국을 경유할 가능성과 한국에 들어와 있는 중동 사람들 속에 테러

52 『연합뉴스』, 2004.10.12.

53 "알카에다 조직원들 10년간 2차례 한국 입국," 『한겨레』, 2003.11.20.

분자들이 포함되어 있을 가능성이 있음을 경고하였다.[54] 외국의 반한단체가 한국에 대한 테러를 하겠다는 협박편지가 현지 대사관에 날아들기도 한다. 한국에서 외국인 근로자로 있다가 귀국하여 반한단체를 조직한 경우인데, 태국의 AKIA(Anti Korea Interest Agency)가 그 대표적이다.[55] 또한 한국은 유럽 국가들과는 달리 남북한이라는 특수한 질서가 작동하고 있다. 외국인 노동자가 알카에다와 연계될 경우, 그리고 새터민이 북한의 지령을 받을 경우, 한국도 대형테러의 안전지대는 아니다.

셋째, 영국·스페인의 이민 2세들처럼, 한국의 외국인 근로자, 혼혈아, 그리고 새터민이 한국사회로부터 차별을 받아 고통과 좌절을 겪고 있다는 점에서 유사하다. 유럽 테러는 본토박이가 아닌 비본토박이로서 겪는 고통과 좌절이 특수한 환경과 접목되면서 발생되었다고 본다. 한국의 본토박이들이 2등 국민, 피부색, 언어, 종교, 가난 등을 이유로 비본토박이 및 국제결혼 후손자들에게 폭언, (성)폭행, 임금 체불, 무시, 왕따 등의 차별을 지속한다면 이들의 좌절감이 한국을 분노의 대상으로 삼아 대형테러를 일으킬 수도 있다.[56]

54 『중앙일보』, 2007.2.27.

55 AKIA는 태국 주재 한국 대사관을 포함한 한국의 주요 기관과 국적 항공기 등을 겨냥해 테러공격을 하겠다는 협박편지를 보냈고(2004.1.8), 구체적인 테러 공격 일자가 명시된 편지도 보냈다(2004.1.16). 또한 태국의 돈무앙 공항 내 대한항공 사무소에 테러 협박편지가 접수(2004.4.23)되기도 했다. 이에 관해서는 최진태, "한국 관련 테러공격 협박 사건 분석,"www.terrorism.or.kr(검색일: 2004.11.27) 참조.

56 김열수(2007.6), p.10.

06

한국의 자생테러 대비전략

2005년 7.7일 영국 7·7런던테러는 영국에서 나고 자란 파키스탄 계 영국인들의 범행이었다. '자생(自生)테러'는 자기 국민이나 거주자가 벌이는 테러여서 공항이나 항만을 봉쇄해도 소용이 없다. 블랙리스트(blacklist)에도 오르지 않는다.

특히 이들의 테러수단은 자살폭탄테러이다. 제 아무리 첨단장비로 무장한 그리고 잘 훈련받은 요원을 대량 확보하고 있다고 해도'자폭'하는 테러리스트를 어떻게 이길 것인가? 해법은 그 원인을 제거하는 길 뿐이며 예방에 주력해야 한다는 점이다. 즉 자생테러 대응방안은 예방차원에서 문제를 접근하고 또한 자생테러의 원인이 사회 내에서 존재하는 차별이라는 점에서 근원적인 문제점을 찾아 해결해 나가는 것이 중요하다고 할 수 있다.[57]

1. 자생테러의 예방전략

자생테러의 예방 전략은 다음과 같이 요약해 볼 수 있다. 첫째, 현실에 맞는 테러방지법의 개정으로 대테러 활동에 걸림돌이 되는 많은 요소

57 백영철(2005), pp.83-84.

들에 대해 법적 근거를 마련하는 일이 시급하다고 할 수 있다. 테러단체들의 활동을 막기 위해서는 여행규제, 입국통제, 강제출국, 동향관찰, 감청 등의 방법이 필요한데 국내법상으로는 어려운 점이 많기 때문이다.

둘째, 디지털 지하드시대에 맞는 대테러전략을 세워야 한다. 비디오 선전물과 인터넷 등을 통해서 집에서 테러전사들을 양성하는 자생테러의 속성상 이들과 관련된 사이버 사이트 및 인터넷경로를 파악하고 차단해야 할 것이다.[58] 사이버 테러의 위험성에도 불구하고, 우리나라 웹 사이트의 상당수는 보안조치에 허술한 것으로 알려져 있다. 심지어는 수백만 명 이상의 회원이 가입한 유명 포털 사이트도 보안조치에는 미흡한 편이다.[59]

셋째, 테러에 대한 정보의 국제공유를 위해 노력해야 한다. 영국의 7·7런던테러에 대한 후속조치의 일환으로 전 세계 테러극단주의자들에 대한 데이터베이스(data base)를 구축, 입국 전 자동적으로 정밀조사를 벌일 수 있도록 할 계획이라는 점에서 이들 반테러를 추진하는 국가들과 정보를 교환할 수 있는 시스템을 구축해 나가야 할 것이다.

넷째, 출입국관리를 엄격하게 해나가야 할 것이다. 자생테러가 아무리 국내의 테러범 집안에서 양성된다고 하더라도 조직에서 한두 명 정도는 국제테러단체 '본류'와 접촉하게 되어 있기 때문에 비자발급에서 입국관리를 철저히 해야 할 것이다.

다섯째, 테러의 목표물이 과거 여객기나 정부건물 등'경성목표물(hard target)'을 노리는 데서 지하철·기차와 같은'연성목표물(soft target)'로 옮겨가고 있기 때문에 이에 대한 대책이 수립되어야 할 것이다. 이들이 가장

58 백영철(2005), p.84.

59 박동균(2009.9.23).

관심을 보이는 공격수단도 자살폭탄테러 아니면 사린가스나 탄저균처럼 소량으로 대량의 인명을 살상할 수 있는 생화학·방사능 무기일 것이다. 지하철이나 기차, 선박, 백화점 등 대중이 이용하는 연성목표물에 대한 새로운 대테러전략이 세워져야 할 것이다.

여섯째, 테러관련 정보활동 및 테러관련자 감시활동을 철저히 해나가야 할 것이다. 외국인 관련 노동자 단체 활동과 종교 활동 등에 대한 정보력을 높이고, 테러와 관련한 가능한 집단이나 개인들에 대한 정보력을 높여 나가야 할 것이다.

일곱째, 특별히 아랍권이나 회교권에서 유학을 오는 이공계 학생들에 대한 주의 깊은 관찰과 관심이 필요하다 할 수 있다. 화학무기나 폭탄제조는 주로 이들에 의해 이루어질 가능성이 많기 때문이다.[60]

1) 자생테러의 근원적 해결방안

영국에서 자생테러리스트가 많이 배출되는 한 이유로 영국이 이슬람 이민자들을 사회에 통합하는데 실패했다는 점이다. 따라서 사회통합에 걸림돌이 되는 사회 곳곳의 차별요소들을 찾아내어 없애고 보완해 나가는 것이 무엇보다 중요하다고 할 수 있다. 이러한 사회적 차별문제는 증가하는 외국인 노동자로 인한 외국인근로자정책뿐만 아니라 우리 사회의 내재하는 소외된 계층에 대한 불평등도 해소할 수 있는 사회복지정책 차원에서도 동시에 고려되어야 할 것이다.

먼저 외국인 근로자 정책을 위해서는 외국인근로자가 국내 노동력부족을 보충하는 노동력이라는 상품이 아니라, 인격과 인간으로서의 권리

60 백영철(2005), pp.84-85.

를 가지고 있는 근로자라고 하는 인식과 사회적으로도 더 이상 외국인근로자에 대한 배타성과 더럽고 필요에 의해 우리나라에 들어온 노동자라는 부정적 이미지를 해소하고 우리 사회의 하층계급이 아니라 우리와 함께 살아가야 할 동반자라는 법의식과 인식이 선행되어야 할 것이다.

다음으로 지난 2005년 10월 24일 지하철 4호선 당고개 행 열차에서 발생한 무직자에 의해 시도된 지하철방화[61]는 승객의 기지로 위급한 상황을 모면했으나 자칫 대형사고로 이어질 가능성이 있었다는 점에서 우리 사회 내 존재하는 소외계층에 대한 복지정책과 지원할 수 있는 사회안전망이 강화되어야 할 것이다.[62]

이민 2–3세대들인 스페인 및 영국의 테러범들은 해당국가에서 온갖 차별과 멸시를 받았던 자들이다. 이들의 좌절이 테러로 분출되었다는 분석이 지배적이다. 한국의 외국인 근로자, 혼혈아, 그리고 새터민들에 대한 한국인들의 차별과 멸시도 스페인이나 영국과 크게 다를 바 없다. 정부와 사회는 이들을 한국의 구성원으로 받아들이는 열린 정책과 자세를 가져야 한다. 한국사회가 이런 노력을 게을리 한다면 테러와 관련된 한국의 미래상황은 유럽의 현재 상황과 다를 바 없음을 잊어서는 안 될 것이다.[63]

---

61 연합뉴스, "지하철 방화 시도 '아찔,'" 『세계일보』, 2005.10.25.

62 백영철(2005), p.85.

63 김열수(2007.6), p.1.

08 연습문제

01 자생테러란 무엇인가요?

A) 정부가 주도하는 테러 공격

B) 국내에서 발생하는 테러 공격

C) 테러리스트의 자금 조달 방법

D) 자연재해로 인한 피해

정답 B) 국내에서 발생하는 테러 공격

풀이 자생테러는 국내에서 발생하는 테러 공격을 의미합니다.

02 자생테러 위협의 예로 옳지 않은 것은?

A) 사이버 공격　　B) 자살 폭탄 테러

C) 국경 침범　　D) 생물학적 공격

정답 C) 국경 침범

풀이 자생테러 위협의 예로는 사이버 공격, 자살 폭탄 테러, 생물학적 공격 등이 있습니다. 국경 침범은 관련이 없습니다.

03 자생테러 대응을 위한 주요 전략은 무엇인가요?

A) 경제 제재　　B) 군사 작전

C) 예방과 대비　　D) 군비 확대

정답 C) 예방과 대비

풀이 자생테러 대응의 핵심은 예방과 대비입니다.

04 자생테러 피해를 최소화하기 위한 방법 중 하나는?

A) 정보 차단
B) 대화와 협상
C) 군사적 타격
D) 외부의 도움 요청

정답 B) 대화와 협상
풀이 자생테러 피해 최소화를 위해 대화와 협상을 시도할 수 있습니다.

05 자생테러 위협을 식별하는 데 사용되는 기술은 무엇인가요?

A) 무인 항공기
B) 생체 인식 기술
C) 인공 지능
D) 유전자 조작

정답 C) 인공 지능
풀이 인공 지능은 자생테러 위협을 감지하고 식별하는 데 사용될 수 있는 기술입니다.

06 자생테러 방지를 위한 법적 조치 중 하나는?

A) 언론 자유 제한
B) 인권 침해
C) 엄격한 입국 규제
D) 국내 경제 개방

정답 C) 엄격한 입국 규제
풀이 자생테러 방지를 위해 엄격한 입국 규제를 시행하는 것이 필요할 수 있습니다.

07 자생테러 위협에 대한 국제 협력을 강화하기 위한 기구는?

A) IMF (국제통화기금)
B) UN (유엔)
C) WHO (세계보건기구)
D) FIFA (국제축구연맹)

정답 B) UN (유엔)
풀이 유엔은 국제적인 자생테러 대응을 위한 기구 중 하나입니다.

08 자생테러 피해자를 지원하기 위해 제공되는 서비스는 무엇인가요?

A) 군사적 지원 B) 법적 대응

C) 심리상담 및 의료 지원 D) 세금 감면

정답 C) 심리상담 및 의료 지원

풀이 자생테러 피해자에게는 심리상담과 의료 지원 등이 제공될 수 있습니다.

09 자생테러 위협을 예방하기 위한 교육 및 훈련은 어떤 목적으로 이루어집니다?

A) 공포 조성

B) 자생테러 테크닉 교육

C) 인식 개선과 대응 능력 향상

D) 사회 불안 증가

정답 C) 인식 개선과 대응 능력 향상

풀이 교육 및 훈련은 자생테러 위협에 대한 인식을 높이고 대응 능력을 향상시키기 위해 이루어집니다.

10 자생테러 대응에서 중요한 역할을 하는 정보 수집과 분석을 위한 기관은?

A) 경찰 B) 언론

C) 대사관 D) 정보기관

정답 D) 정보기관

풀이 정보 수집과 분석을 위한 주요 기관은 정보기관입니다.

Chapter 9

핵물질 불법거래와 국가안보

- ★ 방사성 물질의 보안체계 악화
- ★ 국제적 핵물질 불법거래 실태와 문제점
- ★ 국제적 핵물질 불법거래에 대한 국내 대응방안
- ★ 연습문제

01

방사성 물질의 보안체계 악화

현대 사회에서 핵무기에 대한 관리는 1990년 이전 핵무기를 제외하고 방사성물질을 이용한 위협이 중요시되지 않았다. 그러나 1990년 이후 국제 정세의 변화로 핵물질을 포함한 방사성물질의 보안체계가 약화되어 방사성물질의 밀수 및 불법거래가 증가됨에 따라 이를 이용한 악의적 행위가 실질적 위협으로 인식되기 시작하였다.

2009년 4월 프라하에서 오바마(Barack H. Obama) 미국 대통령은 핵무기 없는 세상을 위한 비전을 발표하고 핵무기 확대 금지, 핵무기고(Arsenals)의 감축, 핵물질 안보 등을 강조하였다. 또한 2010년 4월 12일에 제1차 워싱턴 핵 안보정상회의(Nuclear Security Summit, Washington 2010)를 개최하여 핵 테러리즘의 영향이 한 국가에만 국한되는 문제가 아니라 국제적인 문제이기 때문에 대다수 국가는 이를 억제하고 방지하기 위한 관심이 필요한 점이 강조되었다.

현재, 전 세계에는 약 1,600톤의 고농축 우라늄(Highly Enriched Uranium)과 500톤의 플루토늄(Plutonium)이 존재하지만 이러한 핵물질 관리에 있어서는 상당한 취약한 구조를 가지고 있다. 또한 핵물질이 일부 테러리스트들의 불법거래에 악용될 가능성에 대한 경각심을 가질 필요성이 있으며, 제2차 서울 핵 안보정상회의에서는 핵물질 불법거래 억제를 위한 실질적인 논의의 장을 마련하여 핵 안보의 국제적 인식을 형성하자는 슬로건을 제시하기도 하였다(서울 핵 안보정상회의, 2011. 12. 8).

핵 안보에 대한 국제적 관심과 노력은 핵물질과 방사성 물질의 관리, 핵시설의 방호, 불법거래 방지, 핵안전과의 연계 등 핵 안보 이슈 전반과 핵 안보 규범·정책·제도·문화·기술적 사항이 핵 안보 정상회의에서 포괄적으로 논의되었다.

기존의 핵 테러 및 핵 안보에 관한 주요사항과 테마는 테러리스트들에 대한 다중이용시설 파괴나 주요 인사들에 대한 테러로 국한되어 있었고 이에 관한 선행연구가 많이 이뤄지고 있지만, 핵 테러 또는 핵 안보를 위협하는 원천요소인 핵물질의 불법거래에 관한 논의는 거의 전무한 실정이다.

이 장에서는 2012년 서울에서 개최되었던 핵 안보정상회의에서 논의된 주제 중 핵물질불법거래방지를 위한 방안을 제시하고자 국제원자력기구(IAEA: International Atomic Energy Agency)에서 조사한 무기화로 가능한 핵물질 및 방사능 물질의 불법거래 실태와 그 문제점을 살펴보고자 한다.

1. 핵물질 불법거래에 관한 법적논의

1) 핵물질 불법거래의 잠재적 위험성

핵무기가 폭발할 경우에는 핵물질이 가진 전체 에너지의 99%를 수백만분의 1초 동안에 방출하고, 트리니트로톨루엔(TNT: Trinitrotoluene)과 같은 재래식 폭발물은 1,000분의 1초 동안 반응하여 에너지를 방출하게 된다. 핵무기 1MT의 위력은 TNT 100만t에 해당된다. 이 정도 위력을 갖는 핵탄두 크기는 직경 50cm,높이 1m 이하다. 반면 TNT로 그만한 위력을 내려면 화물차 5만대가 필요하고, 그 길이는 500km 이상에 달한다.

〈표 1〉 핵폭발 시 피해범위(20kt)

구분	열효과 (화재)	열효과 (화상)	초기방사선 (감마선)	낙진	폭풍효과 (건물피해)
1·2km	화재	치사	치사 (5~1개월)	심각한 오염	완파
2km	산발적 화재	3도 화상	50% 치사		
3km	화재 가능	2도 화상			반파(상당한 피해)
4km		1도 화상	경미	상당한 오염 (~40km)	
5km		망막 화상			경미 피해

자료: 국방부, 2010: 69.

핵무기가 폭발하면 폭풍파(55%), 열복사선(30%), 초기방사선(15%)이 대량 방출되고 잔류방사선(낙진)에의한 방사능오염과 전자기파동(EMP: Electromagnetic Propulsion)효과를 수반한다.

〈표 1〉에서처럼, 20KT의 핵폭발이 있을 경우 피해범위는 폭발지점의 1~5km 반경거리에 따라 그 형태가 다르다. 이 중에서 1~2km범위 내에서 전체면적이 모두 화재가 일어나며, 화상은 사람의 생명이 치사에 미칠 정도로 치명적이고 방사선 위험도도 치사에 이르며, 건물은 모두 완파되고 1~2km범위 내에서는 모든 것이 소멸될 정도로 위력적이다. 5km 범위 내에서는 사람의 생명이 치사에 미치지는 않고 화재가 일어날 수가 있지만 그 수준은 상당한 위험에 이른다는 것을 알 수 있다.

1MT의 핵폭발이 발생할 경우에는 반경 12km 이내에서 2도 화상을 입거나 종이와 마른 잎이 즉시 발화되며, 반경 10km 이내에서는 3도 화상이 일어난다. 또한 반경 7km 이내에서는 거의 대부분이 발화하고 대부분의 물질이 녹아내리며, 반경 1km 이내의 모든 것은 순식간에 증발된다. 이 밖에 3,000m 상공에서의 공중폭발을 50km 밖에서 육안으로 볼 경우 망막에 영구 손상을 입히게 된다.

Cameron은 "Nuclear Terrorism: A Threat Assessment for the 21st Century"라는 저서에서 테러리스트들에 의한 대량 살상무기 위협 및 핵과 관련된 테러리스트들의 4가지 각기 다른 시나리오를 예상하고 있다(Gavin Cameron, 2005: 17). 4가지 요소 중 첫 번째는 핵폭탄의 도난·탈취에 의한 테러, 두 번째는 핵분열 물질의 도난 및 입수에 의한 테러, 세 번째는 방사능 오염테러, 마지막으로 방사능 살포 폭탄(RDD: Radiological Dispersal Device)을 제작하기 위한 방사능 물질 탈취 등이 있다(U.S Department of State, 2005: 17–30).

일반적으로 핵 테러는 핵무기를 훔쳐내는 것에서부터 시작된다고 보고 있으며, 테러리스트들은 전 세계적으로 산재해 있는 핵무기를 이용하려 할 것이고, 굳이 핵무기를 제조하기 보다는 훔쳐내는 것을 더 선호할 것이라고 보고 있다.

만약 테러리스트들에게 핵물질이 불법 거래된 후 핵폭탄으로 변질되어 테러행위로 이루어진다면, 불특정 다수에게 입히는 위험정도는 상상을 초월한다. 그리고 국제사회에서 테러리스트들은 직접 급조한 핵폭탄(IND: Improvised Nuclear Device)을 사용할 가능성이 있으며, 이러한 종류의 폭탄은 복잡한 기술을 요구하지도 않고, 단순하면서 대량학살에 효과적으로 사용될 수가 있다(Ferguson & Potter, 2006: 1).

또한, 급조핵폭탄(IND)은 제조형식이 전문적인 기술을 요구하지 않으며 총기형태에 고농축 우라늄(HEU)을 장착하여 사용할 수 있는 형식을 많이 취하고 있는 실정이어서 불법거래나 절도 등의 불법적인 방법으로 핵물질을 보유하기만 하면 언제든지 불특정 다수를 대상으로 대량살상을 입힐 수 있는 핵폭탄을 만들 수 있게 되어 잠재적 위험성이 매우 큰 실정이다.

2) 핵물질의 범위

핵물질은 「원자력시설 등의 방호 및 방사능방재대책법 시행령」 제3조(핵물질)에서는 「원자력시설 등의 방호 및 방사능방재대책법」 제2조 제1항 제1호에서 "대통령령이 정하는 것"이라 정의하고, 우라늄 233 및 그 화합물, 우라늄 235 및 그 화합물, 토륨 및 그 화합물, 플루토늄(플루토늄 238의 농축도가 80퍼센트 초과한 것을 제외한 플루토늄을 말한다) 및 그 화합물, 우라늄 233 및 그 화합물 내지 플루토늄(플루토늄 238의 농축도가 80퍼센트 초과한 것을 제외한 플루토늄을 말한다) 및 그 화합물이 1 이상 함유된 물질, 우라늄 및 그 화합물 또는 토륨 및 그 화합물이 함유된 물질로서 제1호 내지 제5호의 물질 외의 물질이라고 규정하고 있다.

3) 무기화로 변질 가능한 핵물질 현황

세계 주요국에서 핵무기화가 가능한 핵물질 보안 상황을 살펴보면, 100에 가까울수록 무기화가 가능한 핵물질에 대한 보안상황이 좋다는 것을 나타낸다. 보안상황이 가장 좋은 국가는 호주, 헝가리, 영국, 미국이고 거의 완벽에 가까운 보안 상황을 나타내고 있으며, 북한, 이란, 파키스탄, 베트남, 우즈베키스탄은 무기화가 가능한 핵물질에 대한 보안수준이 60에도 미치지 않을 정도로 열악한 수준이다. 따라서 언제든지 핵물질을 절취하거나 불법거래에 노출되어 있는 실정이다.

〈표 2〉 세계 주요국의 무기화 가능 핵물질 보안상황

국가	보안지수	국가	보안지수
호주	100	폴란드	76
헝가리	100	우크라이나	76
영국	100	독일	75
미국	100	노르웨이	71
오스트리아	91	남아프리카공화국	70
체 코	88	아르헨티나	69
스위스	88	멕시코	68
벨기에	85	스웨덴	65
러시아	85	인도	60
이탈리아	83	일본	60
캐나다	81	중국	58
네덜란드	81	북한	55
프랑스	79	이란	54
카자흐스탄	79	파키스탄	50
벨라루스	78	베트남	36
이스라엘	78	우즈베키스탄	34

자료: Nuclear Threat Initiative(http://www.ntiindex.org) 재구성.

무기화로 가능한 핵물질의 보유량을 〈표 3〉에서 살펴보면, 미국, 러시아, 영국, 프랑스 모두 100톤 이상의 보유량을 갖고 있는 것으로 나타났고, 보안수준이 열악한 7개국은 무기화로 가능한 핵물질의 보유량이 상대적으로 낮은 것으로 나타났다.

이 중 핵물질 불법거래의 위험이 가장 큰 곳은 러시아와 중국이다. 이 둘 국가의 무기화가 가능한 핵물질 보유량은 세계 최고 수준이지만 이에 반해 보안상황은 열악한 상황이다. 따라서 국제범죄조직이 이 들 국가를 대상으로 무기화가 가능한 핵물질을 절취, 밀매 등의 수단으로 확보하여 테러조직들과 불법거래가 이뤄진다면 전 세계적으로 큰 위협이 될 수 있다. 더욱이 러시아는 현재 관리중인 핵탄두 수는 약 1만 5,000개나 된다. 이는 전 세계 핵탄두 수가 2만 5,000개임을 감안한다면 엄청난 양이 아닐 수 없다. 또한 러시아에서는 암거래 상인들이 활발하게 활동중이며 러시아 군의 열악한 환경도 군복무에 대한 염증, 그리고 자금 확보 등의 여러 가지 제반 상황을 고려했을 때 러시아는 핵물질 불법거래에 관한 위험성이 가장 큰 국가로 평가된다.

〈표 3〉 세계 주요국의 무기화 가능 핵물질 보유량 현황

국가	핵물질 보유량	국가	핵물질 보유량
호주	5-20kg	벨라루스	100-499kg
헝가리	1-5kg	이탈리아	100-499kg
체코	5-20kg	프랑스	100-499tons
스위스	21-99kg	멕시코	5-20kg
오스트리아	5-20kg	남아프리카공화국	0.5-1.99tons
네덜란드	0.5-1.99tons	카자흐스탄	10-99.99tons
스웨덴	1-5kg	일본	10-99.99tons
폴란드	1-5kg	러시아	≧500tons
노르웨이	5-20kg	이스라엘	0.5-1.99tons
캐나다	100-499kg	우즈베키스탄	21-99kg
독일	10-99.99tons	중국	10-99.99tons
영국	100-499tons	인도	2-9.99tons
벨기에	0.5-1.99tons	베트남	5-20kg

미국	≥500tons	이란	5–20kg
우크라이나	100–499kg	파키스탄	2–9.99tons
아르헨티나	5–20kg	북한	21–99kg

자료: Nuclear Threat Initiative(http://www.ntiindex.org) 재구성.

더욱이 냉전 종식 이후 핵 확산 위험이 증가하고 있는데 구소련이 붕괴하면서 핵무기 제조와 관련된 민간인과 핵무기와 핵물질을 통제하는 군인, 그리고 핵시설을 지키는 보안요원이 정보 당국의 보안약화를 기회로 핵물질의 불법거래에 관여하는 현상이 발생한바있어 핵물질을 암시장에서 구매하거나 탈취할 위험이 증가하기도 했다.

2. 핵물질 불법거래 억제에 관한 법적 규정 및 협력체제

1) 국제법규상 근거

(1) 핵물질방호협약(Convention on the Physical Protection of Nuclear Material)

핵물질방호협약 제7조 제1항에서는 핵물질의 수령, 소유, 사용, 이전 등을 구성하고 사망 또는 인명에 대한 중대한 상해·재산에 대한 평화적 목적을 위해 원자력을 개발하여 응용할 모든 국가의 권리와 원자력의 평화적 활용으로부터 파생되는 잠재적 혜택에 대한 정당한 이익을 인정하고 있다. 또한 원자력의 평화적 이용에 있어 국제적인 협력을 촉진하고 핵물질의 불법적 취득과 사용에 의해 발생할 수 있는 잠재적 위험을 방지하고 핵물질 관련 범죄행위에 대한 예방·탐지·처벌을 확보하고 있으며, 각 당사국들은 이 협약에 의거하여 효과적인 조치를 확립함과 동시에 핵물질 안전 이용을 촉진하기 위한 합의를 주 내용으로 하고 있다.

아울러 적용대상을 평화적 목적에 사용되는 모든 국제 운반 및 국내에서 사용되거나 저장·운반중인 핵물질로 확대하였고 이에 대한 방호 조치 미비 시 핵물질 수출입 또는 운반을 불허하도록 규정하고 있다.

(2) 핵 테러억제협약(International Convention on the Suppression of Acts of Nuclear Terrorism)

국제 사회의 테러억제를 위해 1994년 12월 UN총회에서 국제테러리즘 근절조치에 관한 선언을 채택한 후, 1996년 UN '국제테러리즘 억제 특별위원회'를 설치하는 등의 조치들이 이뤄져 왔다. UN이 채택한 13번째이자 9·11테러 이후 첫 번째인 반테러 국제협약인 '핵 테러억제협약'[1]은 1998년 구소련이 해체되면서 핵무기들이 테러조직에 넘어갈 가능성을 우려하여 러시아에 의해 발의되었다.

하지만 협약 내용에 대한 회원국 간 이견에 따라 2005년 9월 UN총회에서 표결 없이 만장일치로 채택되어 최소 22개국 이상이 비준하는 대로 국제조약으로 정식 발표되었다. 이는 핵무기나 핵물질을 불법으로 소지하거나 위협하는 행위에 대한 의무적 처벌과 정부 간 테러 관련정보 공

1 핵테러억제협약 제2조(범죄의 구성) 보유 또는 제조에 관한 범죄 행위, 위협 또는 고의성에 관한 범죄행위, 미수범, 공범·조직·기여에 관한 범죄행위, 제4조(국제인권법 등의 적용범위 및 의무 등) 무력충동 또는 공적 임무 수행시 국제인권법 우선, 핵무기 사용 또는 이를 이용한 위협은 본 협약의 범위가 아님, 제6조(범죄의 처벌 규정) 범죄의 중대성에 따라 처벌할 수 있는 국내 입법조치, 제7조(범법 행위 방지 및 대응을 위한 조치 등)회원국의 영역 내외부에서의 위반에 대한 사전방지 관련 입법 조치의 규정, 정보교환, 행정상 협력 및 기타 조치 등, 제9조(범죄자에 대한 관할권 확보) 당사국 자국법상 확립한 관할권의 통보, 관할권을 확립한 국가가 신변 인도 불응시 피의자 신변확보를 위한 당사국의 조치, 제18조(범죄 행위에 따른 당사국 간 사후조치) 방사성 물질·장치 또는 핵시설의 압수·통제 및 관리, 방사성 물질·장치 또는 핵시설의 반환, 반환 및 인수가 금지된 경우 방사성 물질·장치 또는 핵시설의 압수·통제·관리 및 이전, 방사성 물질·장치 또는 핵시설의 소유자가 없는 경우 관련 국가들 및 국제기구와 협의 후 처분, 방사성 물질·장치 또는 핵시설을 보유한 당사국의 지원요청, 방사성 물질·장치 또는 핵시설 처분의 통보, 범죄 발생 또는 핵관련 누출이 있는 경우, 국제법 규칙을 준수.

유를 강화하는 조치 내용이다. 이에 따라 우리나라는 2005년 9월에 협약에 가입하였으며 현재 비준과 관련된 절차 및 영향을 면밀히 검토 중이다.

(3) UN 국제권고안(INFCIRC/225/rev.4)

핵물질의 불법이전이나 원자력시설에 대한 사보타주 등의 위협을 사전에 방지하고 핵물질의 물리적 방호체계를 강화하기 위해 개정·채택되었고 주 내용으로는 회원국에 대한 위협대응 설계기준(DBT: Design Basis Threat)의 정립을 의무화하였고, 위협대응 설계기준(DBT)의 설정과 더불어 핵물질 불법이전과 같은 위협요소에 대한 법적·제도적 체제의 정립을 규정하고 있다.

따라서 회원국은 이와 같은 국제권고안에 의해 핵물질의 등급[2]에 따른 방호요건과 원자력시설의 방호요건 및 운송중인 핵물질에 대한 방호요건을 이행함에 있어 회원국이 법적·제도적 체제를 수립하고 이행할 것

2 원자력시설 등의 방호 및 방사능방재대책법 시행령 제15조(핵물질의 등급별 분류)

핵물질		등급		
물질	형태	등급Ⅰ	등급Ⅱ	등급Ⅲ
플루토늄	미조사(未照射)	2kg 이상	500g 이상 2kg 미만	15kg 이상 500g 미만
우라늄 235	우라늄 235의 농축도가 20% 이상인 미조사 우라늄	5kg 이상	1kg 이상 5kg 미만	15kg 이상 1kg 미만
	우라늄 235의 농축도가 10% 이상 20% 미만인 미조사 우라늄	–	10kg 이상	1kg 이상 10kg 미만
	우라늄 235의 농축도가 천연우라늄의 농축도 초과 10퍼센트 미만인 미조사 우라늄	–	–	10kg 이상
우라늄 233	미조사	2kg 이상	500g 이상 2kg 미만	15g 이상 500g 미만
조사(照射)된 연료	–	–	핵분열성물질 10% 미만의 감손우라늄, 천연우라늄, 토륨 또는 저농축연료	

으로 요구하고 있다(한국원자력연구소, 2004: 36).

(4) 대량살상무기 확산방지구상

대량살상무기 확산방지구상(PSI: Proliferation Security Initiative)은 2002년 서산호 사건[3]을 배경으로 2003년 폴란드 크라코우 연설에서 발표하였으며, 테러리즘의 국제화와 대량살상무기에 대응하는 조약체제 상황 속에서 현 국제법 질서가 대량살상무기의 확산을 통제하는 기능을 수행함에 있어 문제점을 해소하기 위해 비롯된 국제협력체제이며, 2003년 9월 3일 파리에서 개최된 제3차 회의에서 차단원칙을 표명하였고 "대량살상무기 확산 관련 국가나 비국가행위자[4]를 주 대상과 목적으로 삼았으며 관련국가나 비국가행위자로부터 유출된 대량살상무기, 운송체계 및 관련물질의 선적을 막기 위한 보다 체계적·효과적인 기반을 구축"하기 위함이라고 하고 있다. 이는 자발적 참여에 의한 협력 체제를 법적 성격으로 하고 있으며, 현재 대량살상무기 확산방지구상(PSI)참여국은 95개국에 이르고 우리나라는 2003년 95번째 회원국으로 참여하였다. 또한 테러지원 의심국가 및 단체를 그 적용대상으로 하고 있으며, 규제대상으로는 대량살상무기 관련 물자이고 자국선박과 자국 영해 내 선박에 승선·검색·나포·화물을 압류하고 공해 상 회원국 간 연계감시, 회원국의 영해내 진입 시 상기 조치하는 방식으로 규제하고 있다.

3 2002년 북한 화물선 서산호가 동아시아에서 중동지역으로 핵관련 물질을 수송하고 있다는 첩보를 입수하고 미국이 스페인에 검문검색을 요청하였으며, 스페인 2척 함정이 예멘 연안 공해상에서 서산호를 세우고 검색을 실시하여 스커드 미사일과 탄두를 적재한 것을 밝혀냈고 추후 해당 사건이 국제법상 공해통항자유의 원칙에 의해 제한됨에 따라 대량살상무기 확산방지구상(PSI)가 발촉된 교두보를 마련한 사건이다.

4 확산관련 국가나 비국가행위자를 화학무기·생물무기·핵무기 및 그 운반수단의 개발 또는 획득 노력을 하거나 대량살상무기 등의 이전을 통해 확산에 종사하고 있다고 판단하고 있다.

2) 국내 법규상 근거

(1) 국가보안법

국가보안법에서는 제1조(목적)에서는 국가의 안전을 위태롭게 하는 반국가활동을 규제하고 있으며, 제2조(정의)에서는 반국가단체의 구성 등에 대한 처벌조항을 규정하고 있고, 제4조(목적수행)에서는 국가기밀의 탐지, 누설 등에 관한 처벌규정과 국가중요시설에 관한 테러관련 행위에 대한 처벌을 규정하고 있다. 반국가단체는 테러행위주체로 파악할 수 있으며, 반국가활동을 핵물질 불법거래로 인한 국가의 안전을 위태롭게 한다는 점으로 미뤄 직접적인 명문규정은 없으나 유추 적용할 수 있는 대목이다.

(2) 국가정보원법

국가정보원법 제3조(직무) 제1항 1호에서는 국외정보 및 국내 보안정보(對共·防諜·대테러 및 국제범죄조직)의 수집·작성·배포로 정의함으로써 포괄적으로는 국내 보안정보 범주로 핵물질의 불법거래를 억제할 수 있는 거래 선을 차단할 수 있는 정보수집 등의 내용을 포함하고 있다.

(3) 원자력시설 등의 방호 및 방사능 방재 대책법

원자력시설 등의 방호 및 방사능 방재 대책법 제3조(물리적 방호시책의 마련) 제1항에서는 정부는 핵물질 및 원자력시설[5]에 대한 물리적 방호를 위한 시책을 마련하여야 한다고 규정하였다. 제2항은 물리적 방호시

5 원자력시설 등의 방호 및 방사능 방재 대책법 제2조 제1항 제2호에서 발전용 원자로, 연구용 원자로, 핵연료 주기시설, 방사성폐기물의 저장·처리·처분시설, 핵물질 사용시설 등 원자력 이용과 관련된 시설로 규정하고 있다.

책에는 세부내용으로 핵물질의 불법이전에 대한 방호, 분실되거나 도난당한 핵물질을 찾아내고 회수하기 위한 대책, 원자력 시설 등에 대한 사보타주[6]의 방지, 원자력 시설 등에 대한 사보타주의 대책을 통해 핵물질 불법거래 억제에 관한 전반적인 규정을 두고 있다.

국내원자력시설에 관한 위협평가 및 위협대응 설계기준(DBT)을 살펴보면, 설계기준과 체제를 정립하였다. 세부내용으로는 원자력시설 등의 방호 및 방사능 방재 대책법 시행령 제7조(위협평가 및 물리적 방호체제의 수립) 제1항에서 과학기술부장관은 법 제3조제1항의 규정에 의한 물리적 방호시책을 이행하기 위하여 3년마다 관련 사항을 고려하여 원자력 시설 등에 대한 위협을 평가하고 위협별 대응기준을 설정하여야 한다. 이 경우 과학기술부장관은 효율적인 위협평가를 위하여 관계중앙행정기관의 장에게 협조를 요청할 수 있다고 규정하여 핵물질 불법거래 억제를 위한 위협대응 설계체제를 구축하고 있다.

⑷ 대외무역법

대외무역법 제53조에서는 제 1항에서는 허가 없이 전략물자[7]의 국제적 확산을 꾀할 목적으로 수출하거나 중개한자는 7년 이하의 징역 또는 해당 물자의 가격의 5배에 해당하는 금액 이하의 벌금에 처한다고 규정하고 있으며, 부당한 방법으로 허가를 받거나 수입 제한 또는 금지 조치

6 원자력시설 등의 방호 및 방사능 방재 대책법 제2조 제1항 제5호에서 정당한 권한 없이 방사성물질을 배출하거나 방사선을 노출하여 사람의 건강·안전 및 재산 또는 환경을 위태롭게 할 수 있는 다음 각 목의 어느 하나에 해당하는 행위를 말한다.
가. 핵물질 또는 원자력시설을 파괴·손상하거나 그 원인을 제공하는 행위
나. 원자력시설의 정상적인 운전을 방해하거나 방해를 시도하는 행위

7 전략물자는 국제수출통제체제에서 통제리스트를 우리말로 번역한 것이며, 군사용·산업용으로 구별된다. 또한 전략물자에는 물품과 기술 등 다양한 형태를 포함한 개념이며 추상적인 개념이다.

를 위반한 자는 5년 이하의 벌금 또는 해당 물자 가격의 3배에 해당하는 금액 이하의 벌금에 처한다고 규정하고 있다. 여기서 말하는 전략물자란 동법 19조 1항에 명시되어 있으며, 다자간 국제수출통제 체제[8]의 원칙에 따라 국제평화 및 안전유지와 국가안보를 위하여 수출허가 등 제한이 필요한 물품 등을 말한다. 여기에는 핵 테러로 발전할 수 있는 고농축우라늄이나 플라토늄 같은 핵물질도 포함될 수 있어 핵물질 불법거래에 관한 규정을 시사하고 있다.

8 2차 세계 대전 이후인 1949년 미국 주도로 창설한 "다자간 수출통제 조정위원회(COCOM: Coordinating Committee of Multilateral Export Control"에서 출발하였으며 냉전 붕괴 이전 소련 등 동구권 국가들에게 군사기술 등의 유출을 차단하고자 하는 의도로 등장하였으나 현재는 국제평화 및 안보를 해치거나 위협하는 위험물자를 공급하는 것을 체계적으로 차단하기 위해 대량살상무기 및 그 운반수단의 확산 방지를 목적으로 하는 체제이다.

02

국제적 핵물질 불법거래 실태와 문제점

1. 핵물질 및 방사능 물질 불법거래 실태

국제원자력기구(IAEA)에서는 핵물질의 불법거래핵물질과 방사능 물질에 대한 도난 및 분실 등을 불법거래로 인식하고 있다. 이러한 불법거래는 팔거나 구입 또는 기타 부당한 목적을 가지고 사용된다. 2011년 12월 31일 국제원자력기구(IAEA)의 ITDB(Illicit Trafficking Database)의 보고서에서 1993~2011년간 불법거래와 관련하여 IAEA의 참가국과 비참가국에서 보고된 확인된 사건은 2164건이라고 보고하고 있다. 이중 399건은 불법점유와 이와 관련된 범죄활동을 포함한 사건이었고, 588건은 도난 또는 분실 그리고 1124건은 다른 승인되지 않은 활동(방사능 불법폐기)과 관련된 사건이라고 하였다. 69개의 사건에 관해서는 위에서 제시한 어느 형태로도 포함되는지 결정되지 않은 사건이고 하고 있다.[9]

1) 핵물질 및 방사능물질의 불법점유 및 이와 관련된 범죄활동 현황

1990년대 초반 정점을 이룬 후 등락을 반복하고 있다. 이는 핵물질

9 국제원자력기구(http://www-ns.iaea.org/security/itdb.asp)

불법점유 실태를 정확하게 파악하기가 곤란하며, 조사기간상 2~3년의 시간차(lag time)가 원인이었음을 예상할 수 있다(IAEA, 2011: 2). 1993년~2011년간 16개의 확인된 사건에서는 고농축우라늄이나 플라토늄의 불법점유를 포함한다. 이러한 확인된 사건의 일부는 국경지대를 통해 팔거나 운반을 시도했음을 포함한다.

이 사건들은 잠재적 무기, 즉 아직 상용화되지 않은 수 킬로그램의 핵물질들을 포함하고 있다. 이러한 경우들을 통해 많은 양의 핵물질들이 비축되었다는 것을 알 수 있다. 핵물질 또는 다른 방사능을 팔아넘길 시도를 한 사건들은 그러한 물질을 인식된 요구가 있었음을 암시한다. 성공한 대다수의 사례들은 알 길이 없고 불법 핵물질 거래시장(illicit nuclear market)을 정확하게 판단할 수 없다. 다만 많은 동기요소들을 통해 유추할 수는 있다. 이러한 사건들의 대부분은 그것은 금전 확보가 주된 요인이었으며 조직적이었다. 전반적인 요소들을 고려해봤을 때, 핵물질 또는 방사능물질을 거래하려는 시도는 막기 어렵다(IAEA, 2011: 3).

2) 핵물질 및 방사능 물질의 도난과 분실현황

핵물질 및 방사능 물질에 대한 도난·분실의 경우는 시설보안과 통제시스템의 취약성을 암시할 수 있다. 핵물질 및 방사능 물질에 대한 도난·분실 사건은 1990년 후반부터 꾸준히 증가하고 있으며 2003년부터는 상승폭이 커지고 있다. 이는 2002년 9·11테러사건 이 후 테러집단이 기존의 테러유형과는 달리 새로운 테러범죄행위를 위한 여러 사전행위 중 핵 테러를 구상하기 위한 시도로 추측해볼 수 있는 부분이다. 또한 ITDB에 의하면 도난·분실 사건의 대부분은 원자력시설에서 사용되던 것을 훔치거나 사용 중 잃어버린 것을 갖고 오는 경우가 대부분이기 때문에 핵물질에 관한 국가적 방호체계의 중요성과 핵물질 불법거래에 관한 국가적 관리 체제가 미흡하다고 할 수 있다.

2. 핵물질 불법거래의 문제점

1) 국제성 범죄조직의 자금 확보 차원에서의 핵물질 불법거래 가능성

국제범죄조직은 국제화로 인해 신속한 범죄의 기회와 동기, 그리고 범죄수법의 전파여건이 조성되고 있으며 범죄공간이 크게 확대되고 범죄와 관련된 자금관리가 용이해서 국제성 범죄조직에 의한 범죄는 지속적으로 증가하고 있는 추세이다.

또한 국제성 범죄조직은 과거의 마약과 무기류의 밀거래, 그리고 불법자금 세탁 등에서 사이버범죄까지 그 범위가 확대되고 있다. 이러한 국제성 범죄조직의 행위 유형은 국가안보와 관련된 것들이 대부분이며, 국제범죄조직들은 이러한 거래를 통해 많은 이윤을 창출하려는데 주된 목적을 두고 범죄를 행하고 있다.

핵 테러는 현재 세계 어느 곳에서도 발생된 사례는 없고, 국가차원에서 테러리스트들에게 핵물질을 거래할 이유는 전혀 없다. 이에 따라 핵무기 또는 급조핵폭탄(IND)형태로 발전될 수 있는 핵물질을 국제범죄조직들이 이윤을 목적으로 절취 또는 밀매하여 테러조직들과 불법거래를 하게 될 가능성이 제기될 수 있다. 그리고 국제성 범죄조직들과 테러조직간 불법거래를 통해 핵물질이 테러조직들에게 입수되어 추후 테러 용도로 핵물질을 사용하여 핵 테러를 자행할 수 있으며, 세계적으로 엄청난 피해규모의 핵 테러가 자행될 여지가 있다.

현재 국제성 범죄조직 검거를 위해 UN은 국제범죄에 효율적으로 대처하기 위해 범죄수익의 규제, 국제범죄에 대한 합동 단속 계획 등의 권고사항을 제시하고 있으나 이를 제대로 이행하는 국가는 많지 않다. 여러 이유들이 상존하나 일부 국가의 경우 국제적 범죄로 인한 외화벌이 수단 등 자국의 이익이 수반되는 경우도 있기 때문이다. 따라서 핵 테러를 억제하기 위한 사전 단계인 핵물질 불법거래를 예방하고자 공급자 역할 가능성을 보이는 국제성 범죄조직을 색출·검거하는데 주력할 필요가 있다.

2) 원자력시설 종사자에 대한 개인정보수집과 개인정보보호와의 충돌 문제

핵물질 자체의 유출이나 관련 정보의 대부분은 원자력시설 내에서 유출되어 거래될 수 있기 때문에 원자력시설 내 종사자(공급자)에 대한 신뢰성 확보와 관련한 개인 신상조회가 강화될 필요가 있다. 현재 원자력시설 및 관련 기관, 그리고 빈번한 핵물질 이송 및 공항·항만의 수출입 물량을 고려했을 때 핵물질의 불법거래 가능성은 여전히 존재하기 때문에 이러한 불법거래가 발생하지 않도록 1차적으로 원자력시설 내 핵물질이나 관련정보 유출 차단을 위한 정보 수집과 해당시설 종사자에 대한 개인 신상조사 등에 심혈을 기울일 필요가 제기된다.

3) 대량살상무기 적재의심 선박에 대한 공해상의 검문검색상 문제

핵물질 불법거래는 공항이나 항만을 통해 국외로 이송되거나 국내로 유입될 수 있으나 기존 국제범죄조직의 불법거래의 대표적 형태인 마약밀수 범죄형태로 볼 때, 항공을 이용하기 보다는 항만을 이용할 가능성이 크다. 따라서 대량살상무기나 대량살상무기로 전환될 수 있는 핵물질 등의 수송 의심 선박을 검색하고 해당선박을 나포하며, 관련물질의 압수 등을 위한 법적 근거가 필요한 실정이다.

국제적으로는 대량살상무기 확산방지구상(PSI)을 통해 유엔안보리 결의안 1540[10] 통과를 시초로 하여 대량살상무기 확산을 방지하려는 시도를 하고 있다. 하지만 이러한 대량살상무기 확산방지구상(PSI)는 국제법상 규정이 아닌 조약이며, 국제협력체제의 성격을 띠고 있다.

또한 단순히 의심선박에 대한 검문검색은 국제해양법과 법적으로 충돌할 수 있기 때문에 대량살상무기 적재 의심 선박에 관한 정보가 얼마나 신빙성을 가지며, 실제 의심선박에 대한 검문검색을 위해 경찰력이나 군사력이 동원될 때 검문 후 명백한 증거를 갖지 못했을 경우의 국가의 손해배상 문제 등이 발생할 수 있어 국제협력체제인 대량살상무기 확산방지구상(PSI)을 이행하기 위한 국내법상 개선이 요구된다.

---

10 2004년 4월 28일 대량살상무기 방지를 주목적으로 채택되었으며, UN헌장 7장(평화에 대한 위협, 평화의 파괴 및 침략행위에 대한 행동)에 의거 안전보장 이사회에서 만장일치로 채택되었다.

03

국제적 핵물질 불법거래에 대한 국내 대응방안

1. 국제범죄조직의 불법자금 차단을 위한 국제협력방안 확대

오늘날 국제사회는 국제범죄조직의 불법자금과 이로 인한 자금세탁을 규제하기 위해 마약 및 향정신성물질 불법거래 방지협약(United Nations Convention against the Illicit Traffic in Narcotic Drugs and Psychotropic Substance), 테러자금 조달의 억제를 위한 국제협약(International Convention for the Suppresion of the Financing Terrorism),국제조직방지협약(United Nations Convention against Transnational Oranized Crime), 부패 방지 협약(United Nations Convention against Corruption) 등을 제정함으로서 대응하고 있다.

우리나라에서도 2001년 OECD 30개국 중 29번째로 금융정보분석원을 설립하였고, 1995년 마약류 불법거래 방지에 관한 특례법, 2001년에서는 범죄수익 은닉의 규제 및 처벌 등에 관한 법률과 특정 금융거래정보의 보고 및 이용 등에 관한 법률, 2007년에는 공중 등 협박목적을 위한 자금조달행위의 금지에 관한 법률 등을 제정하여 범죄 집단의 불법자금에 대해 대응하고 있다.

이처럼 국내에서나 국제사회에서도 법적 규제를 통해 범죄 집단에 대한 범죄자금 차단을 위한 노력을 하고 있으나 현실적으로 국제범죄조직을 근절하는 데는 한계가 있다. 또한 경찰 등 형사사법기관에서는 국제형사사법공조법에 의해 형사사건에 대한 수사 및 재판에 필요한 제반사항에 대해 협조하고 있으나 국제화 현상과 국가 간 이해관계 등으로 인해 현실적으로 한계가 있다.

따라서 국제범죄자들에 대한 프로파일링[11]을 공유하여 국제범죄조직에 대한 정보를 획득할 수 있고 이를 기반으로 하여 국제범죄조직들을 사전 색출하고 대응할 수 있다. 또한 기존에 중첩된 국제범죄 전담기구를 통폐합한 주무기관을 마련하여 형사사법기관의 전문가들을 참여시켜 인터폴과 같은 국제 형사사법기관과 연계하여 국제범죄조직에 대한 현실적인 대처방안을 모색해야 할 것이다.

2. 원자력시설 등 핵관련 시설 내 종사자들의 정보보호 신뢰성 확보 방안

미국의 경우 대통령령으로 정부 기관 직원과 원자력 에너지 산업 종사자 등에 대한 신뢰성 확인을 위해 원자력 규제위원회(Nuclear Regulatory Commission)의 소관으로 원자력 발전 시설 등에서 허가받은 자와 동행하지 않고 접근하는 종사자에 대해서 개인정보를 사업자에게 신고함과 동시에 사업자에 대해서는 그 종사자의 범죄 기록, 금전 차입 기록, 성격·덕망 등을 별도 조사하도록 요구할 수 있다고 규정하고 있으며, 이러한 사람에 대해서는 미국연방수사국(Federal Bureau of

11 범죄수사과정에서의 프로파일링이란 범죄자에 대한 연령·성별·결혼여부·경제상황 등의 내용을 포함하는 개념이다.

Investigation)에서 범죄 기록 등의 조회가 가능하도록 규정하고 있다.

영국의 경우 총리령으로 국가 기밀 정보에 접근하는 사람과 치안 업무에 종사하는 자, 기타 항공 안전 분야 등에서 일하려는 사람에 대한 신뢰성의 확인을 실시하고 있다. 상기와 같이 확인 제도가 원자력 시설 핵물질 및 주요 정보에 접근하려는 사용자를 대상으로 공안 정보 및 범죄 기록, 금전 차입 내역 조사, 본인에게 면담 종전의 고용주·신원 보증인과의 면담 등을 국가가 실시하고 있다(板倉 周一郎·中込良廣, 2008: 24).

현재 우리나라에서 핵물질이나 핵물질과 관련한 정보유출 사례는 전무하다. 그러나 단 한 건의 사례만이라도 발생한다면, 파급효과는 크기 때문에 원자력 및 관련 핵시설의 종사자가 핵물질 및 주요 정보에 접근시 해당 인원에 대한 면밀한 신원조회가 요구되며, 외국 주요국가에서는 현재 대통령령이나 내각제를 시행하고 있는 국가에서는 총리령으로 원자력시설이나 관련 시설의 종사자나 유통하는 자에 대해서 범죄경력 조회 등 개인 신상조회를 강화하여 신뢰성을 확보하고 있는데 반해 우리나라에서는 형식적인 출입 절차와 시설에 대한 물리적 방호시설에만 중점을 두고 있어 원자력시설이나 관련 시설의 종사자나 유통자에 대한 자체적인 감시가 소홀하여 이들의 신뢰성 확보 노력이 절실한 실정이다. 이에 따라 국내에서도 원자력 관련 시설 내에서 내부 감시제도를 통한 포상제도나 형사사법기관의 개인 신상조회 강화 등을 통해 핵물질 불법거래의 가능성을 억제하도록 해야 한다.

3. 대량살상무기 적재의심 선박에 대한 공해상의 검문검색 확보 방안

대량살상무기 확산방지구상(PSI)은 육상, 해상, 공중에서 운송화물의 차단을 목표로 하고 있는 만큼 국제법규와의 마찰되는 부분이 상존한다. 특히 육상이나 공중에서는 관할국가의 형법이 적용될 수 있지만, 공해에 관해서는 특정 국가의 관할권에 종속되지 않기 때문에 국제법상 문제가 될 수 있다. 대량살상무기 확산방지구상(PSI) 자체가 우범국가 또는 비국가조직을 발원지로 하거나 목적지로 하는 대량살상무기 및 관련물자의 차단을 목표로 세부원칙을 채택하고 있기 때문에 국가 간 협정을 체결하는 등의 국제적 협력이 요구된다.

미국의 경우 벨리제, 크로아티아, 사이프러스, 라이베리아, 마샬군도, 파나마, 몰타와 양자 승선협정(Ship Boarding Agreement)을 맺고 있다. 또한 2005년 10월 '항해의 안전에 대한 불법행위억제 협약' 개정안을 통해 국제법상 금지된 생화학 및 핵무기와 관련된 물자의 운송을 불법화 하는 내용을 담고 있으며, 기국의 동의하에 영해 수역에서 승선 및 검색을 가능케 하고 있다.

우리나라의 출입국자 및 불법체류자의 수는 중국이 가장 많고 삼합회라는 국제범죄조직이 존재하는 국가이다. 중국은 북한의 우방국이다. 언제든지 국내에서 중국을 통해 북한으로 우리나라의 핵관련 물질이나 기술이 불법 거래될 수 있으며, 북한뿐만 아니라 우범국가나 비국가단체로 핵물질이나 기타 대량살상무기가 불법 거래될 수 있기 때문에 국제범죄조직으로부터 우리나라도 핵물질 불법거래의 안전지대가 아니다.

1차적으로는 항만을 통해 국외로 유출되는 형태를 형사사법기관에서 정보를 입수하여 미연에 방지해야겠지만 완벽하게 차단할 수 없기 때문에 2차적 방법으로 미국의 경우처럼 우범국가나 비 국가단체와의 국제적 협정이나 조약 등을 체결하는 등의 다각적 노력으로 공조해야 한다. 이를 통해 국내의 핵물질이나 대량살상무기 또는 관련 물자 등을 적재하고 있는 선박을 공해에서 검문검색 등을 해서 국내에서 국외로 유출되거나 국내로 유입되어 테러용도로 사용 가능한 대량살상무기의 원천이 될 수 있는 핵물질이나 관련 대량살상무기 또는 물자 등을 근절할 수 있는 방안을 모색해야 할 것이다.

09 연습문제

01 핵물질 불법거래란 무엇입니까?

A) 핵무기의 개발과 사용

B) 핵물질을 불법적으로 취득, 보유 또는 거래하는 행위

C) 핵발전소의 운영과 관리

D) 환경오염과 관련된 법적 문제

정답 B

풀이 핵물질 불법거래는 핵물질을 불법적으로 취득, 보유 또는 거래하는 행위를 의미합니다.

02 핵무기의 불법적인 보유나 사용으로 인한 주요 위험은 무엇입니까?

A) 자연재해

B) 지구 온난화

C) 국제 안보 위협

D) 풍부한 에너지 생산

정답 C

풀이 핵무기의 불법적 보유나 사용은 국제 안보에 심각한 위협을 제공합니다.

03 국제 사회는 핵물질 불법거래를 억제하기 위해 어떤 조치를 취하고 있습니까?

A) 핵무기 개발 지원

B) 국제 핵무기 사용 규칙 완화

C) 핵물질 불법거래 방지를 위한 국제 협력 및 조약

D) 핵물질 판매 증가

정답 C

풀이 국제 사회는 핵물질 불법거래를 억제하기 위해 국제 협력 및 조약을 추진하고 있습니다.

04 핵물질 불법거래는 어떤 주요 활동으로 이루어질 수 있습니까?

A) 학문적 연구와 교육

B) 국제 핵무기 개발

C) 핵물질의 불법적 생산 및 거래

D) 공익 활동

정답 C

풀이 핵물질 불법거래는 핵물질의 불법적 생산 및 거래로 이루어질 수 있습니다.

05 핵물질 불법거래의 주요 동기는 무엇입니까?

A) 인권 보호 B) 경제적 이익

C) 국제 협력 강화 D) 환경 보전

정답 B

풀이 핵물질 불법거래의 주요 동기는 경제적 이익을 얻기 위함입니다.

06 핵물질 불법거래로 인한 국가안보 위협은 어떤 형태로 나타날 수 있습니까?

A) 경제 위기 B) 테러리즘 지원

C) 국제 스포츠 경기 참가 D) 환경오염

정답 B

풀이 핵물질 불법거래로 인한 국가안보 위협은 테러리즘 지원과 같은 형태로 나타날 수 있습니다.

07 **핵물질 불법거래 방지를 위해 국가들은 주로 어떤 조치를 취해야 합니까?**

A) 불법 거래 장소 운영

B) 국제 협력 강화 및 법규 강화

C) 국가 경계 허용

D) 핵무기 개발 장려

정답 B

풀이 국가들은 핵물질 불법거래 방지를 위해 주로 국제 협력 강화 및 법규 강화를 시행합니다.

08 **핵물질 불법거래의 결과로 어떤 중요한 국제 문제가 발생할 수 있습니까?**

A) 국제 무역 증가

B) 국제 안보 위협 증대

C) 국가 경제 성장

D) 자연재해 예방

정답 B

풀이 핵물질 불법거래로 인해 국제 안보 위협이 증대될 수 있습니다.

09 **핵물질 불법거래를 신고하는 것이 중요한 이유는 무엇입니까?**

A) 법적 규정 준수 강조

B) 보상금 받기 위해

C) 불법 거래 지지

D) 국제 협력 방해

정답 A

풀이 핵물질 불법거래를 신고하는 것은 법적 규정을 준수하고 국제 안보를 강조하기 위해 중요합니다.

10 핵물질 불법거래 방지를 위한 국제기구 중 하나는 무엇입니까?

A) 국제 테러리즘 연구센터

B) 핵무기 개발 협회

C) 국제 원자력 기구 (IAEA)

D) 국제 환경 보호 기구

정답 C

풀이 핵물질 불법거래 방지를 위한 국제기구 중 하나는 국제 원자력 기구 (IAEA)입니다. 이 기구는 핵무기의 확산을 방지하고 핵물질의 안전한 사용을 감독합니다.

Chapter 10

항공 테러리즘

★ 공중범죄는 현실의 당면과제
★ 항공기 범죄 발생 원인과 문제점
★ 항공기 범죄에 대한 대응방안
★ 연습문제

01

공중범죄는 현실의 당면과제

현대 고도의 기술 문명발달은 항공 교통수단의 비약적인 진보를 가져오게 하였으며 그로 인하여 항공교통의 발달은 인류생활에 크게 공헌하게 되었으며 생활 의존도역시 갈수록 증대되고 있다. 그러나 이러한 긍정적 측면 못지않게 미국 뉴욕 무역센터에 대한 9·11 항공기 테러 사건처럼 항공기를 동원한 공중범죄와 같은 과거에는 상상할 수 없는 방법에 의한 테러사건이 증가하고 있어, 이것은 우리의 새로운 관심과 우려사항으로 되고 있다. 즉 항공교통의 발달로 인한 세계화, 광역화 경향은 세계인들 간의 교류를 빈번하게 하였으나 이것이 오히려 범죄자들에게는 또 하나의 범죄 공격목표 내지 범죄 장소를 제공해주고 있는 것이다. 따라서 항공기 테러와 같은 공중범죄의 문제는 현실의 당면과제로 부각되고 있는 실정이다. 사실 지금까지 공중안전 내지 비행안전에 대한 위협은 범죄의사를 가진 범죄인에 의한 공중범죄 보다는 오히려 항공기술상의 문제점, 항공운항 시스템의 불합리, 운항 보조 시설의 미비와 조종사나 항공 관제사들의 잘못에 기인하는 바가 더 크다고 할 수 있었다.

그러나 항공기를 납치한 후 항공기를 동원한 테러가 자행될 경우 그 피해 범위 및 대형성은 상상을 초월하기 때문에 항공기 불법납치(unlawful seizure: hijacking)방지는 항공안전 못지않게 매우 중요한 사항이라 아니할 수 없다. 따라서 본장에서는 항공 교통발달이 가져오는 몇 가지 주요 문제점과 항공기 범죄예방을 위한 위기관리 구조상의 문제점을 개괄해 보고, 이에 대한 대응방안을 법적 측면과 제도적인 측면에서 고찰하고자 한다. 공중납치(hijacking)사건 같은 공중범죄를 예방하기 위한 법적, 제도적 시스템의 구조를 파악하고 그 문제점과 항공 테러 방지의 한 방편으로서의 대응방안을 살펴보고자 한다.

1. 항공기 범죄에 대한 개관

1) 항공 교통의 발달

일반적으로 항공교통 측면에서 지금까지는 비행기하면 군용기가 중심이었고 민간 항공이 오늘날처럼 활발하게 된 것은 오랜 일이 아니었으며 민간항공 역시 처음에는 지극히 제한된 범위의 사람들만이 이용했었다. 그러나 최근 민간항공의 발달상은 하루가 다르게 눈부시게 발전하고 있다. 점보제트기가 개발되어 하늘을 나는 것은 오래된 일이 되었으며, 지금은 퇴역하였지만 영국과 프랑스가 공동 개발한 콩코드 초음속기(SST)는 음속의 2배 이상의 속도로 최초로 민간 항공기에 이용되기도 하였다. 또한 국내 교통을 보아도 서울, 부산, 제주뿐만 아니라 전국 중소도시 사이에도 민간 항공망이 거미줄처럼 이어져 있다. 이런 의미에서 민간항공은 이제 특수계층 일부만을 위한 특수 교통수단이 아니라 이제는 대중의 발로서의 역할을 수행하고 있다고 말할 수 있다.

이와 같은 항공 교통의 발달은 대단히 편리한 것으로 아무리 거리가 먼 외국이라도 이웃처럼 왕래할 수 있게 되었고 이로 인해 인간의 활동 범위 역시 대단히 넓어져 많은 플러스 효과를 낳았다. 그러나 이로 인한 항공기 안전사고, 항공기 범죄 등 마이너스 측면도 상당히 드러나고 있는 실정이다.

2) 항공기 범죄의 개념

항공기 범죄의 대표 격인 항공기 납치의 개념에 대하여는 헤이그 협약 제1조에서 규정하고 있는바 (a) 폭력 또는 폭력에 의한 협박 기타 위협수단을 사용하여 당해 항공기를 불법하게 탈취하거나 관리하는 행위(미수를 포함), (b) 전항의 행위(미수를 포함)에 가담하는 행위라고 규정하고 있다.[1]

이를 상설하면 첫째, 폭력이나 무력에 의한 협박 기타의 위협수단에 의해 행해져야 한다는 것으로 이와 유사한 내용은 동경협약 제11조 제1항에도 있으며 항공기 납치의 전형적인 방법은 폭력에 의한 위협이다. 여기서 폭력의 의미에 관해서는 영어의 force가 물리적 강제행위를 가리키는데 대해서 불어의 Violence는 물리적 행위뿐만 아니라 심리적인 것도 포함하기 때문에 물리적인 폭력에 부가하여 무언가 그 밖의 위협이나 강제의 사용도 포함시켜야 할 것이다. 즉 당해 행위가 항공기의 비행안전을 직접 위협하는 경우이면 폭력이라고 할 수 있겠다.

그러나 폭력에 의하지 않는 테러 행위, 예를 들어 만일 항공기의 조종사가 하이재킹을 직접 하거나 또는 하이재커들이 항공기의 목적지 변경에서 조종사의 도움을 얻었거나 그렇게 하도록 뇌물을 주었을 경우, 또한 항공기 납치범들이 여 승무원의 협조를 얻었거나 그녀로 하여금 조종사의 음료수에 약을 타게 하여 조종사의 의식을 잃게한후 하이재커가 항공

1 최윤식 “Hijacking 사고의 통계적, 법적 분석을 토대로 한 대책 연구”, “한국 항공 대학 논문집” 제15집 (1979. 5.), 56면.

기를 납치, 관리하여 진로를 변경시킨 경우에도 항공기 납치의 개념에 내포되느냐의 문제가 생기는데 헤이그협약은 가급적 개념의 확대를 피하고 있다.

둘째, 항공기 탈취, 운항 관리, 행선지 변경을 하거나 그 중의 하나에 대한 시도가 있어야 한다.

셋째, 폭력의 사용 및 폭력에 의한 위협의 불법성이 있어야한다. 이것의 요건은 법적으로 정당화할 수 있는 이유를 가지고 행하여지지 않는 경우 등을 가리키는 것으로 이해된다. 이것은 동경 협약의 내용과 유사하며 불법성의 구체적 판단은 재판권을 실제로 행사하는 국가의 국내법에 의할 것이다.

넷째, 비행 중의 항공기에서 비행중이라는 개념은 동 협약 제3조 제7항에 규정되었듯이 이륙 다음의 항공기의 모든 외곽문이 닫히고 착륙을 위해 그 문이 열릴 때까지의 시간을 말하며 이는 동경협약보다 협의의 의미를 갖는다. 여기서 지상의 공범자도 포함할 것이냐의 문제가 생기는데 당 협약은 여기까지 미치지 않은 것으로 보고 있다.[2]

이와 같이 헤이그 협약에서는 기내의 폭력행위 혹은 적어도 위협을 수반하는 전형적인 패턴으로서의 항공기 납치행위를 규정하고 있으며, 반드시 항공기의 불법 탈취나 운항 관리에 예상되는 모든 상황을 포함한다고는 볼 수 없다. 예를 들면, 조종사와 승객이 공모하여 항공기의 예정 행선지를 변경하는 경우, 혹은 사기, 책략, 증 수뢰, 부실 표시 등의 행위에 의해서 항공기의 진로를 변경하거나 지연시킬 경우에는 협약의 규제 대상이 되지 않는다.

2 Sami, Shubber, Aircraft Hijacking under the Hague Convention, A New Regime, 1973, pp.694~699

02

항공기 범죄 발생 원인과 문제점

1. 항공교통 발달에 따른 역기능

1) 지역 사회와의 마찰

최근 항공에 있어서 마이너스로서 문제로 되어 있는 것은 항공소음이다. 예를 들자면 공항 주변에 인접한 주택가에서는 공항 소음 문제가 소송으로 진전될 가능성이 증가하고 있는 실정이다. 즉 초음속기가 사용되면 충격파(Sonic boom)에 의해 지상에 큰 피해를 입힐 수도 있으며, 비행기가 점차 대형화됨에 따라 활주로의 길이가 길어지지 않으면 이륙을 못하게 되었기 때문에 비행장을 확장하지 않을 수 없거나, 혹은 새로운 비행장을 건설해야 하나, 협착한 곳에 넓은 공지를 발견한다는 것은 우리나라와 같은 비좁은 나라에서는 쉬운 일이 아니기 때문에 그로 인해 새로이 토지를 수용하거나 취득하여야 하며 이러한 추진과정에서 여러 가지 분쟁이 일어나게 되는데, 이는 항공 개발에 수반되는 마이너스 면이라고 할 수 있다.

2) 항공 안전사고의 증가

최근 항공교통의 역할증가는 순기능도 많이 제공하고 있으나 항공기에 의한 각종 사고가 점차 증가하고 있다. 따라서 안전하고 쾌적한 항공여행을 위해서는 항공기 사고 방지와 하이재킹 등 비행기를 무대로 한 범죄를 예방하여야 한다.

먼저 항공기 사고 방지를 위해서는 무엇보다도 안전한 비행기를 만들고 안전한 운항시스템을 구비하는 일이 사고를 예방하는 제일의 전제가 될 것이다. 그러나 이것은 항공 기술상의 문제로서 결국 과학기술의 발전을 기다려야 하는 문제이다.

반면에 항공 안전사고 예방을 위한 또 다른 방법은 법규준수와 사고조사의 전문화를 들 수 있다. 즉 육상의 자동차 교통에 있어서 도로교통법이 있는 것처럼 공중의 교통안전을 꾀하는 데 있어서도 법률에 의한 교통정리가 필요하다. 공중이라 하면 육지의 도로와는 달리 완전한 공간이지만 그렇다고 누구든지 함부로 변경할 수 없도록 설정하고 항공로에 들어와서의 진로변경이나 급강하비행은 원칙적으로 금지한다는 등의 교통정리가 필요한 것이다.

사고의 조사에서도 사고가 발생할 때마다 전문가에게 의뢰하여 조사하는 방법을 지양하고 사고조사를 위한 상설기관을 설치하여 조사하게 할 필요가 있다. 즉 항공기 사고 조사 위원회를 통해 항공기 제조 회사나 항공기 회사의 기술자 등 이해관계자를 제외시켜 가능한 중립, 공정한 판단을 기하여야 한다. 또한 바다의 경우 사고가 발생하면 해난심판이 개설되는 것처럼 항공사고의 진상을 규명하기 위해서는 항공기 사고심판소를 개설하여 사고원인 및 책임 소재 등을 가능한 공개장소에서 논쟁하는 것도 생각해 볼 수 있는 사항이라 생각한다.

그러나 이와 같은 사고대책 면에서의 법률의 역할은 보조적인 것이며 주역은 어디까지나 항공기술전문가들이다 할 수 있다.

3) 공중범죄(hijacking)의 발생

항공기 범죄와 관련해서는 비행장을 중심으로 볼 때 범죄의 양상은 지상 범죄와 공중 범죄로 대별할 수 있다. 전자에 대한 활동은 사회윤리상 또는 군사상 위해요소의 유입을 차단하고 제거하는 것으로서 일반적인 치안활동과 다를 바 없다. 반면에 후자의 경우도 그 실질은 마찬가지이나 그 양상이나 대책, 법체계 및 기능은 전자와는 다른 측면에서 전개된다.

공중범죄(hijacking)는 우리나라에서는 80년대 들어 83년에 중공 민항기 납치사건과 아시안 게임을 앞둔 86년의 김포공항 테러 사건, 그리고 87년 11월의 KAL 858기 사건을 계기로 갑자기 주목을 받게 되었으며 테러행위의 대표적인 방법이 되고 있다. 그러나 하이재킹은 세계적으로 보면 상당히 이전부터 문제화되었던 것이다.

따라서 공(空)의 안전을 위협하는 요소로서의 하이재킹의 방지, 항공기에서 발생하는 범죄방지는 또 하나의 법률적인 관점에서 논의해야 할 대상인 것이다.

2. 위기관리 구조상 문제점

우리나라와 같은 안보현실 속에서 항공기 테러리즘과 같은 항공범죄를 사전예방 하기 위해서는 무엇보다도 범죄가 발생하기 이전에 사전예방하는데 중점을 두어야 하며, 최운선적으로 위기관리 구조를 정확히 분석하여 관리능력에 대한 수준을 높이는데 주안을 두어야 한다. 그러기 위해서는 위기관리에 관한 중요한 요소를 진단할 필요가 있으며 본고에서는 위기관리 구조를 테러상황 예측측면, 조직적 측면, 정책수행측면,

군사대비측면으로 구분 살펴보았다.

1) 상황예측측면

남북으로 분단된 우리의 안보현실은 남북 간의 대화와 교류로 인해 전면전의 가능성은 현저히 감소되었으나, 오히려 테러를 통한 위기조성을 할 수 있는 북한의 가용수단은 더욱 커졌다. 예를 들어 서해의 NLL의 분쟁지역화와 핵위협 등 대량살상무기 및 장거리 미사일의 개발 등은 여전히 남북 간의 위기감을 조성하고 있다. 따라서 방어적인 입장에 있는 한국이 수호해야할 가치의 폭은 넓어지기도 하였지만 반면에 취약성도 증가되고 있다. 그러나 한국군은 한반도 전쟁을 대비하는 다양한 군사연습을 반복하여 익혀왔으나 이는 주로 평시에 발생될 수 있는 위기, 특히 항공기를 이용한 범죄 등 테러에 대해서는 아직도 대비체제가 미흡한 실정이다,

따라서 이러한 위기에 적극적으로 대비할 필요가 있으며, 이를 위한 위기관리의 중심은 위기발생 후 처방보다는 예방적 위기관리 측면에서 검토되고 연구 되어야 하겠다. 위기가 발생될 수 있는 전략 환경에 유의하면서 위기상황을 예측하고 사전에 대비하는 노력이 필요하다. 즉 항공교통발달에 따라 항공기 범죄가 많이 발생될 수 있으리라는 위기상황을 사전에 예측하여 대응능력을 준비하는 행동은 미래의 유사위기사태가 발생 시 이를 효과적으로 극복할 수 있기 때문이다.

미국의 경우 지난 9.11 테러사태이후 예상되는 항공기 범죄 등 각종 테러위기에 대비하여 치밀한 모의연습을 실시하고 있으나 우리의 위기관리에 대한 상황예측 능력은 아직도 미흡하기만 한 실정이다..

따라서 위기 발생 가능한 테러지역을 미리 선정하고 이에 대비하여

대응을 위한 어떠한 수단이 필요한지, 그 수단은 미래에 가능한지의 자원배분문제도 검토하고 위기발생 시에는 즉각적으로 대처할 수 있는 능력을 평시에 준비하는 등 상황예측향상을 위한 철저한 훈련과 대비가 필요하겠다.

2) 조직적인 측면

현대국가에 있어서 위기관리의 영역은 정치·군사뿐만 아니라 경제, 사회, 심리 등 다양한 분야에 걸쳐 상호관계를 갖고 있어, 어느 한 부대가 담당할 수 있는 정도로 단순하지 않게 되었다. 따라서 국가위기관리를 위한 통합적이고 전문적인 기능을 갖는 위기관리 조직이 필요하며 이와 관련하여 우리나라는 국가안보회의를 설치하여 운용하고 있다. 그러나 모든 조직과 기능이 대부분 전시업무에 중점을 두고 있어 현실적으로 평상시 위기사태를 전담하는 고유한 조직은 없다.

특히 국가위기 상황발생시 대비하는 조직으로 가장 민감한 대응태세를 갖추는 부서인 국방부 및 합참의 기능은 국가안보를 위해 평시 역할에 유념할 필요가 있으며 보다 전문적인 위기관리의 대비체제로서 각종 정보를 통합할 수 있어야하겠다.

따라서 우리나라의 현재의 안보기구 및 위기관리기구는 조직의 전문성, 통합능력, 조정능력, 비효율적인 한시적기구의 운영 등의 문제점을 볼 때 조직개선을 필요로 한다.

최근의 국제환경과 국내 환경 면에서 볼 때 에도 안보조직의 개선은 환경적응 상 필요한 사안이다. 즉 세계적인 규모의 전쟁이나 국가 간의 전면전 충돌의 개연성은 감소되고 오히려 항공기범죄 등 테러, 국지전과 같은 저 강도 분쟁의 가능성이 높아졌기 때문에 미래의 위기를 예상하고 최선의 해결방안을 검토하고 요구되는 해결수단을 발굴함으로써 미래의 유사사태에 효과적으로 대비할 수 있어야 한다.

3) 정책수행 측면

항공기 범죄 등 테러가 발생할 경우의 위기관리에 있어서 중요한 것은 위기사태의 인지, 정보의 수집 및 판단, 인지된 위협에 대처할 수 있는 대안들에 대한 위기시의 의사결정, 선택된 대안을 실행에 옮기는 협상기술, 가용한 수단 등의 위기해결능력 등 정책수행이다. 그러나 우리나라에서는 지금까지 위기사태의 평가 및 조사 면에서 발생된 위기에 대하여 전문적이고 체계적인 분석력이 미흡하였으며, 정책결정측면에서도 한국에 대한 위기관리의 주체는 한국임에도 불구하고 미국 의존적인 경향이 많다. 또한 KAL기 폭파사건사례 등에서 본 것처럼 위기도발에 대한 대응은 항상 미온적이었고, 단지 군사적 조치에만 의존하려는 경향이 대부분이었다.

또한 많은 전문가들이 항공기 범죄와 같은 테러리즘을 최소화하기 위한 방법으로 제시하고 있는 것 중에 하나는 공권력을 갖춘 국가가 테러리스트를 예외 없이 법의 정의 앞에 세우고 엄격하게 처벌하는 단호한 의지와 자세를 가져야한다는 것이다. 그리고 현재 테러리즘의 규제에 관한 국제협약들은 개개의 특정테러리즘행위를 범죄로 규정하고 테러리스트에 대한 엄중한 형벌로써 처벌할 것을 규정하고 있기 때문에 테러발생 시에는 정책수행측면에서 예외 없는 억제와 처벌을 강화하여야 하겠으며 그러기 위해서는 관련국가간의 평소의 협조가 중요하며 이러한 것은 전 세계 어떤 국가도 테러리즘으로부터 완벽하게 안전하지 않다는 인식에 따른 국제사회의 연대의식에 기초를 두어야 할 것이다. 이러한 협조와 연대의식은 심각해져가고 있는 테러리즘의 근절은 물론 국제평화와 국제질서 유지에도 크게 기여할 것이다.

최근 미국의 테러와의 전쟁과 응징은 이러한 것을 반영한 것이라 할 수 있다. 그러나 우리나라의 경우는 국제정세와 군사력측면에서 제한적일 수밖에 없다는 것이 문제점으로 지적되고 있는 실정이다.

4) 군사대비측면

지난 미국의 9·11 테러는 미래위협의 불확실성과 이에 기초한 군사력 건설의 정당성을 증명하였다. 그 이전에는 누구도 항공기에 의한 그와 같은 테러를 예측하지 못하였다는 점에서 9·11 테러는 미래의 불확실하고 다양한 위협에 폭넓게 대비하지 않으면 안 된다는 주장에 동의하지 않을 수 없게 하였다.

즉 현대의 군대는 구체적인 미래의 위협의 상정이 불가능하다는 현실을 인정하는 바탕 위에서 어떤 예기치 않은 위협이 대두되더라도 대처할 수 있는 다양한 능력을 구비하는 방식으로 전환되어야 할 필요가 있다.

따라서 우리군 역시 지금까지와 같은 전통적인 정규전 수행 위주의 발전방식에서 벗어나 예기치 않은 테러대비 등 다양한 임무수행을 위한 균형된 능력을 구비할 필요가 있다.

03

항공기 범죄에 대한 대응방안

1. 법적 측면의 대응

항공기 범죄 등 테러를 방지하기 위해 우리나라는 1982년 1월 21일 대통령훈령 제 47호인 국가대테러 활동지침을 법령으로 제정한바 있고, 2016년 3월에 제정된 '국민보호와 공공안전을 위한 테러방지법'(약칭 테러방지법)에 의거하여 대처해오고 있으나, 미국의 9.11사건과 같은 최근 증가하고 있는 항공기 범죄는 국제적인 성향으로 이제 우리나라도 급변하는 세계화시대에 잘 부응할 수 있도록 항공범죄를 위해 관심을 기울이고 국제적인 협조와 이에 관한 관련법규도 지속 보완되어야하겠다. 예컨대, 항공기 범죄인을 어떻게 수사할 것이며 어떻게 재판할 것인가 하는 문제는 대테러기구나 업무분담 수준에서 해결하거나 국내에서만 해결할 수 있는 문제가 아닌 것이다. 따라서 현행항공기 범죄관련 법규를 대체할 수 있는 효과적인 법적장치도 강구할 필요가 있다고 생각한다.[3]

3 테러방지법은 대테러활동 관련 실무 조정 등을 하는 대테러센터를 국무총리 산하에 설치하고, 국가정보원에 정보수집 권과 추적권을 부여했다.

1) 항공범죄예방을 위한 국제적 규제강화

최근의 미국 무역센터에 대한 테러는 항공기를 동원하였다는 것이 특이한 사항이다. 이와 같은 항공 범죄, 즉 항공기의 불법한 탈취 또는 관리, 그리고 항공의 안전에 대한 불법한 행위라는 새로운 유형의 범죄현상은 항공교통이 발달하면서 증가하고 있는 바, 이에 대한 국제적 규제가 시급하게 되고 있어 UN의 전문기관인 국제민간항공기구(ICAO)[4]에서는 1970년 12월 1일부터 16일 까지 헤이그에서 항공법 외교회의를 개최하여 '항공기 불법납치 억제를 위한 협약'(Convention for the Suppression of Unlawful Seizure of Aircraft : 헤이그협약이라 약칭)을 체결[5]하였는데, 이것은 다른 어느 협약보다도 직접 항공기납치 방지를 위하여 마련되었다는 점에 의의가 있는 회의였다. 또한 헤이그협약보다 훨씬 이전인 1963년에 체결된 '항공기상에서 행해진 범죄 기타의 행위에 관한 협약'(Convention on Offenses and Certain Other Acts Committed on Board Aircraft : 동경협약이라 약칭)이 항공기 납치방지를 위한 세계최초의 국제적인 다자 협약이었다.

뿐만 아니라 1971년 9월 23일 몬트리올에서 제정된 '민간 항공의 안전에 대한 불법 행위 억제를 위한 협약'(The Convention for the Suppression of Unlawful Acts against the Safety of Civil Aviation)은 동경협약과 헤이그협약을 보강하는 협약으로서 공중 및 지상의 항공기에 대한 사보타지 및 공격을 범죄의 범위에 포함시키고 범인의 인도와 엄벌에 처할 것을 규정하고 있다.

---

4 ICAO에 관한 자세한 내용은 http://www.icao.int 참조.

5 최완식, "Hijacking 사고의 통계적, 법적 분석을 토대로 한 대책 연구", 「한국 항공 대학 논문집」, 제15집(1996), 56면.

이 세 협약은 하나의 단일체계라기보다는 개별적으로 가장 시급한 해결이 요구되는 문제의 해결노력으로서 고려되어야하며 이들 중 헤이그협약과 몬트리올협약은 밀접히 관련되어 있으며 전자의 내용은 대부분 후자에 답습되고 있다. 또한 몬트리올 협약을 보충하는 성격으로서 1988년 2월 24일에 체결된 '국제민간항공에 사용되는 공항에서의 불법적 폭력행위의 억제를 위한 몬트리올 의정서'(Protocol for the Suppression of Unlawful Acts of Violence at Airports Serving International Civil Aviation)가 있다. 그 밖에 국제항공관계범죄를 다루는 보편적 국제조약으로는 1991년 3월 1일에 체결된 '탐색목적을 위한 플라스틱 폭발물의 표식에 관한 몬트리올 협약'(Convention on the Marking of Plastic Explosives for the Purpose of Detection)등이 있다.[6]

여기서 동경협약과 헤이그협약에 대하여 상설하면 우선 동경협약은 형법상의 범죄행위와 항공기의 안전, 항공기상의 인명 및 재산에 위협을 가하거나 가할 수 있는 또는 항공기상의 질서를 위협하는 기타의 행위에 적용된다. 지금까지는 비상한 속도로 수개국의 상공을 비행하는 항공기의 내부에서 발생하는 범죄에 관해서는 항공기의 등록 국 또는 그 상공을 비행하는 국가의 재판권이 경합한다고 생각되어 왔으나 당 협약에서는 항공기등록 국에 재판권을 부여하고 타국의 재판권도 부정하지 않았다. 반면에 체약국은 (가) 항공기상의 범죄의 결과가 미치거나, (나) 국가의 안전에 대한 범죄가 행해지고, (다) 범인 또는 피해자가 자국민인 경우 이외에는 상공을 비행중인 항공기를 강제 착륙시켜서는 안 된다고 규정하고 있다. 따라서 항공기납치에 대한 하나의 규제로서 의도된 것이 아닌

6 유병화·박노형·박기갑 공저, 국제법II, 법문사, 2000. 3., 249~250면.

동경협약은 헤이그협약에 의해 해결될 문제를 남겼다. 또한 최근 들어 항공기납치행위의 증가와 그런 사건에 의하여 야기되는 국제 민간 항공에 대한 위험의 증가는 동경협약상의 결함과 더불어 항공기 납치 행위에 대한 좀 더 효율적인 규제방법을 제공하는 하나의 국제적인 제도가 고안되도록 하고 있는 것이다.

한편 헤이그협약은 항공기납치범들에 대한 재판관할권을 행사할 수 있는 국가의 수를 확대하였으며, 국제법상에서 아직 인정되지 않았던 항공기의 임차인의 주요업무지 또는 상주지 국가의 재판관할권 행사에 대한 새로운 기반을 구축하였다. 즉 당 협약하의 항공기납치범인에 대한 관할권은 각 체약국에게 재판관할권 행사권한을 주며 이렇게 하여 범인이 법의 통상 절차를 빠져나오지 못하도록 하며 이러한 재판관할권은 항공기 납치 범죄를 국제관습법상의 해적행위에 가깝게 하여 새로운 국제민간 항공체제에서 사용되는 '공중해적' 이라는 용어가 정당화되었다. 또 이 협약은 하이재커들을 소추하기 위하여 필요불가결한 범인인도협약을 삽입했다. 이는 그동안 범인인도협약이 규정되지 않아 자주 항공기납치에 대한 재량권의 유지를 원하던 것에 비추어 볼 때 범인인도를 의무화하지 않도록 현명하게 규정한 것이다.

비록 헤이그협약하의 재판관할권과 범인인도의 규정에 결점이 없지 않고, 비난을 받지 않는 것은 아니지만, 당 협약은 전 세계의 항공기납치 행위에 대한 투쟁에서 큰 의의가 있다하겠으며 따라서 우리나라도 이와 같은 국제적인 규제를 강화하여야 하겠다.[7]

7 Sami Shubber , op. cit. , pp.725~728.

2) 재판관할권의 확립

수개국의 영역에 걸쳐 활동하는 항공활동의 특수성에 비추어 볼 때 항공범죄에 대한 재판관할권은 매우 복잡한 양상을 보이고 있으며, 이 관할권의 경합해결이 납치범의 인도나 소추의 전제가 되는 것이다.

헤이그협약 제4조에 따르면 체약국은 납치범죄와 그와 관련된 폭력행위에 대하여 재판관할권을 확립하는데 필요한 조치를 취할 권리를 갖는다. 즉 각 체약국은 입법, 사법, 행정관할권 확립에 필요한 모든 조치를 취하는데 입법관할권은 제2조, 행정관할권은 제7조의 범인 인도와 관련된다 할 수 있다. 다음은 관할권을 갖는 순서대로 살펴보겠다.

3) 항공기 등록 국

어디서든지 자국의 국적을 갖는 항공기상에서 항공기 납치 범죄가 발생될 경우 그 국적국가는 그 범죄에 대한 재판관할권을 갖는다. 이 권한은 국제법상의 모든 권한에까지 확대되어 등록국은 항공기납치에 관한 국내법령 제정, 항공기납치범들의 체포와 재판을 할 권한이 있다. 또한 그 국적 항공기가 납치될 경우 항공기 자체의 동력을 상실케 하거나, 항로를 봉쇄하여 납치된 항공기의 이륙을 방해하기 위한 어떤 조치를 취할 수도 있으며 또 납치된 항공기의 도주를 막거나 강제착륙을 시키기 위하여 특공대를 보낼 수도 있다.[8]

4) 착륙 국가

아직 기내에 납치범들이 잔류하고 있는 항공기가 착륙한 영토상의 체

8 Sami Shubber, op. cit., pp.707~708

약국은 항공기상의 범죄에 관한 재판관할권을 갖게 되며, 따라서 그 국가는 항공기납치범을 체포, 재판, 감금할 권한이 있다. 즉 착륙국은 공중에서 하이재킹이 일어났든 안 일어났든 간에 관계없이 재판관할권을 행사할 수 있으며 만일 그 범죄가 공중에서 발생되었다면, 속지주의 원칙에 따라 착륙 국이 배타적인 재판관할권을 갖는다. 따라서 그 영토상에 착륙한 것을 제외하고 범죄와 그 국가 간에 명백한 아무런 관련 없이 항공기납치범죄에 대한 관할권이 확대되는데, 이것은 영토외적 관할권(extraterritorial jurisdiction)에 상당하며, 공해상 또는 어떤 국가의 관할권 밖에서의 해적행동에 대한 국가들의 재판관할권과 유사한 것으로 말할 수 있겠다.[9]

5) 항공기 임차인의 주업무지나 상주지 국가

항공기가 한 국가에 등록되고 타 국적을 갖는 조종사에게 임차된 항공기의 하이재킹에 대한 관할권이 문제가 되는데 헤이그협약은 항공기 임차자의 주업무지나 상주지 국가에게 그 항공기 하이재킹에 대한 재판관할권을 부여하고 있다. 이 규정은 이 국가를 항공기의 등록 국, 착륙국과 같은 단계에 올려놓은 것 같다.[10]

6) 납치범이 발견된 국가

최근 미국에 대한 항공기 폭파테러사건의 유력한 용의자인 오사마 빈라덴과 그를 보호하는 아프가니스탄 탈레반 정권을 향한 미국의 공격이 진행되었는바, 항공기 납치범이 발견되는 체약당사국은 범인에 대한 재

9 Ibid., pp.708~710.

10 유병화, 중앙일보, 1983. 5. 9.

판관할권을 갖는다. 이 원칙은 그 국가의 영토상에 범인이 존재한다는 것 이외에 아무런 관련이 없으므로, 국제법상 영토외적 관할권상의 새로운 원칙으로 당연히 고려되어야 한다. 항공기납치 범죄 후 체약국 내에 범인이 단지 존재한다는 사실이 이 국가에게 그에 대한 재판관할권 행사의 권한을 부여한다.

외국에서 범죄를 저지른 후 자국으로 돌아온 자국민에 대한 관할권이 문제가 될 수 있는데, 이것은 국적주의 원칙에 근거를 두고 있다.[11]

이 규정상의 의도는 가능한 한 항공기납치를 방지할 궁극적인 목적으로 체약당사국에 항공기납치에 대한 재판관할권을 부여함으로서 항공기 납치범들이 형벌 면제를 피할 수 있는 재판관할권상의 모든 흠결을 메꾸는 것이다.[12]

따라서 항공기 범죄 발생 시 재판관할권과 관련하여 사전 철저한 준비와 국제간의 협조가 이루어져야하겠다.

2. 납치범에 대한 범죄인도 조약체결

1) 항공기 사고의 정치범죄적 성격

대법원은 중공민항기 납치사건에 대한 판결[13]에서 「본국에서 정치범죄를 범하고 소추를 면하기 위하여 다른 국가로 피난해 오는 경우에는 이른바 정치범 불인도의 원칙에 의하여 보호를 받을 수 있으며 이는 국제법상 확립된 원칙이라 할 것이나, 정치적 박해를 받거나 정치적 신조를

11 Ibid., p.712.

12 Ibid., p.713.

13 대법원 판결 84도39, 84. 5. 22.

달리함으로서 다른 국가에 피난하였을 때 이를 보호하여야 할 것인가에 관해서는 기본적 인권의 국제적 보장과 관련하여 문제가 없지 않다」고 하고 「이 사건의 경우처럼 중공의 정치, 사회 현실에 불만을 품고 자유중국으로 탈출하고자 이 사건 항공기를 납치하여 입국한 피고인들은 후자의 범주에 속하는 정치적 피난민이라 할 것인 바, 이와 같은 정치적 피난민에 대한 보호는 소수의 국가가 국내입법으로 보장하고 있을 뿐, 우리나라도 이를 보장하는 국내 법규가 없으며, 개개의 조약을 떠나서 일반 국제법상의 보장이 확립된 것도 아니다.」고 판시하였다.

생각컨대, 항공기납치사건에 있어서는 도대체 그 동기나 배경 여하를 가릴 것 없이 모든 경우에 정치범 불인도의 원칙은 적용의 여지가 없는 것이다. 일부 국가에서 정치성을 이유로 납치범의 인도를 거절한 사례가 없는 것은 아니나, 항공기납치의 정치범죄적 성격을 인정한 견해는 찾아볼 수 없다. 예부터 정부의 전복 기도의 직접적인 결과가 아닌 테러 행위에는 정치적 색채를 부인하여 왔고 이러한 경향은 최근에까지 이어져서 요즈음에는 「하이재킹」이나 외교관에 대한 가해 행위 등에 대하여서는 정치성을 배제하고 있다.[14]

헤이그협약도 정치적인 성격을 띤 항공기의 납치를 예외로 인정하지 않았으므로, 정치적 동기에서 행한 납치행위라 하더라도 인도의무에 대하여는 아무런 영향도 미치지 아니한다. 최근 들어 이와 같은 경향은 양자 조약에도 그대로 반영되고 있다. 예를 들어, 미국과 영국은 1985년 봄에 두 나라사이의 범인인도조약을 개정하여 납치와 인질 등의 행위에 대하여는 정치성에 관한 예외 규정을 적용하지 않기로 이를 아예 명문화하

14 Guy S. Goodwin Gill, *The Refugee in International Law*(Oxford ; clarendon Press, 1985), p.61.

였다

다만, 탈출의 목적으로 항공기를 납치하는 여행 목적의 하이재킹에 있어서는 정치적 박해위험과 관련하여 범인의 기본적 인권의 보호라는 측면도 고려해야 하기 때문에 인도에 있어서 신중을 기하여야 한다. 즉 범인이 난민임을 입증하면 난민조약에 명시되어 있는 강제송환금지의 원칙(rule of non-refoulement)에 따라 박해를 받을 위험이 있는 나라로 되돌려 보내서는 안 된다. 그러나 이 경우에도 인도를 하지 않으면, 형사재판권의 행사를 위하여 필요한 조치를 취하여야 한다는 헤이그협약의 의무는 그대로 부담하지 않으면 안 된다.

2) 인도 가능한 범죄

헤이그 협약에 의하면 모든 체약국은 항공기 납치를 하나의 범죄로 간주하며 그 실행자를 인도하여야 한다. 이것은 정치범죄이며 범인인도 원칙에 의해 해결되지 않는다는 몇 개 국가의 주장은 더 이상 효력이 없다. 따라서 협약 당사국은 기존 협약에 명백히 항공기 납치범죄를 범인인도 가능 범죄에 포함시키기로 합의했으며 이것의 결과는 체약국간의 기존의 범인인도 협상은 자동적으로 수정된다.[15]

3) 협약상의 범인인도

헤이그 협약에 따르면 범인인도 요구 국가 간의 범인인도 협약의 존재를 요구하는 체약당사국은 헤이그협약을 하이재커의 인도근거 협약으로 원용할 수 있다. 이것은 하이재커의 인도를 용이하게 하고 처벌을 위해

15 Ibid., pp.717~718.

그들을 법원에 소추하는데 유용한 조치이다. 이점에서 요구 국가와 요구받은 국가 간의 범인인도협약이 존재할 때만이 범인인도가 인정되는 동경협약보다는 상당한 진전이다. 요구받은 국가는 범인 인도협약 대신 헤이그 협약을 받아들이는 것은 자유이며 범인인도는 또한 그 국가의 국내법의 요건에 구속된다. 따라서 요구받은 국가는 자신의 영토에 망명한 납치범의 인도를 거부할 수도 있다. 그러나 납치범의 인도를 거절하는 체약 국가는 예외 없이 처벌을 하기 위해 그 사건을 권한 있는 당국에 제출해야 한다. 따라서 항공기 납치범에 대한 이와 같은 원칙과 절차 확립을 위해 사전 국제간 범죄인도에 관한 조약 체결을 강화할 필요가 있다.

3. 피랍 항공기에 대한 사법적 처리 철저

납치된 항공기 착륙국의 사법적 처리는 크게 둘로 나눌 수 있다. 그 하나는 납치범의 인도나 소추이고 다른 하나는 승무원과 승객 및 기체의 처리에 관련된 것이다. 먼저 피랍항공기의 착륙허용 문제부터 보면 조난항공기임이 명백한 경우에는 착륙의 권리가 보장된다. 항공기의 납치의 경우에도 이를 긴급피난으로 보고 입국과 착륙의 허용에 관한한, 조난 항공기와 같은 권리가 인정된다. 따라서 납치범이 승객과 항공기의 안전을 위협하면서 항로의 변경을 강요한 경우에는 그 항공기의 착륙을 거부할 수 없다. 1944년의 시카고 협약에 명시된 대로, 자국영토 내에 대하여는 일반 국제법상 반드시 구조해줄 의무까지 있다.

1) 승객과 승무원의 지위 및 처우

승객과 승무원은 처벌할 수 없고 착륙국은 오히려 이들의 안전을 보장하고, 여행을 계속토록 하여야한다. 불법 입국이나 물품의 반입에 관한 어떠한 관계법령도 적용되지 아니한다. 다만 문제된 민간항공기의 승무원에 과실이 있는 경우, 관계 법령이 정하는 바에 따라 불법입국의 책임을 물을 수 있으나, 조난 항공기에 있어서는 그러한 과실이 없는 것으로 본다. 그러나 착륙국의 관계당국은 피랍항공기의 비상착륙에 관련된 제반 사정을 조사할 수는 있다.

UN총회에서는 1970년 11월 30일의 결의에서 착륙 국에 대하여 승객과 승무원의 안전보장뿐만 아니라 여행을 계속할 수 있도록 하라고 촉구하였고, 국제법학 회에서도 그 다음해의 결의를 통하여 조난항공기의 구조가 일반 국제법상의 의무임을 밝히면서 역시 기착하고 있는 동안 승객과 승무원의 신변안전과 인간적 존엄성을 보장하고 가능한 한 신속히 여행을 계속 할 수 있도록 보장하여야 한다고 밝히고 있다.

2) 기체의 반환 의무

동경협약과 헤이그협약은 모두 하나같이 승객과 승무원의 송환과 아울러 기체의 반환의무를 규정하고 있다. 동경협약은 기장이 다시 항공기를 통제 할 수 있도록 적절한 모든 조치를 취할 것과, 나아가 승객과 승무원이 가능한 한 신속히 여행을 계속할 수 있도록 허용함과 아울러, 당해 항공기와 화물을 소유권자에게 반환하여야 한다고 명시하고 있다. 헤이그 협약 또한 기장에의 원상회복부분에는 동경협약과 똑같이 규정을 하고, 이어 당해 항공기와 화물도 지체 없이 소유권자에 반환토록 명시하고 있다.

기체의 반환 의무는 항공기 납치의 국제법적 규제를 위하여 체결된 협약중의 중요한 조항이나, 아직은 이를 협약의 비당사국에 관한 한 피랍 항공기의 반환을 거부하더라도 그것만으로 바로 국제법상의 의무를 위반한 것은 아니라는 견해가 그대로 남아있다.[16] 따라서 피납항공기에 대한 처리에 있어서는 사법적 측면에서 절차가 소홀함이 없도록 하여야 하겠다.

3) 하이재킹 방지에 관한 특별법 제정

세계 약 21개국 정도가 항공기 납치를 규제하기 위한 입법 조치를 취한 바 있으나 이러한 특별법을 미처 제정하지 않은 나라들도 자국의 형법 규정만으로도 납치범들을 충분히 소추할 수 있다고 보고 있다. 한국에서도 1974년 12월 26일의 항공기운항안전법에 의하여 폭력 또는 협박 기타의 방법으로 운항중인 항공기를 납치한 자는 무기 또는 7년 이상의 징역에 처하게 하고 이 항공기납치 죄를 범하여 사람을 치사 상하게 한 자는 사형 또는 무기징역에 처할 수 있게 하였다.

이 법 제3조는 항공기내에서 범한 범죄 및 기타 행위에 관한 협약 제1조의 규정에 의한 모든 범죄 행위에 적용한다고 규정하고 있다. 여기서 말하는 협약이란 소위 동경협약을 가리킨다. 한국도 1971년 2월 19일에 비준한 바 있는 이 협약은 형벌에 반하는 죄뿐만 아니라 항공기와 그 탑승자의 안정을 위협하거나 할 염려가 있는 행위 기타 기내의 질서 및 규율을 행하는 행위에 적용된다. 일본에서는 1970년 3월부터 4월에 걸쳐 일어난 요도호 납치사건을 계기로 「항공기의 탈취 등의 처벌에 관한 법률」을 제정하였다. 이 법에 의하면 폭력 또는 기타의 방법으로 사람을 저항불능의 상태로 빠뜨려 항행중인 항공기를 강취하거나, 임의로 그 운

16 James J. Busttil , “The Bonn Declaration on International Terrorism” , International and Comparative Law Quarterly(1982) , p.481.

항을 지배한 자는 무기 또는 7년 이상의 징역에 처하도록 했으며, 그로인해 인명을 사망케 한 자는 사형 또는 무기징역에 처하도록 했으며, 위계 또는 위력으로 항행중인 항공기의 진로를 변경시키거나 정상적인 운항을 저해한 자는 1년 이상 10년 이하의 징역에 처하도록 규정하고 있다.

실제로 중공민항기 납치사건에 대한 제1심 판결(서울형사지법 제11부)에서는 법령의 적용에 있어서 항공기납치, 치상의 점은 항공기운항안전법에, 그리고 허가 없이 총포, 화약류를 수입한 점은 총포, 도검, 화약류 단속법에 각각 해당한다고 밝혔다. 이어 입국허가서 없이 입국한 점은 출입국관리법에, 그리고 허가 없이 외국국적의 항공기를 대한민국 외에서 출발하여 대한민국 내에 도착하는 항행을 한 점은 항공법에 각각 해당한다고 판시하였다.

앞서 지적한대로 항공기 납치사건에 있어서는, 물론 반대 견해가 전혀 없지는 않지만, 대체로 출입국관리법이나 관세법은 그 적용을 배제해 온 사실에 비추어 보면, 제1심 판결에서 출입국관리법이 일부 조항까지를 적용법조로 들고 있는 것은 다소 의외라는 느낌이 드나 이 견해는 대법원에서도 계속 유지되고 있다.[17]

따라서 일본과 같이 "항공기 탈취 등의 처벌"에 관한 별도의 특별법을 제정하여 증가하고 있는 항공기 범죄 예방에 대처하는 것도 하나의 방법이라 생각한다.

---

17 대법원 제2부, 판결 84도39, 84. 5. 22.

1) 관련 정보활동의 중시

미국의 9·11 테러와 같은 위기도발의 상황은 발생된 이후부터 사태평가를 하는 사후적인 조치로는 부족한 정보, 시간의 제약 등으로 인해 효율적인 위기관리를 할 수 없다. 따라서 항상 미래에 발생 가능한 위기상황을 사전에 예측하여 대비하는 태세가 중요하며 이를 위해서는 무엇보다도 정보활동의 강화가 필수적이다. 현재 우리정부는 불충분한 테러리즘 관련 정보 수집을 위해 미국의 CIA, FBI, 일본경시청 등 외국정보기관 9개국 16개 기관과 교류를 유지하면서 테러리즘 관련 정보수집 및 첩보를 확인하고 있다. 또한 일본과 실무협의를 통해 정보교류를 하고 있으며, 미국과는 형사사법 공조조약을 체결하여 범죄인의 소재파악과 증거수집 등을 하고 있다. 결국 평상시의 이러한 정보활동의 강화가 항공기 범죄 등 테러리즘 대책 마련 시 최우선적으로 고려되어야 한다.

2) 인적·물적 자원·교육체계구축

항공기 범죄 등을 예방하기 위해 또 다른 한편으로 고려되어야 할 사항은 전문적인 자질을 갖춘 인적자원의 보유문제이다. 최근에는 테러리즘에 대비하기 위해 신형장비 등이 개발·배치되면서 지나치게 장비에만 의존하는 경향이 있다. 그러나 장비의 운용과 정책을 수립하고 시행하는 것도 인적자원이기 때문에 이에 대한 전문가 양성이 절실하며 범행수법의 지능화에 대응하기 위한 각종 첨단장비확보도 필수적이다. 현재 우리나라는 항공기 범죄 등 테러리즘에 대응하기위한 전문가 및 첨단장비는 너무 열악한 실정인 반면 대한항공폭파사건 등 북한의 위협은 계속 상존하고 있어 새로운 유형의 항공범죄예방과 대응에 필요한 신형장비의 확보와 배치에도 관심이 요구된다.

3) 탑승 전 검문검색 강화

미국의 9·11 테러에 있어서 항공기 납치범인들은 총이나 폭약대신 은익하기 쉬운 칼을 소지하고 조종실에 침투하여 범행을 자행했던 것이다. 하이재크에 대한 대책으로서 현장진압, 즉 하이재크를 꾀하는 자가 비행기에 탑승한 경우 그자를 체포하는 방법을 들 수 있다. 따라서 기장에게 강력한 권한을 부여하여 범인 체포를 위해 승무원을 지휘, 감독하고 승객에게도 어느 정도의 협력을 요구할 수 있게 하는 것이 필요하다.[18] 또 기장 이하 승무원이 무장한다든가 경찰관이 탑승하는 방법도 있다. 그러나 범인이 승객을 인질로 잡았을 때는 함부로 행동할 수가 없다. 특히 비행 중에 범인을 체포하려고 들 경우 잘못하면 추락 사고의 원인이 되므로 간단히 제압할 수 있는 경우를 제외하고는 차라리 체념하는 편이 더 나은 방법일 수 있다. 이와 같이 현장에서 범인을 체포하기는 역시 어려우므로 다음으로 생각 할 수 있는 것은 범인을 비행기에 탑승시키지 않는 것이다. 또 납치하는 데는 반드시 무기가 필요하게 되므로 범인이 비행기에 탄 경우라도 무기를 소지하지 못하게 하는 방법이 될 것이다.

구체적으로, 승객이 비행기에 탑승할 때에 승객의 신원을 확인하고 화물을 조사하게 한다. 이와 같이 세관 검사라는 이유로 화물을 따로 하여 겨우 수하물 정도만 소지하게 하면, 수하물 속에 숨길 수 있는 무기는 제한되기 마련이므로 적어도 대형무기의 반입은 막을 수 있다. 그러

18 항공기운항안전법 제5조(기장의 권한).

나 권총이나 폭약, 칼 같은 무기는 휴대가 가능한데 이를 예방하려면 소지품 검사를 해야 하고, 이에는 법률상 제한이 있다. 또한 현재 금속 탐지기를 사용하여 금속성 무기에 대해 금속 반응이 일어나면 소지품을 보여 달라고 하는 방법을 쓰고 있으나 전기면도기 등에서도 금속 반응이 일어나기 때문에 승객에게 불유쾌한 기억을 주지 않기 위해 손님과 마찰이 예상되는 일을 피하게 된다. 이런 점을 생각한다면 소지품 검사는 제한이 많기 때문에 첨단검색장비, 검색요원의 전문화, 시설의 개선을 통하여 외부에서 총기 등 무기류를 발견할 수 있게 하여 소지품 검사에 수반되는 불쾌함을 없애려는 노력이 이루어져야 하겠다.

10 연습 문제

01 항공테러리즘의 목표는 무엇입니까?

A) 여행의 안전 보장

B) 국제 협력 강화

C) 항공업계 수익 증가

D) 폭력적인 정치적 목적 달성

정답 D

풀이 항공테러리즘은 폭력적인 정치적 또는 사회적 목적을 달성하기 위해 항공수단을 이용하는 행위입니다.

02 항공테러로 가장 흔히 사용되는 무기는 무엇입니까?

A) 핸드건 B) 폭탄

C) 생화학 무기 D) 무기 공항 검출기

정답 B

풀이 항공테러로 가장 흔히 사용되는 무기는 폭탄입니다.

03 항공테러를 예방하기 위한 주요 조치 중 하나는 무엇입니까?

A) 항공료 인상 B) 보안 검색 및 승객 스크리닝

C) 편의 시설 개선 D) 항공사의 광고 확대

정답 B

풀이 항공테러를 예방하기 위한 주요 조치 중 하나는 보안 검색 및 승객 스크리닝입니다.

04 **항공테러의 대표적인 예로 알려진 사건은 다음 중 어느 것입니까?**

A) 9/11 테러 B) 화이트하우스 폭탄 테러

C) 펜타곤 공격 D) 파리 에펠탑 폭파 사건

정답 A

풀이 9/11 테러는 항공테러의 대표적인 사례 중 하나로 알려져 있습니다.

05 **항공테러범이 흔히 사용하는 위장 수법은 무엇입니까?**

A) 비행기의 본래 승무원처럼 위장

B) 가짜 여권 사용

C) 항공사의 로고를 입은 옷 착용

D) 보안검색에서 항상 손을 들어 실제 범인처럼 보이기

정답 B

풀이 항공테러범이 흔히 사용하는 위장 수법 중 하나는 가짜 여권 사용입니다.

06 **항공테러의 대표적인 표적은 무엇입니까?**

A) 승무원 B) 비행기 승객

C) 항공사 경영진 D) 항공기 자체

정답 D

풀이 항공테러의 대표적인 표적은 항공기 자체입니다.

07 **항공테러를 예방하기 위해 국제적으로 취해진 조치는 무엇입니까?**

A) 국경 통과 요구

B) 항공사의 무기 휴대 금지

C) 항공사 보안 교육 강화

D) 국제 항공 보안 협약 (ICAO)

정답 D

풀이 항공테러를 예방하기 위해 국제적으로 취해진 조치 중 하나는 국제 항공 보안 협약(ICAO)입니다.

08 항공테러범이 항공기 안에 무기를 반입하는 방법 중 하나는 무엇입니까?

A) 보안 검색에서 휴대품을 제출

B) 체크인 백의 봉지에 무기 숨김

C) 휴대품 X-레이 스캔 회피

D) 보안 검색 시 반짝이는 옷 입음

정답 B

풀이 항공테러범이 항공기 안에 무기를 반입하는 방법 중 하나는 체크인 백의 봉지에 무기를 숨기는 것입니다.

09 항공테러의 주요 동기 중 하나는 무엇입니까?

A) 항공 업계의 경제적 이익

B) 국제 평화 유지

C) 정치적 목적 달성

D) 문화 교류 촉진

정답 C

풀이 항공테러의 주요 동기 중 하나는 정치적 목적을 달성하기 위함입니다.

10 항공테러 대응을 위한 핵심 전략 중 하나는 무엇입니까?

A) 보안 검색 제한

B) 항공편 취소

C) 정보 공유와 협력

D) 경제 제재

정답 C

풀이 항공테러 대응을 위한 핵심 전략 중 하나는 정보 공유와 협력입니다.

Chapter 11

해상 테러리즘

- ★ 해상주도권 확보를 위한 각축
- ★ 해상수송로의 개념
- ★ 해상수송로 상황과 현실
- ★ 해상 테러리즘에 대한 대응방안
- ★ 해상테러리즘 방지를 위한 방안
- ★ 연습문제

01

해상주도권 확보를 위한 각축

지구는 바다와 육지로 형성되어 있으며, 그 중 바다는 지구 표면의 약 70%를 차지하고 있다. 이와 같은 광활한 바다는 세계를 연결시켜주는 중요한 교통로가 되고 있다. 이 교통로를 통해 인류는 식량과, 에너지, 공산품 등을 상호 교환함으로써 생존을 유지해오고 있다. 상품의 교역과 흐름은 육로, 해로, 공로를 통해서 이루어지고 있으며, 그 중 해상을 통한 교역과 무역은 90% 이상이 된다.[1] 특히, 해상은 유사시 국민이 생존하는 데 필요한 에너지 자원, 식량, 그 밖에 중요자원과 필요한 물자를 수송하는 중요한 수송로서의 의미를 지니고 있다.

이러한 무역 대부분은 국제항해를 위해 1개 내지 116개의 해협을 통과하고 운하를 통과하게 된다.[2] 약 46,000개의 선박과 4,000여개의 항구가 세계의 해상운송체계를 이루고 있다.[3] 세계 원유무역의 2/3가 국제해상운송로를 통해 수송된다. 액화천연가스(LNG) 및 기타 에너지 자원도

1 OECD, Report on Security in Maritime Transport.

2 Iran Storey, "Securing Sourtheast Asias Sea Lanes: A Work in Progress", *ASIA POLICY*, NUMBER 6(JULY, 2008), p.1

3 duostech, duos technologies, inc, "MARITIME AND PORT SECURITY WHITE PAPER", 2008.11.12

역시 해상을 통해 수송되고 있다.[4]

이와 같은 해상의 중요성은 우리의 경우에도 마찬가지이다. 삼국시대의 장보고로부터 고려의 해상무역 그리고 현대에 세계 10대 무역국으로서 성장과 수출입 물동량의 약 99%를 해상을 통해 수송한다는 사실에서 보듯이 해상은 우리에게 매우 중요한 요소인 것이다. 특히, 우리나라는 중동으로부터 원유를 수입함에 있어서 대부분 해상을 통해 수송하고 있고, 수출입 물량 중 에너지, 곡물, 자동차 등 해상을 통해 수송하고 있다.

이처럼 해상은 세계적으로나 국내적으로 그 중요성이 더욱 증대되고 있으며, 이에 따라 세계 각국은 해상에서 주도권을 확보하기 위해 각축을 벌이고 있다. 특히, 20세기말 구소련이 붕괴하고 이념보다는 경제적 실리추구 양상이 확대되면서 바다는 그야말로 소리 없는 전쟁터로 변해가고 있다. 국가 간 해상 영토분쟁, 해군력 증강 등 분쟁의 불씨가 되고 있다.

이와 같은 해상에 대한 이익충돌을 방지하고 인류의 공동유산인 바다에 대한 규범적인 질서를 확립하기 위해 국제사회는 지난 1982년 이래로 수차례 논의를 거쳐 1994년 유엔해상법 조약을 체결, 발효시킴으로써 새로운 해상법질서가 형성되었다. 그러나 세계 각국은 자국의 이익확보를 위해 유엔 해상법상 규정된 배타 적경제수역(EEZ)과 대륙붕을 최대한 확장시키는 등 해상 분쟁이 끊임없이 발생하고 있다. 특히, 동북아시아는 많은 국가들이 반도, 군도, 분쟁도서, 전략적 해협과 해로로 둘러싸여 있으며, 황해(동지나해), 동해(일본해) 등은 양국이 상호 주권을 주장하고 있어서 문제가 되고 있다.

---

4 US Department of Energy, Energy Information Administration, World Oil Transit Choke points, 2005. 11, p.1.

관련 국가들은 이웃국가 간 긴장관계가 증대되지 않도록 하기 위해 과거 20여년 동안 배타적 경제수역이나 대륙붕을 확장시키는 것을 꺼려 왔으나 최근에는 점차 자국의 이익을 주장하는 목소리를 높이고 있다. 최근 중일 간 동지나해 해상경계문제, 한일 간 독도문제, 한일 간 북방영토 및 남쿠릴열도 자원문제, 남북한 서해상 해상경계문제, 대만해협에 대한 중국과 대만의 분쟁 등 다양한 형태의 분쟁들이 발생하고 있다. 또한, 세계적으로 해상테러 및 해적행위 등 여러 가지 형태의 분쟁들이 발생하고 있다. 대표적인 예로 최근 소말리아 해안과 아덴만에서 출몰하고 있는 해적과 해상강도로 인해 해상운송은 매우 위험한 상황에 직면하고 있다. 물론 해적과 해상강도는 어제 오늘의 일이 아니지만 최근에는 더욱 기승을 부리고 있으며 그들이 소유한 무기체계도 상당한 수준에 이르고 있어 해상교통로를 직접적으로 위협하고 있는 실정이다. 뿐만 아니라 해상에 은거 지를 두고 선박이나 항구를 공격하는 해상테러도 점차 증가하고 있다.[5]

이러한 상황은 이제 해상국가나 해상을 이용하는 몇몇 특정 국가만의 문제가 아니라 국제사회가 공동 대처해야 할 필요성이 제기되고 있다. 이에 따라 우리나라도 지난 4월에 유엔평화유지군의 일환으로 청해 부대를 파견하여 해적소탕과 해상안보에 기여하고 있다.

특히, 해상수송로는 우리나라의 수출입 운송로의 대부분을 차지하고 있어 해상수송로의 안전과 보호는 국가안보와 직결되는 매우 중요한 문

5 세계적으로 2000년부터 2006년 말까지 총 2,463건의 해적행위가 있었으며, 이는 매년 352건으로서 1990년부터 1999년까지 매년 발생한 209건 보다 상당히 증가된 것이다. 이같은 해적발생 건수는 동남아시아에 집중되어 있으며, 그 중 자카르타 정부의 주권하에 있는 말라카 해협을 포함하는 인도네시아 군도에 집중되어 있다. 이는 2006년 한해동안 발생한 세계 전체의 약 25%에 달하는 숫자이다. 해적과 해상강도는 2008년에는 306건이 발생하여 2007년 282건에 비해 약 8.5%가 증가하였다. 2009년 4월까지는 157건이 발생하였다.

제이다. 따라서 평시는 물론이고 전시에 우리의 생명선과 같은 존재인 이 해상수송로의 안전을 확보하고 지키기 위해서는 가장 효과적이고 실질적인 방안을 마련, 추진해야 할 것이다.

이러한 취지하에 본 장에서는 해상수송로의 의미와 위협상황을 살펴보고 이를 토대로 규범 력 강화, 국제적 협력체계 구축, 국내적 대응, 해군력 강화, 동북아시아 해상레짐 창설 등 다양한 대응책을 살펴보고자 한다.

02

해상수송로의 개념

해상수송로라는 용어는 영어로는 'Sea Lanes of Communcations'로 표현되고 줄여서 'SLOC'라고 표기한다. 'SLOC'는 정확히 정의하자면 두 가지로 나누어진다. 먼저 군사전략적 차원의 의미에서 'SLOC'는 'Sea Lanes of Communications'의 약자로 "작전부대와 작전기지를 연결하여 그 노선을 따라 보급품과 증원 군이 이동하는 해상의 통로"[6]라는 개념으로서 병참선, 군수선 등을 뜻한다. 이러한 배경을 포함한 'SLOC'이라는 용어를 비군사적 논의를 위해 사용하다 보니 Sea Lanes of Communications로 풀어 쓰게 된 것이고, "해상에서 인원과 물자를 수송하는데 필요한 수로계통과 시설"[7]을 의미한다. 따라서 해상수송로(SLOC)라는 보편적인 말에는 상업적인 목적과 군사적인 목적의 해상수송로가 포함되어 있다.

해상수송로는 전시의 중요성이 보다 근본적인 고려사항이지만 평시의 경제적 중요성에 의해서 더욱 주목받고 있다. 어떤 국가도 해상으로 공급되는 물자 없이는 지속적인 발전이 불가능하다. 기본적인 자원문제에 있어서 국가 간 상호의존도는 매우 높아서, 이런 자원의 확보 자체가 '경제안보'라는 차원에서 다루어지고 중시되고 있는 것이다. 이러한 해상

6 군사영어편찬위원회(편), 「군사영어사전」, 서울: 병학사, 1980, p. 476.
7 군사영어편찬위원회(편), 위의 책, p. 756.

수송로는 식량자원의 공급, 과학적 개발의 효용성 증가 등으로 인해 해상자체의 이익에 대해 인식케 됨에 따라 세계 각국들은 해상개발에 노력을 기울이게 되었고, 이로 인해 해상수송로의 중요성은 더욱 제고되고 있다.

또한 전시에 있어서 해상수송로는 대부분의 국가가 현대전을 수행하기 위해서는 동맹국 등 해외에서의 병참지원을 받아야 한다는 데에 중요성이 있다. 그 수요가 항공수송으로는 충족될 수 없으며 결국 해상수송에 의존하지 않고는 효과적인 전쟁수행이 불가능하다. 그리고 전 세계에 걸쳐 많은 동맹국이나 군사기지를 갖고 있는 초강대국의 입장에서는 해외의 군사기지나 해상 작전부대를 지원하는 해상수송로의 확보는 국제질서 또는 세력균형에 관련되는 매우 중요한 문제인 것이다.[8]

8 김달중(편), 「한국과 해로안보」(서울: 법문사, 1988), p. 148.

03

해상수송로 상황과 현실

1. 한국의 해상수송로

한국은 수출입 물동량의 약 70% 이상이 해상을 통해 수송하고 있다. 이와 같은 한국의 선박이 투입되고 있는 정기항로는 한일항로, 동남아항로, 북 미주항로, 중동항로, 유럽항로, 호주항로, 아프리카항로, 중남미항로 등 8개 항로이다. 이 중 아프리카 항로와 남미항로에는 국적선사의 참여도가 적을 뿐만 아니라 국적선의 운항형태가 선복부분용선 혹은 합작형식으로 운항하고 있기 때문에 실질적인 한국의 주요정기항로인 한일, 동남아, 북미주, 중동, 유럽 및 호주 등 6개 항로로 볼 수 있다.[9]

이들 항로에는 각각 중요한 해상수송로가 있으며 특히 남지나 해역과 말라카 해역을 비롯한 동남아해역, 호르무즈 해협이 있는 페르시아만의 안전이 동남아항로와 중동항로의 안전을 결정하며 이 두 항로는 유류, 철광석 등의 수입자원 절반 이상을 의존하고 있는 항로이다. 한국은 1962년 이후 근대화의 목표를 공업화를 통해서 달성하려고 노력하여 왔다. 그러나 한국은 공업화 또는 경제발전에 있어서 부존자원의 절대부족

9 김달중, "한국해로 안전연구",「국방학술논총」 제2권(한국국방연구원, 1989), p. 78.

이라는 커다란 취약점을 지니고 있다. 결국 한국은 공업화의 진행과 함께 자원의 해외 의존도를 심화시켜 왔다. 2001년의 수입총액 1,411억 달러 중에서 356억 달러가 곡물을 비롯한 자원의 수입을 위해 쓰여 졌고, 이 액수는 같은 해의 수출액 1,504억 달러의 23.7%에 해당하는 것이다.[10]

이러한 자원의 수입은 해상운송에 주로 의존할 수밖에 없기 때문에 주요자원의 해외 의존도를 분석함으로써 해상수송로 안전 확보의 중요성이 부각될 수 있다. 특히 에너지자원과 제철원료 등은 궁극적으로 모든 산업부문의 발전을 뒷받침하지만, 무엇보다도 국방장비의 생산과 원활한 이용을 위해 중요한 병참 적 의미를 지니고 있는 자원이다. 따라서 이러한 자원들의 안정성 여부는 국가 경제적 문제를 넘어서 국가안보문제에 직결된다.

2. 해상수송로 위협요인(해적 및 해상테러 발생을 중심으로)

국제해사기구(IMO)는 1998년부터 공식적인 해적공격을 기록하였으며, 2008년 9월까지 3,500여건 이상의 공격이 있었다고 밝히고 있다. 특히, 9월에는 소말리아 해역에서 해적 공격으로 인해 크게 증가하였다.

해적행위로 인한 태평양과 인도양 사이의 해상에서만 약 13조 달러에서 15조 달러의 선박피해를 입었으며, 이는 화물이나 물건을 강탈할 뿐만 아니라 선박자체를 절도하는 경우를 포함하고 공격으로 인해 지연도착, 그리고 보험료 증가 등을 포함한다.

해적으로 인한 인명피해는 매우 중대한 문제이다. 2006년에 15명의

10 한국무역협회(편), 「무역연감 2002」(서울: 한국무역협회, 2002), p. 96.

선원이 해적의 공격으로 사망하였고, 188명이 납치당하였고, 77명이 인질로 잡혔다가 석방되었다. 1995년부터 350명 이상의 선원이 목숨을 잃었다. 에너지 운반선에 대한 해적이 공격이 전 해적공격에서 매우 커다란 부분을 차지한다. 2006년에 전체 공격의 12%에서 2007년에는 24% 이상으로 높게 나타났다.[11] 해적 및 해상강도 사건은 1990년대 중반에 크게 증가하는 추세를 보이다가 2000년대 들어서는 그 수가 급증하여 국제사회의 시급한 대책마련을 필요케 하였다. 국제해사기구(IMO)가 해적 및 해상강도 신고를 접수한 1984년 이후부터의 통계인 〈표 21〉을 보면 그 발생추이를 알 수 있다.[12]

그리고 〈표 1〉와 같이 국제해사기구의 최근 3년간 지역별 해적 및 해상강도 사건 발생 통계를 보면 소말리아 해역이 포함된 동아프리카에서는 2007년은 2006년에 비해서 2배, 2008년은 2007년에 비해서 다시 2배로 증가하여 해적출현 가능성이 높은 해역으로 악명을 떨치고 있다.

---

11 DONNA J.NINCIC, "Maritime Piracy: Implications for Maritime Energy Security", Journal of Energy Security, 2009.2.19.

12 이 국제해사기구의 통계에는 국제법상 전통적인 해적 외에 무장강도(armed robbery at sea 또는 armed robbery against ships)도 포함되어 있다. 전통국제법이 해적의 개념과 관련하여 그것이 공해상이나 기타 국가관할권 밖의 지역에서 발생하는 것이라는 장소적 제한성을 가지고 있는데 반하여 현실적으로는 동일한 유형의 범죄행위가 어떤 국가의 영해나 내수 또는 항구에서 빈번히 발생하고 있기 때문에 국제해사기구는 이러한 유형을 '무장강도'라 지칭하여 통계에 포함시키고 있다. IMO Resolution A.545(13) 참고, 즉 국제해사기구는 '무장강도'라는 용어를 통하여 '인류공동의 적'인 해적의 개념을 사실상 확대시킨 것이다.

〈표 1〉 지역별 해적 및 해상강도 발생실태(2006–2008)[13]

구분	2006	2007	2008
아라비아해	4	7	1
동아프리카	31	60	124
인도양	53	40	26
말라카해협	22	12	2
지중해	1	3	2
북대서양	–	1	–
북해	1	1	–
페르시아만	–	6	–
남아메리카	31	25	19
남중국해	66	67	72
서아프리카	32	60	50
합계	241	282	296

한편 2006년 이후 소말리아 해역에서의 우리나라 선박 또는 선원의 피랍사례는 〈표 2〉과 같다.

〈표 2〉 소말리아 해역에서의 우리나라 선박/선원 피랍사례(2006–2010)[14]

발생 일시	사건명	피랍 내역	처리 결과	비고
2006. 4.4	우리국적 선박 동원호 피랍	소말리아 동부 근해에서 조업 중 피랍 (아국인 8명, 총 25명)	선박회사와 해적단체간 협상, 피랍 117일 후 석방 (7.30)	원양어선 361톤

13 IMO, MSC.4/Circ.98, 13 April 2007; MSC.4/Circ. 115 10 July 2008; MSC.4/Circ.133 19 March 2009에서 종합.

14 국회 국방위원회 수석전문위원, 국군부대의 소말리아 해역 파견 동의안 검토보고서(2009년 2월), 10면.

2007. 5.15	우리 선주 (탄자니아국적) 마부노 1·2호 피랍	소말리아 동부 210마일 (336㎞) 해상에서 피랍 (아국인 4명, 총 24명)	선주와 해적단체간 협상, 피랍 174일후 석방(11.4)	원양어선 200톤
2007. 10.28	일본 선박 (파나마국적) 골든노리호 피랍	일본 케미컬 탱크선인 골든노리호가 소말리아 동쪽 인도양 해상에서 피랍 (아국인 2명, 총 23명)	일본 선사와 납치단체간 협상으로 피랍 47일후 석방(12.12)	화물선 (화학물질) 6,253톤
2008. 9.10	우리국적 선박 브라이트 루비호 피랍	소말리아 인근 아덴만 공해상에서 항해중 피랍 (아국인 8명, 총 22명)	선주와 해적단체간 협상으로 피랍 36 일후 석방(10.16)	화물선 (비료선적) 15,000톤
2010. 4.4	한국 선박 삼호드림호 피랍	소말리아인근인도양 해상에서 피랍 (아국인 5명, 총 25명)	협상진행 ('10.8.20)	초대형유조선 30만톤 (vlcc)

또한 최근의 소말리아 해역에서의 외국선박의 주요 피랍사례를 보면 〈표 3〉과 같다.

〈표 3〉 소말리아 해역에서의 외국선박 주요 피랍사례[15]

발생 일시	사건명	피랍 내역	처리 결과	비 고
2008. 9.25	우크라이나 (벨리즈국적) 파이나호 피랍	소말리아 동부 연안에서 케냐의 뭄바사항으로 이동중 피랍 (총 21명) *T-72탱크 33대와 부품 등 3,000만 달러 상당 화물 적재	협상 진행중	무기 수송선 13,650톤
2008. 11.15	사우디 유조선 시리우스 스타호 피랍	소말리아 동쪽 450해리 (약810㎞) 해상에서 피랍 (총 25명) *원유200만 배럴 (1억달러 상당) 적재	보상금 US$ 3백만불 지급 후 석방 ('09.1.9)	유조선 31만8천톤

15 상게 검토보고서.

2009. 1.1	UAE Blue Star	소말리아 아덴만 해상에서 피랍(총 28명) *비료 6천톤 적재	협상 진행 중	–
2009. 1.2	파나마 Sea Princess	소말리아 아덴만 해상에서 피랍 *유조선(적재량 미상)	협상 진행 중	–

그리고 2009년 들어서 소말리아를 포함한 아프리카 해안에서 나타나는 새로운 해적행위의 특징으로는 첫째, 해적활동이 다수국가의 해군에 의한 항행보호구역을 교묘하게 회피함으로써 아덴만 해역에서 소말리아 이남의 인도양까지로 이전되고 있으며, 둘째, 해적활동이 낮에서 밤에 발생하는 것으로 바뀌면서 해적이 사용하는 무기는 끊임없이 성능이 좋아지고 있고, 셋째, 해적의 약탈목표는 선박과 화물에 국한되지 않고, 선원 역시 해적이 몸값을 강탈하는 주요한 방법의 하나가 되고 있으며, 넷째, 서아프리카 해역, 특히 나이지리아 연해의 해역은 해적문제가 나날이 심각해지고 있다는 것, 다섯째 해적의 습격지점은 해안으로부터 점점 멀어지고 있다는 것 등이다.[16]

16 (中國)交通运输部, 2009年04月11日 加强船舶防范海盗工作有关事项的公告 참고.

04

해상 테러리즘에 대한 대응방안

1. 국제사회의 노력

1) 국제해사기구(IMO : International Maritime Organization)

국제해사기구[17]는 해상안전에 관한 국제기준 제정 및 감독을 수행하는 국제기구로서 해적 및 무장 강도에 의한 선박의 피해 방지 및 억제를 위해 노력하여 왔으며, 국제해사 국(IMB : International Maritime Organization)과 함께 선박에 대한 공격과 시도된 공격을 정규적으로 분류하고 보고하고 있다.

IMO가 그동안 수행한 업적을 구체적으로 살펴보면, IMO는 1983년 제13차 회의에서 “선박에 대한 해적 및 무장 강도 행위의 예방조치”와 1991년 제17차 회의에서 “선박에 대한 해적 및 무장 강도 행위의 예방 및 억제”, 그리고 1993년 제18차 회의에서 “선박에 대한 해적 및 무장 강도

17 국제해사기구는 12번째로 탄생한 유엔전문기구로서 해상에서 안전, 보안과 선박으로부터의 해상오염 방지를 관장한다. 해상수산부, 「IMO GUIDE BOOK」(서울 : 해상수산부, 2007), p. 1; UN 해사회의에서 1948년 3월 6일 IMCO 설립협약이 채택되어 1959년 1월 6일 정부간 해사자문기구(IMCO)가 설립되었으며, 1982년 5월 2일 국제해사기구(IMO)로 병칭이 변경되었다. 한국은 1962년 4월 10일 가입하였다. IMO의 설립 목적은 "Safe, secure and efficient shipping on clean oceans"이다. http://www,imo.org/about/mainframe. asp? topic_jd=310(검색일 : 2008. 12. 18)

범죄행위 조사를 위한 실무규약" 등을 채택하였다. 그리고 IMO는 제93차 이사회 이후 주요 해상수송로의 안전 확보에 관한 논의를 지속해 오고 있으며, 말라카 해협 연안국과 공동으로 SLOC 안전 확보를 위한 국제회의를 개최하였다. 제1차 국제회의는 2005년 9월 인도네시아 자카르타에서 개최되었으며, 총 30개국이 참가하여 자카르타 성명을 택하였다. 제2차 회의는 2006년 9월 말레이시아 쿠알라룸푸르에서 개최되었으며, 쿠알라룸푸르 성명을 채택하였다.

이 회의에서 말라카 해협의 전략적 중요성과 동 해협에서의 안보·안전·환경 보호 증진 및 연안국과 이용국간 협력의 필요성이 강조되었다. 그리고 말라카 해협 연안국의 주권적 권리 및 일차적 책임을 확인하였으며, 3개국 기술 전문 그룹 회의(TTEG : Tripartite Technical Expert Group Meeting)[18]와 이용국간 협력 프로젝트 및 한국의 재정기여로 발전중인 MEH(Maritime Electronic Highway : 해상전자고속도로) 시범사업 성과가 환영을 받았다.

2) 국제해사국(IMB:International Maritime Bureau)과 해적신고센터(PRC:Piracy Reporting Center)

국제해사국은 국제 상공회의소(ICC : International Chamber Council) 산하 기관이다. IMB는 국제 통상과 해상 운송에의 불법행이 방지를 목적으로 설립되었고, 현재 해적 신고센터(PRC)를 운영중에 있다. IMB는 매년 선박에 대한 해적 및 무장강도(Piracy and Armed Robbery against

18 TTEG는 연안 3국간 기술 전문 그룹 회의로서, 1977년 연안 3국 외상회의시 최초 제기되어, 연 1회, 말라카 해협 항해 안전과 해로 안보, 환경 문제를 의제로 다루는 회의이다. 구체적 내용은 Amarullah, "Security in the straits of Malacca", (국방대학교 안보과정 논문, 2007), p. 60.

Ship) 연차 보고서를 발행하여, 해역별 해적발생 동향 및 피해사례 등의 자료를 제공한다. IMB는 해적행위에 대한 효과적인 대응을 위하여 국제해사기구(IMO) 및 국제해사위성기구(Inmarsat)의 지원을 받아 1992년 10월 말레이시아 쿠알라룸푸르에 해적 신고센터를 설립하여 운영하고 있다.

해적 신고센터는 비영리 민간단체로서 해운업계 및 보험업계의 기부금으로 운영하고 있으며, 기능은 정부당국 및 인터폴(Inter pole)과 24시간 연락체계를 유지하고, 전 세계 해적정보를 수집, 전파하여 해적사고 연차 보고서를 실제 작성하며, 해적사건 접수 및 신속대응 등을 수행하고 있다.[19] 그 외 IMB 산하 긴급수사국(PRIS : Rapid Response Investigating Service)은 사건 해결에 유익한 정보를 제공하여 항래를 계속해야 하는 선박을 무리하게 지체시키지 않고 대처하기 위해 설립된 조직으로, 긴급수사국이 해적행위를 담당한 이후 국제해사국의 정밀수사가 강화되었다.

3) 해사 안전위원회(MSC : Maritime Security Council)

14개 나라로 구성된 해사 안전위원회는 안전계획을 국제해사기구 총회에 제출하는 기구로서 1년에 1회의 정기 모임을 갖는다. MSC는 소위원회를 두고 있으며 위험한 물품의 수송이나 무선통신, 화재예방, 선박설계 및 정비, 인명구조장비, 화물과 컨테이너 등의 특수 안건은 각각의 해당 소위원회에서 다룬다. MSC는 1973년에 해상환경보호위원회(MEP : Marine Environment Protection Committee)를 설치했다. MEP는 사무국도 운영하고 있으며 본부는 런던에 있다.[20]

---

19 정대율, "해적피해 예방을 위한 IMO 및 우리정부의 노력"(서울: 해상수산연구원, 2006), p. 1.
20 http://100.empas.com/dicsearch/pentry.html?i=116401(검색일 : 2008. 8. 18)

1994년 4월 제49차 회의에서 MSC는 "선박에 대한 해적행위 및 무장 강도 방지"를 정식의제로 채택하였으며, 1996년 제53차 회의에서는 "선박에 대한 해적행위 및 무장 강도에 관한 보고서"를 연안국에 송부 및 관련정보 접수의 필요성을 확인하였다. 또한 1999년 5월 제71차 회의에서 MSC는"선박에 대한 해적 및 무장 강도 퇴치를 위한 각국 정부에 권고" 및 "선박에 대한 해적행위 및 무장 강도 방지를 위한 선주, 선박운항자, 선장 및 승무원에 대한 지침"의 개정안을 승인하였다. 그리고 2002년에 MSC는 "선박에 대한 해적 및 무장 강도 행위의 예방 및 억제에 관한 선박소유자, 선박운항 자, 선장 및 선원을 위한 지침서"를 개발하고 이를 전 세계에 배포하여 해적 피해발생 예방대책 및 피해발생시 대응방안을 강구하고 있다. 2003년 11월 78차 회의에서 IMO 사무총장이 주요 해상수송로 안전문제를 제기하기도 하였다. 또한 2005년 12월 81차 회의에서 영국, 미국, 일본, 네덜란드, 노르웨이, 싱가포르 및 마샬 군도의 7개국은 공동으로 의제 'E-Navigation 전략개발(Development of an E-Navigation Strategy)'을 제안하였다.

4) 해적정보 공유센터(ISC : Information Sharing Center)

해적정보 공유센터는 아시아 지역 16개 회원국 간의 국제기구로서 아시아지역 해적방지 협력 협정(ReCAAP : Regional Cooperation Agreement on Anti-Piracy in Asia)에 따라 2006년 9월부터 가동되었다. 해적정보 공유센터는 현재 싱가포르에 위치하고 있으며, 아시아 지역 해적 방지 협정 총괄 및 회원국 간 연란체계를 유지하고 있다.

현재 회원국은 ASEAN + 한, 중, 일, 스리랑카, 방글라데시, 인도 등 총 16개국이다. ISC는 ReCAAP에 따라 해적과 관련된 정보에 대한 데이터베이스의 유지와 해적을 취급하는 각국의 관련 기관들 간의 의사소통을 촉진하기 위해 회원국으로부터 온 대표들과 일상적인 업무를 수행할 수 있는 정규 사무요원으로 구성된다. ISC의 핵심적인 활동은 ① 회원국들간 통신 협조 및 정보 교환, ② 지역 내 해적과 무장 강도에 관한 기록 및 통계 분석, ③ 회원국들의 반-해적 능력의 개선을 지원하는 것이다.[21]

5) 말라카 해협 회의(Malacca Security Council)

'말라카 해협 회의'는 말라카 해협의 안전, 보안 및 해상환경 보호증진을 위한 '해협 연안국과 이용국간 회의'로서, 2005년부터 매년 말레이시아, 인도네시아, 싱가포르 3개 연안국과 한국, 일본, 중국, 호주 등 이용국들이 참석해 실질적인 안전확보를 위한 상호 협력 방안을 논의한다.

6) 국제선박 및 항만시설 보안규칙(ISPS : International Ship and Port Facility Security Code)

ISPS는 미국의 9·11 테러 이후 전 세계적으로 선박 및 항만시설에 대한 해상테러 가능성이 증가함에 따라 테러로부터 항만시설을 보호하기 위해 제정한 국제협약의 일종으로 2002년 11월 UN산하 국제해사기구(IMO)에서 채택되었다. 한국은 2002년 12월 이를 채택하였고, 이 협약은 2004년 7월 1일 부로 국제적으로 시행되었다. ISPS는 국제 항해에 종사하는 선박(고속여객선을 포함한 여객선, 고속 화물선을 포함한 총톤수 500톤 이상의 화물선)과 국제 항해 선박 이용 항만시설(이동식 구조

21 http://www.recaap.org/index_home.html(검색일 : 2008. 12. 22)

물과 항만시설)을 나타내는 코드이다.

그러나 관공선, 군함, 비상업용 목적의 정부 소유 선박은 ISPS 통제에서 제외된다. ISPS는 선박의 해상 보안이 위협당할 경우를 대비하여 선박보안경보시스템(SSAS : Ship Security Alert System) 도입과 국제 항해종사 선박의 회사 보안책임자와 정부, 관련단체 등이 매년 1회 이상 합동훈련[22]을 실시하도록 의무화하였다.

7) 아시아해적방지 협력 협정(ReCAAP :Regional Cooperation Agreement on Anti-Piracy in Asia)

아시아 해적방지 협력 협정은 해적퇴치를 위해 한국을 포함한 아시아 16개국 간에 발효 중인 최초의 정부간 협정으로 아시아 지역 국가 간에 자발적인 협력과 협조를 바탕으로 선박과 선원을 대상으로 해상불법행위를 근절하는 것이 핵심이다. ReCAAP의 사무국 역할을 하는 해적정보공유센터(Information Sharing Center)는 해적행위 및 무장 강도 행위에 대한 정보교환, 해적 발생동향 분석 및 각국 정부와 해적관련 연락체계 유지 등의 업무를 수행하고 있다.[23]

한국은 2007년 7월부터 해적정보 공유센터에 서기관 1명을 파견하여, 전담연락창구를 운영하게 되었으며, 2008년 2월에는 기술협정 양해각서(MOU)를 체결하고 말라카 해협 등에서의 해적방지를 위한 연안국

22 선박보안경보훈련 : "국제선박 및 항만시설보안규칙(ISPS Code)"에 따라 국제항해에 종사하는 500톤 이상의 화물선과 국제항행여객선 등의 선박에 해적 등의 침입시 사용하기 위해 설치되어 있는 장비(SSAS : Ship Security Alert System)를 이용한 경보신호 송·수신 훈련.

23 Sam Bateman, Catherine Zara Raymond, Joshua Ho, "Safety and Security in the Malacca and Singapore Straits, Institute of Defence and Strategic Studies Policy Paper", 2006. p. 31.

해적 대응능력 배양을 목적으로 1억원을 지원키로 약속하였다.[24] 또한 2008년 5월에 국토해상 부는 아시아 각국의 해적퇴치 역량강화를 위하여 ReCAAP 사무국에 10만 달러의 기술협력 자금을 지원하였다. 이러한 비용부담(Burden Sharing)을 통해 한국은 말라카 해협의 안전한 통항을 확실히 보장할 수 있게 되었다.

그리고 2008년 8월 28일에서 29일까지 제2차 아시아 해적방지 협력협정(ReCAAP) 특별이사회가 서울 밀레니엄 힐튼호텔에서 개최되었다. 이번 특별이사회는 아시아지역에서 지속적으로 발생하는 해적 및 무장 강도 퇴치를 위해 ReCAAP 체약국간 국제 공조체제를 더욱 공고히 하고 회원국 간 신속한 정보공유를 통한 해적방지 활동 강화에 초점을 맞추고 있다. 또한 이번 회의에서는 각 체약국간 해적퇴치 역량강화 사업을 지속적으로 추진하고 국제해사기구(IMO) 등 각종 국제기구 및 비정부간 단체와의 협력을 증진하기 위한 방안에 대하여 집중적으로 논의했다.[25]

8) 항해안전에 관한 불법행위 억제 협약(SUA 협약)

SUA 협약은 선박의 항해 안전을 위협하는 선박 납치 등 해상테러를 규제하기 위하여 IMO가 1988년 이탈리아 로마에서 채택한 협약으로 1992년 3월 1일 발효되었으며, 현재 비준국은 52개국이다. 동 협약의 채택 목적은 항행의 안전에 대한 모든 불법적인 행위의 예방과 그 범죄자들의 기소 및 조치를 효과적·실제적으로 취하기 위한 국가 간의 협력강

---

24 연합뉴스 2008년 2월 24일자, http://news.naver.com/main/read.nhn?mode=LSD&mid=sec&sid1=001&oid=098&aid=0001943990&(검색일 : 2008. 6. 15)

25 http://www.e-today.co.kr/200707/news/newsview/php?TM=news&SM=0101&idxno=181444(검색일 : 2008. 12. 12)

화이며, 선박의 항해 안전을 위협하는 테러행위를 억제하기 위하여 각국의 처벌 의무, 관할권 확립 의무, 범죄인 인도, 사법 공조 등을 규정하였다. 한국은 2003년 협약에 가입하여 현재 시행중에 있다. 동 협약은 2001년 9·11 테러 이후 국제적인 차원에서 테러를 예방하고, 테러행위를 자행한 범죄인에 대한 적절한 처벌규정을 마련하기 위해서 2005년 10월 10일 SUA협약 개정을 위한 외교회의가 국제해사 주관으로 영국 런던에서 개최되어 14일 SUA협약 및 SUA의 정서 개정안이 채택되었다.[26]

9) 선박 경보전파 시스템 구축

선박 경보전파 시스템은 해적의 피해를 입거나, 접근사실을 인지하면 신고를 통해 해적에 대한 정보를 전 선박에게 전파하고 대응조치를 지원하는 일종의 경보시스템이다. 한국선박이 해적선에게 피해를 입거나, 접근하는 사실을 인지하면, 선박에서는 INMARSAT 등의 통신 수단을 이용 국토해상수산부에 신고하고, 국토해상수산부가 아시아지역 해적정보공유센터(ISC)에 통보하면, ISC는 사고 연안국 구조 기관에 협조요청을 하며, 연안국에서 즉시 지원을 한다.

한국은 해적 대응능력을 높이고 자체 대응능력을 강화하기 위해 한국 국적 선박과 국토해상수산 부, ISC 간에 선박 경보전파 훈련을 연 1회 실시하고 있다.[27]

---

26 http://www.gicoms.go.kr/knowledge/know_list_result.asp?table=KNOW_BOARD&board_gubun= 5&page=1&div=510&idx =1128(검색일 : 2008. 8. 15)

27 「해상수산 개발원 보도자료」(2007.10.15) at http://www.kmi.re.kr/news/bodo_view.asp?num=2280
(검색일: 2008.6.15)

10) 해상전자고속도로(MEH : Maritime Electronic Highway)

국제해사기구는 해상전자고속도로 사업(MEH)을 추진하고 있다. 말라카·싱가포르 해역에 구축하는 MEH는 다수의 선박이 항행하는 주요 항로에 전자해도 개발, 선박위치 추적 시스템(VMS), 선박자동 식별시스템(AIS) 등의 선박운항정보와 수로측량, 조류, 조석 등에 관한 정보를 D/B화하여 해상종합 정보시스템을 구축, 항행선박의 해적방지는 물론 좌초 및 충돌예방 등 안전운항을 확보함으로써 궁극적으로 해상환경을 보전하기 위한 것이다. MEH 사업은 2000년 12월 국제해사기구가 지구환경기금(GEF)과 공동으로 확정하였고, 1차적으로 말라카·싱가포르 해협에 MEH를 추축하고 있다.[28] 한국은 2005년과 2007년에 걸쳐 10억 원의 재정을 지원하였으며, 일본은 30년간 1억 3천만 달러를 기부하고 있다.[29]

28 「해상수산부 보도자료」(2007. 12), pp. 1-8.

29 한국 해상수산 개발원 편, 전게서, p. 337.

05

해상테러리즘 방지를 위한 방안

1. 국제법적 대응방안

해적 발생과 더불어 국제사회는 규범적 대응체계를 구축하여 왔다. 19세기에 들어 해적행위에 대응한 규범적 체계가 발전되었으며, 모든 국가들이 해적을 국제적 범죄행위로 체포하고 처단할 수 있는 관습법을 발전시켰다. 1982년 유엔해상법회의에서 해적을 제어하고 모든 국가들이 해적행위를 제재할 국제적 재판관할권을 가진다는 요지를 규정하였으며, 이는 관습국제법의 반영이라고 보여 진다.

유엔해상법 제101조는 해적행위를 다음과 같이 규정하였다. 해적행위(piracy)는 "사적인 목적을 위해 민간 선박(또는 항공기)의 승무원 혹은 승객이 공해상이나 어떤 국가의 관할권 밖의 지역에서 다른 선박(또는 항공기), 승선원 또는 재산에 대하여 자행하는 모든 불법적인 폭력, 구금 혹은 약탈행위"라고 정의하고 있다. 뿐만 아니라 앞에 언급한 행위들을 의도적으로 조장 및 선동하는 행위와 그 선박이 해적 선박임을 알면서도 운항에 자발적으로 참여하는 행위 역시 해적행위에 포함된다고 규정하고 있다.

여기에 국제해사기구는 제74차 회의에서 해사안전위원회를 통해 유엔해상법협약에서 배제되어 있는 영해 내에서의 해적행위를 '선박에 대한 무장 강도(armed robbery against ship)'로 정의하였고, 국제해사국은 해적행위(piracy)와 무장 강도(armed robbery)를 통합하여 다음과 같이 정의하면서 이것을 모든 해적행위에 대한 통계 작성기준으로 사용하고 있다. 즉 '해적 및 무장 강도(Piracy and Armed Robbery)'란 "절도 혹은 기타 범죄를 범할 명백한 의도 또는 무력을 사용할 능력 혹은 의도를 가지고 어떤 선박에 승선하거나 승선을 시도하는 행위"를 의미하며, 이는 공해 상뿐만 아니라 영해까지도 포함하고 해적행위의 시도 역시 해적행위로 간주한다. 사적인 목적에 한정하였으며, 정치적 동기에 의한 행위는 배제하였다.

이에 따르면 공해 상 해적행위는 불법이며, 모든 국가들은 공해 상에 행한 해적행위에 대해 체포하고 기소할 권리를 가진다. 유엔해상법에 규정한 해적개념의 중요한 요소는 공해 상에서 발생한 것이어야 한다는 점이다.

최근 가장 큰 문제가 되고 있는 소말리아 해적은 1990년대 초부터 안전보장이사회의 우려사항이 되어왔다. 최근 그 유례가 없는 해적행위의 증가에 대응하기 위해 그 중요성에도 불구하고 상당한 법적문제는 남아있다. 왜냐하면 현재의 규범은 국제법이나 국내법의 강제력에 포괄적이지 못하기 때문이다. 해적행위에 대한 재판관할권은 국적이나 영토에 기반하고 있다. 즉, 국가와 선박 간에 진정한 관련성이 있거나 범죄가 발생한 해상과 국가 간에 진정한 관련성이 존재해야만 한다.

따라서 최근 발생한 소말리아 해역의 해적행위에 대해 소말리아 법정이 기소권을 행사하기를 꺼려하거나 행사할 수 없다면, 소말리아 해역을 순시하는 선박의 국제공동체가 강제력을 행사할 책임을 지게 된다.

또한, 해적행위를 효율적으로 단속하고 범행의 재발을 억제하기 위해서는 역내의 모든 국가가 해적행위 수사정보를 교환하고 수사공조는 물론 관련자 처벌 수준을 가급적 표준화하는 등 지역차원에서의 법집행 협력(law enforcement cooperation)이 요망된다. 각국의 서로 다른 국내법 체계에 따른 수사공조의 부진과 일부국가의 경미한 해적행위 처벌수준 설정은 특정지역에서의 집중적 해적행위 발생의 원인(遠因)이 되고 있다.

또 하나의 방안은 해적행위를 다룰 전문적인 국제형사재판소를 창설하는 것이다. 현재 소말리아 해적행위 등으로 인해 창설에 대한 인식은 크게 높아지고 있다. 유엔안전보장이사회는 해적과 해상강도로 인해 국제사회의 평화와 안전이 위협받고 있음을 인식하고 유엔헌장 제4장의 무력을 사용하여 그러한 위협에 대응할 준비를 하고 있다. 따라서 유엔안전보장이사회가 특별 국제해적재판소를 창설하는 것은 단기적 조치가 될 것이다. 이 재판소는 유엔해상법상 해적행위를 한 개인을 기소하거나, 불법적 행위 제재에 대한 조약에 근거한 국제항행에 대한 범죄행위를 한 개인을 기소할 수 있을 것이다. 모든 국가들은 이 특별재판소에 기소하기 위해 소말리아 연안수역의 안전과 안보를 보장할 뿐만 아니라 해적 혐의가 있는 자를 구류, 체포, 인도할 권한을 가지게 될 것이다.

이러한 구상은 소말리아 해상에서 강제집행 시 조우하게 될 특별한 문제점을 해소하고, 국제공동체가 해적행위로 의심되는 행위를 기소하는데 더 좋은 방안을 제공할 것이다. 유고슬라비아의 르완다 재판소와는 달리, 국제해적재판소는 운영상 경비가 저렴할 것이다. 기소는 혐의를 인정할 만한 전범재판과 같은 복잡한 국제형사재판소에 적용될 증거요구와는 달리 국내 형사재판소와 유사한 정도의 증거가 요구됨으로써 상대적으로 덜 복잡할 것이다. 따라서 재판은 상당한 빠르게 진행될 것이다.

이러한 방안은 일시적 해결책이며, 상설재판소의 필요성이나 해적관련 재판관할권에 대한 명확한 위임을 하기 위한 로마조약의 개정을 하기에는 더 상세한 법적, 정치적 고려가 필요할 것이다. 이외에도 해상안보를 위협에 대응하기 위해서는 포괄적 법적체계가 필수적이다. 이러한 법적체계는 국가의 본질적 권리인 주권에 반하는 행위를 한 자를 다룰 모든 국가들의 보편적 재판관할권에 대한 균형된 인식을 필요로 한다.

현재의 소말리아 상황은 특이하며, 이러한 상황은 유엔이 추진하는 최근의 구상과 노력에 따른 방향으로 진전될 것이다. 아울러 소말리아와 같은 해적행위가 창궐할 환경이나 여건을 제거해야만 할 것이다. 이를 위해서는 법, 국내질서, 통치력의 회복을 통해 정상적인 질서가 정착되어야 할 것이다.

2. 국내법적 대응방안

국내적으로 해적과 해상강도, 테러 등에 대처하고 해상수송로의 안전을 확보하기 위해서는 먼저, 테러방지법의 제정이다. 모든 국가정책을 시행함에 있어 법적 근거는 민주정부의 시작이다. 따라서 법제정을 통하여 국내적으로 테러 예방과 대응을 위한 대테러 전담기구 설립 및 활동을 보장하고, 국제적으로는 유엔의 대테러 관련 요구에 부응하며 국제공조에 동참할 수 있을 것이다. 물론, 우리나라에서도 해상안전법이 제정되어 시행되고 있다. 해상안전법의 제정이유는 "선박 및 해상구조물의 안전보호와 해상테러의 방지를 목적으로......, 대한민국 영역 외에서 발생한 대한민국의 선박 및 해상구조물에 대한 위해행위를 한 외국인도 처벌할 수 있도록 관할권을 확대하고, 위해행위를 한 것으로 의심되는 범죄인의 인도절차 및 위해행위의 구체적인 내용을 정하려는 것이다." 이 법은 제1조 목적, 제2조 용어의 정의, 제3조 외국인의 국외 범 처벌, 제4조 범죄인 인도, 제5조 내지 제13조는 구체적인 처벌대상을 명확히 규정하고 있다.

또한, 우리나라는 2016, 3월 테러방지법을 제정, 활용하고 있는 실정이다. 테러방지법 시행령 제14조6항에는 '해양경찰청장은 해양테러사건 대책본부를 설치 운영 한다' 고 규정하고, 해상테러와 관련된 내용을 " 선박억류, 선박의 안전운항에 위해를 줄 수 있는 선박 또는 항해시설의 파괴 등「항해의 안전에 대한 불법적 행위의 억제를 위한 협약」제3조에 규정된 행위" 또한 "해저에 고정된 플랫폼의 파괴 등「대륙붕상에 소재한 고정플랫폼의 안전에 대한 불법적 행위의 억제를 위한 의정서」제2조에 규정된 행위"라고 규정하고 있으며, 해양경찰청장이 해적 및 해상테러에 관한 임무를 하도록 규정하고 있다.

둘째, 해상교통로 보호활동의 강화이다. 해적 및 해상테러리즘을 예방하기 위해서는 해상안전종합정보망(GICOMS)을 구축, 해상교통 상황을 종합적으로 관리할 수 있는 능력을 갖추어야 한다. 또한 국제항로를 통항하는 우리의 선박을 보호하기 위해 광역초계기의 추가 확보와 남중국해는 물론 말라카 해협까지도 작전 가능한 함정을 추가적으로 확보해야 할 것이다.

셋째, 체계적인 광역 경비체계 확립이다. 배타적 경제수역에 대한 제한된 해경의 경비임무를 해군함정에 의해 보완하기 위해선 현 해군의 작전구역을 어업협정상 설정된 배타적 경제수역까지 조정하여 감시의 범위를 넓히는 것이 바람직할 것이다.

넷째, 해상대테러 특공대의 전력강화이다. 많은 국가들이 테러리즘 진압을 위한 마지막 선택은 강경진압이라 믿고 있다. 따라서 대테러 특공대는 국내 대테러 부대간 전술 교류는 물론 해외 전지훈련 등을 통하여 날로 지능화되고 첨단장비로 무장 화되고 있는 테러리스트를 제압하기 위하여 선진전술 습득 및 전문성 향상에 부단한 노력을 기울여야 한다. 또한 비상시 원거리 해역까지 전력 전개가 가능한 공군 수송기를 비상대기 전력으로 운용하여야 하며, 테러발생 가능선박에 대한 관숙 훈련을 통해 지속적으로 선박정보를 축적하고, 이들 선박을 대상으로 실제적인 대테러 모의진압훈련도 병행하여야 한다.

이밖에도 선박자체의 대응방안으로 기존의 선박자동 식별장치(AIS) 구축사업을 운항중인 모든 선박에 대하여 폭넓게 적용하여 설치하고, 선박에서 적용 가능한 테러 대응 교육프로그램을 개발하여 체계적인 교육을 실시하여야 하며, 항해와 정박 등 다양한 상황별로 테러대응 MATRIX를 작성함은 물론, 승선 객에 대해서는 탑승 전 철저한 보안검색 강화 등의 대책이 필요할 것이다.

아울러 해상수송로 안전 확보를 위해 해상경찰 간 공조체제를 강화하고 정보를 교환하는 체제를 구축하는 것도 필요하다. 아울러 해적 및 해상강도의 무기나 첨단장비의 운영에 대응하기 위해서는 대응장비의 현대화가 필수적이며, 해군력 증강을 통해 해상수송로의 안전을 확보하는 것도 필요하다.

소말리아 아덴만 해역에서 임무를 수행하는 청해 부대 파병을 계기로 해상안보를 위한 해군력을 더욱 강화하는 등 해군력의 질적 수준을 높여야만 할 것이다. 또한 동북아시아 국가의 해군 및 태평양 연안국가의 해군 간 연합훈련을 통해 실전능력을 제고해야 할 것이다.

01 해상 테러는 주로 어떤 종류의 공격을 의미합니까?

A) 항공 공격 B) 해저 공격

C) 바다 위 공격 D) 심해 폭발 공격

정답 C) 바다 위 공격

풀이 해상 테러란 바다 위에서 이루어지는 공격을 의미합니다. 이러한 공격은 해상에서 선박, 항구, 해안시설 등을 대상으로 할 수 있습니다.

02 해상 테러의 주요 목표 중 하나는 무엇입니까?

A) 해안 경비대를 지원하는 것

B) 해상 교통을 원활하게 유지하는 것

C) 국가 경제에 피해를 입히는 것

D) 국제 연합에 가입하는 것

정답 C) 국가 경제에 피해를 입히는 것

풀이 해상 테러의 주요 목표 중 하나는 국가 경제에 피해를 입히는 것입니다. 해상 공격을 통해 국가의 해상 경제 활동을 방해하고 손상시키려고 합니다.

03 해상 테러 조직들은 주로 어떤 수단을 사용하여 공격을 수행합니까?

A) 편지 B) 전화

C) 선박 D) 인터넷

정답 C) 선박

풀이 해상 테러 조직들은 주로 선박을 사용하여 공격을 수행합니다. 선박을 통해 해적 공격이나 다른 종류의 해상 테러를 진행할 수 있습니다.

04 해상 테러를 어떻게 예방할 수 있을까요?

A) 군사적 대응만으로 해결 B) 해상 경비대 설립

C) 모든 선박의 항로 변경 D) 해상 테러를 무시

정답 B) 해상 경비대 설립

풀이 해상 테러를 예방하기 위한 중요한 조치 중 하나는 해상 경비대를 설립하고 해상 안전을 강화하는 것입니다.

05 해상 테러 조직은 주로 어떤 목적을 갖고 공격을 수행합니까?

A) 정치적 목적 달성 B) 학업 지원

C) 천명 D) 문화 교류

정답 A) 정치적 목적 달성

풀이 해상 테러 조직은 주로 정치적 목적을 달성하거나 국가나 국제 기관에 압력을 가하기 위해 공격을 수행합니다.

06 해상 테러 공격에 사용되는 가장 흔한 무기는 무엇입니까?

A) 기총 B) 어뢰

C) 도검 D) 생화학 무기

정답 B) 어뢰

풀이 해상 테러 공격에 사용되는 가장 흔한 무기 중 하나는 어뢰입니다. 어뢰는 선박을 공격하거나 다른 해상 시설을 파괴하는 데 사용됩니다.

07 해상 테러 조직들은 어디에서 주로 활동하나요?

A) 내륙 B) 고산 지대

C) 바다와 연결된 도시 D) 국경 지대

정답 C) 바다와 연결된 도시

풀이 해상 테러 조직들은 주로 바다와 연결된 도시나 항구 지역에서 활동하며 해상 공격을 계획하고 수행합니다.

08 해상 테러 예방을 위한 국제 협력은 어떤 장점을 제공하나요?

A) 해상 테러를 식별하기 어렵게 함

B) 국가 간 경쟁을 촉진함

C) 정보 공유와 협력을 강화함

D) 해상 테러를 장려함

정답 C) 정보 공유와 협력을 강화함

풀이 국제 협력은 해상 테러 예방을 위해 정보 공유와 협력을 강화하는 데 도움을 줍니다. 국가 간 협력은 해상 안전을 높이는 데 중요합니다.

09 해상 테러의 예방과 대응을 위한 국제 조직 중 하나는 무엇입니까?

A) 유엔 (United Nations)

B) FIFA (Fédération Internationale de Football Association)

C) WHO (World Health Organization)

D) NASA (National Aeronautics and Space Administration)

정답 A) 유엔 (United Nations)

풀이 유엔은 해상 테러의 예방과 대응을 위한 국제 조직 중 하나로, 해상 안전과 관련된 다양한 노력을 진행합니다.

10 해상 테러의 대응을 위해 국가들은 주로 어떤 조치를 취하나요?

A) 해상 교통 중지　　B) 군사적 보복

C) 협상과 국제 협력　　D) 무력 행동을 통한 공격

정답 C) 협상과 국제 협력

풀이 해상 테러의 대응을 위해 국가들은 주로 협상과 국제 협력을 통해 문제를 해결하려고 합니다. 무력 행동은 종종 마지노선 대책으로 남겨두는 경우가 있습니다.

Chapter 12

미래의 물리적 보안 동향

- ★ 신기술의 도입과 물리적 보안의 미래 전망
- ★ 보안 업계의 동향
- ★ 연습문제

01

신기술의 도입과 물리적 보안의 미래 전망

미래의 정확한 물리적 보안 동향을 예측하기는 어렵다. 그러나 물리적 보안은 계속해서 진화하고 발전하고 있으며 미래에는 다양한 신기술이 도입될 것으로 예상된다. 이러한 신기술은 물리적인 보안을 강화하고, 더 효과적으로 위협을 방어하는 데 도움을 줄 것이다. 다음은 미래의 물리적 보안 분야에서 예상되는 신기술의 몇 가지 예이다.

1. 양자 암호학

양자 컴퓨터의 발전으로 발전과 함께 양자 암호 학 기술이 보안 분야에 큰 영향을 미칠 것으로 예상된다. 양자 키 분배 및 양자 암호화 기술은 더욱 안전한 통신을 가능하게 할 것이지만, 반면에 기존의 암호화 방식들이 취약해질 수 있다.

2. 생체 인식 기술

생체 인식 기술은 물리적 보안 분야에서 중요한 역할을 할 것으로 예상된다. 지문, 안면 인식, 홍채 스캔 및 DNA 분석과 같은 생체 인식 기술은 패스워드나 카드키와 같은 전통적인 인증 방법을 대체할 가능성이 있으며, 개인 식별 및 보안 시스템에서 점차 더 발전하고, 더욱 효과적으로 수행할 수 있게 해줄 것이다.

3. 로봇 및 드론 보안

로봇은 경계 보안 및 경비 업무에서 사용되고 있으며, 무인 비행기와 같은 드론도 보안 분야에서 중요한 역할을 하고 있다. 이러한 로봇과 드론은 감시와 반응 능력을 향상시키는 데 활용된다. 이들이 보안 작업에 사용되는 경우가 늘어남에 따라, 이러한 장비의 보안에 관한 새로운 기술과 방법이 필요할 것이다.

4. 사물인터넷(IoT) 보안강화

물리적 보안은 인터넷의 사물인터넷 (IoT) 장치가 계속해서 늘어남에 따라 매우 중요한 역할을 할 것이다. 즉, IoT 기기들의 통신 및 데이터 보안을 강화하는 기술과 표준이 개발될 것으로 예상되며, 이러한 장치들의 보안이 중요한 이슈로 떠오를 것이다. 신기술은 이러한 장치들을 보다 안전하게 만드는 데 도움을 줄 것이다.

5. 물리적 보안 솔루션

물리적 보안 시스템은 점점 더 스마트하고 자동화된 방식으로 작동할 것이다. 예를 들어, AI 및 머신 러닝을 활용하여 CCTV 시스템이 위험 상황을 탐지하고 대응하는 능력이 향상될 것이다. 또한 스마트 시티 및 인프라 보안 강화로 도시 및 인프라의 자동화와 연결성이 늘어남에 따라 스마트 시티의 보안 문제가 중요성을 더할 것으로 예상된다. 이에 따라 도시 인프라 및 관련 기술의 보안을 강화하는 연구와 기술이 발전할 것으로 예상된다.

6. 큐브 사이버 보안

큐브 사이버 보안은 물리적 보안에 사이버 보안을 통합하는 방식으로, 더 효과적인 보안 전략을 제공할 것이다. 이러한 접근 방식은 전체적인 보안을 강화할 것으로 기대된다.

7. 신소재 및 제조 기술

물리적 보안을 향상시키기 위해 더 강력하고 내구성 있는 소재 및 제조 기술의 개발이 중요할 것입니다. 이러한 기술은 건물, 잠금장치 및 장애물의 보안에 사용될 수 있다. 또한 3D 프린팅 기술이 발전함에 따라 물리적인 물체를 손쉽게 제작할 수 있게 되었다. 하지만 이에 따른 제작물의 분실 및 도용 등의 보안 문제가 더욱 더 중요해질 수 있다.

9. 사이버 물리적 통합

사이버 보안과 물리적 보안 간의 경계가 더욱 희미해질 것으로 예상된다. 사이버 공격이 물리적 시스템을 통해 이루어지는 경우가 더욱 빈번해지고 있으며, 두 분야 간의 협력이 중요해질 것이다.

10. 환경 친화적 기술

물리적 보안 시스템은 환경 친화적인 기술과 연계되어 더 지속 가능한 솔루션으로 발전할 것으로 예상된다. 즉, 에너지 효율적인 카메라 및 센서, 재활용 가능한 소재, 친환경 배터리 및 전력 관리 기술의 도입이 이뤄질 것이다.

11. 빅데이터 및 분석

대량의 보안 데이터를 분석하고 이를 실시간으로 처리하여 위험한 상황을 식별하는 데 사용되는 지능형 보안 분석 솔루션의 수요가 증가하고 있다. 빅 데이터 및 분석: 물리적 보안 시스템은 빅 데이터 및 실시간 분석을 활용하여 더 효과적으로 위협을 탐지하고 예방할 것이다. 이러한 기술은 이상 징후를 식별하고 실시간으로 대응할 수 있도록 도와줄 것이다.

이처럼 미래의 물리적 보안 분야에서는 기존 기술의 진보와 혁신적인 기술의 도입이 함께 이뤄져 보안을 강화할 것으로 예상된다. 이러한 추세들은 물리적 보안 분야에서 지속적인 혁신과 발전을 촉진할 것으로 예상된다. 하지만 동시에 새로운 보안 도전 과제와 개인 정보 보호 문제를 제기할 수도 있으므로, 신중하게 고려해야 한다.

02

보안 업계의 동향

미래 물리적 보안 업계의 동향은 다양한 기술과 트렌드의 영향을 받고 있다. 아래에 몇 가지 미래 물리적 보안 업계의 주요 동향을 살펴본다.

1. 바이오메트릭스 기술의 증가

생체 인식 기술은 지문, 안면 인식, 홍채 스캔, 음성 인식 등을 포함하여 점점 더 중요해지고 있다. 이러한 기술은 보안 시스템을 강화하고 접근 제어를 향상시키는 데 사용될 것이다.

2. AI 및 기계 학습의 도입

인공 지능과 기계 학습 기술은 물리적 보안 분야에서 혁신을 가져올 것으로 예상된다. CCTV 카메라 및 감시 시스템에서 이상 징후 탐지, 패턴 인식, 위협 예측 등과 같은 고급 보안 기능을 개선하는 데 사용될 것이다.

3. 사이버물리 시스템

사이버 공격과 물리적 보안을 통합하는 사이버물리 시스템이 중요성을 갖고 있습니다. 이러한 시스템은 온라인 및 오프라인 보안 사이의 간극을 줄이고 전체적인 보안을 향상시킵니다.

4. 지속적인 물리적 보안 교육

사람은 항상 보안 시스템의 중요한 부분이다. 물리적 보안 교육 및 훈련은 계속해서 개선되고 보강되어야 한다.

5. 환경 친화적인 기술

보안 기술은 더 친환경적이고 지속 가능한 방식으로 발전하고 있다. 에너지 효율적인 장치 및 재활용 가능한 소재의 사용이 증가하고 있다. 이러한 동향들은 물리적 보안 업계를 계속해서 진화시키고 있으며, 미래에는 더욱 효과적이고 진보된 물리적 보안 시스템이 개발될 것으로 예상된다. 그러나 동시에 보안 기술은 더욱 고도화되고 다양한 위협에 대응하기 위한 지속적인 연구와 개발이 필요하다.

12 연습문제

01 어떤 물리적 보안 기술이 미래에 확대되어 사용될 것으로 예상되는가?

A) 양자 암호화　　B) 생체 인식 기술

C) 바이러스 백신　　D) 블록체인

정답 A) 양자 암호화

풀이 양자 암호화는 미래의 물리적 보안 분야에서 중요한 역할을 할 것으로 예상됩니다. 양자 암호화는 양자 역학의 원리를 활용하여 정보를 보호하는 데 사용됩니다. 이 기술은 현재의 고전적인 암호화 방법에 비해 더욱 강력한 보안을 제공하며, 양자 컴퓨팅 등 새로운 과학 기술의 발전에 대비하여 설계되었습니다.

02 미래의 물리적 보안에서 생체 인식 기술은 어떻게 발전할 것으로 예상되는가?

A) 화상 인식　　B) 미래의 생체 데이터베이스

C) 뇌파 인식　　D) 홀로그램 인식

정답 B) 미래의 생체 데이터베이스

풀이 미래의 물리적 보안에서 생체 인식 기술은 더 많은 생체 데이터를 수집하고 분석하는 방향으로 발전할 것으로 예상됩니다. 이러한 데이터는 더욱 정확하고 안전한 생체 인식을 가능하게 하며, 생체 데이터베이스를 구축하여 보안 시스템에 활용할 것으로 예측됩니다.

03 어떤 기술이 물리적 보안에서 사물 인터넷 (IoT) 기기의 보안을 향상시킬 것으로 예상되는가?

A) 블록체인　　B) 양자 컴퓨팅

C) 휴대용 레이더　　D) 얼굴 인식

정답 A) 블록체인

풀이 블록체인 기술은 IoT 기기의 보안을 향상시킬 것으로 예상됩니다. 블록체인은 데이터의 변경을 효과적으로 검증하고 추적하는 데 도움이 되며, IoT 기기 간의 안전한 통신과 데이터 교환을 지원할 수 있습니다.

04 어떤 물리적 보안 동향이 금융 업계에서 중요한 역할을 할 것으로 예상되는가?

A) 양자 암호화　　B) 생체 스캔

C) 무인 로봇 경비　　D) 가상 현실

정답 A) 양자 암호화

풀이 금융 업계에서 양자 암호화는 중요한 역할을 할 것으로 예상됩니다. 금융 거래의 보안은 핵심적인 중요성을 가지며, 양자 암호화는 금융 데이터의 안전한 전송과 저장을 보장하기 위한 혁신적인 방법 중 하나입니다.

05 미래의 물리적 보안에서 주로 사용되는 공간 기술은 무엇인가?

A) GPS　　B) 로켓 엔진

C) 위성 통신　　D) 로봇 특수부대

정답 C) 위성 통신

풀이 미래의 물리적 보안에서 위성 통신은 중요한 역할을 할 것으로 예상됩니다. 위성 통신은 데이터의 안전한 전송과 위치 추적에 사용되며, 광범위한 보안 응용 분야에서 활용될 것으로 예측됩니다.

06 어떤 기술이 물리적 보안에서 사이버 보안을 보완하는 데 도움을 줄 것으로 예상되는가?

A) 양자 암호화　　B) 가상 현실

C) 로봇 경비　　D) 바이러스 백신

정답 D) 바이러스 백신

풀이 물리적 보안과 사이버 보안은 상호 보완적인 요소입니다. 바이러스 백신과 같은 사이버 보안 기술은 물리적 보안 시스템을 보완하여 더 강력한 보안을 제공할 것으로 예상됩니다.

07 미래의 물리적 보안에서 주로 사용되는 센서 기술은 무엇인가?

A) 열 센서　　B) 레이더

C) 적외선 카메라　　D) 가속도계

정답 B) 레이더

풀이 미래의 물리적 보안에서 레이더 기술은 주로 사용될 것으로 예상됩니다. 레이더는 물체의 위치와 움직임을 감지하고 추적하는 데 사용되며, 경계 보안 및 감시 시스템에서 중요한 역할을 합니다.

08 미래의 물리적 보안에서 어떤 기술이 테러리즘과 범죄 방지에 도움을 줄 것으로 예상되는가?

A) 양자 암호화　　B) 로봇 경비

C) 가상 현실　　D) 생체 스캔

정답 B) 로봇 경비

풀이 로봇 경비 시스템은 테러리즘과 범죄 방지에 도움을 줄 것으로 예상됩니다. 로봇 경비는 인간 감시자와 함께 작동하여 더욱 효과적인 보안을 제공할 수 있으며, 위험한 장소에서 인력의 안전을 보장할 수 있습니다.

09 미래의 물리적 보안에서 어떤 기술이 환경 보호를 위한 역할을 할 것으로 예상되는가?

A) 생체 스캔　　B) 태양 전지 패널

C) 레이더　　D) 가상 현실

정답 B) 태양 전지 패널

풀이 태양 전지 패널은 친환경적인 에너지 생산 방법 중 하나로, 미래의 물리적 보안 시스템에 사용되어 환경 보호에 기여할 것으로 예상됩니다.

10 어떤 기술이 물리적 보안에서 데이터 저장 및 백업의 안정성을 향상시킬 것으로 예상되는가?

A) 양자 암호화　　B) 가상 현실

C) 클라우드 컴퓨팅　　D) 레이더

정답 C) 클라우드 컴퓨팅

풀이 클라우드 컴퓨팅은 데이터 저장 및 백업의 안정성을 향상시킬 것으로 예상됩니다. 클라우드 서비스는 데이터를 안전하게 저장하고 관리하는 데 도움을 주며, 물리적 보안 시스템과 통합하여 보다 강력한 보안을 제공할 수 있습니다.

부록

독자들에게 드리는 팁/용어해설

★ 물리적 보안의 핵심 메시지
★ 독자들에게 주는 조언
★ 주요 용어해설
★ 물리적 보안 케이스 스터디
★ 참고자료 및 리소스
★ 재해 손실 보호법

01

물리적 보안의 핵심 메시지

물리적 보안은 시설, 장치 및 자산을 물리적으로 보호하는 중요한 부분입니다. 그것의 핵심 메시지는 다음과 같습니다

1. 접근 통제: 물리적 보안은 누가 어디에 접근할 수 있는지를 제어합니다. 이는 민감한 지역이나 장치에 무단 접근을 방지하고 기밀성을 유지하는 데 중요합니다.

2. 자산 보호: 기업의 자산, 장비, 시설 및 정보를 보호하여 손상, 도난 또는 파괴로부터 보호합니다. 이로써 생산성을 유지하고 재무적 손실을 방지할 수 있습니다.

3. 재난 대비: 물리적 보안은 화재, 홍수, 지진 등의 재난에 대비하여 시설과 자산을 보호하고, 인력과 비즈니스 연속성을 유지하는 데 도움을 줍니다.

4. 감시와 검사: CCTV 및 보안 경보 시스템을 사용하여 시설과 환경을 지속적으로 모니터링하고 불법 활동을 탐지하는 데 기여합니다.

5. 사회 엔지니어링 방지: 사회 엔지니어링 공격으로부터 보호하기 위해 물리적 보안은 사람들이 소통하고 민감한 정보를 공개하는 방법을 제어합니다.

6. 물리적 보안 정책: 강력한 물리적 보안 정책을 개발하고 이행함으로써 조직 전체에 보안 의식을 확산시키고 보안 위험을 줄일 수 있습니다.

7. 기술과 협력: 최신 보안 기술과 사람들 간의 협력을 통해 물리적 보안을 강화하고 위협으로부터의 방어력을 향상시킵니다.

8. 전체적인 보안 전략의 일부: 물리적 보안은 정보 보안 및 사이버 보안과 통합하여 조직의 전체적인 보안 전략의 중요한 부분을 형성합니다.

이러한 핵심 메시지를 이해하고 적용함으로써 조직은 물리적 보안 측면에서 민감한 정보와 시설을 효과적으로 보호할 수 있습니다.

02

독자들에게 주는 조언

물리적 보안론을 공부하는 독자들에게 몇 가지 조언을 드립니다. 물리적 보안은 시설, 자산 및 인력을 보호하는 데 중요한 역할을 합니다. 아래의 조언은 이 분야에서 성공적으로 공부하고 적용하기 위한 것입니다.

1. 기초를 탄탄하게 다지세요

물리적 보안의 기본 개념과 원리를 잘 이해하세요. 잠재적 위협 및 공격에 대한 이해가 중요합니다.

2. 시설 보안을 설계하고 평가하는 방법을 배우세요

이를 통해 시설의 취약점을 식별하고 보강할 수 있습니다.

3. 프레젠테이션 및 보고서 작성 능력 향상 시키세요

물리적 보안의 결과와 근거를 효과적으로 전달하는 능력이 중요합니다. 보고서 작성 및 프레젠테이션 기술을 연마하세요.

4. 기술적 지식을 획득 하세요

세입자 컨트롤 액세스, CCTV 시스템, 바이오메트릭 인식 기술 등과 같은 물리적 보안 기술에 대한 이해를 향상시키세요.

5. 법률과 규정을 숙지 하세요

물리적 보안은 규제와 법률에 영향을 받습니다. 관련된 법률과 규정을 숙지하세요.

6. 실전 훈련으로 대응능력을 향상 시키세요

시뮬레이션 및 훈련 활동을 통해 실제 시나리오에서 대응 능력을 향상시키세요.

7. 최신 동향을 연구 하세요

물리적 보안 분야의 최신 동향과 연구를 따라가세요. 보안 기술과 방법론은 계속 발전하고 있습니다.

8. 경험 쌓기에 노력 하세요

실무 경험이 중요합니다. 인턴십, 프로젝트 참여, 또는 관련 업계에서의 일 경험을 얻으려 노력하세요.

9. 윤리와 책임감으로 일하세요

물리적 보안은 타인의 안전과 자산을 다룹니다. 항상 윤리적으로 행동하고 책임감 있게 일하세요.

10. 전문 네트워크를 구축 하세요

물리적 보안 커뮤니티에 참여하고 전문 네트워크를 구축하세요. 동료

들과의 교류와 지식 공유는 매우 가치 있습니다.

11. 자기 계발에 투자 하세요

계속해서 학습하고 자기 계발에 투자하세요. 새로운 기술과 도구를 익히며 전문성을 키우세요.

12. 상시 대비해야합니다

물리적 보안은 예기치 않은 상황에 대비해야 합니다. 위기 대응 및 재난 복구 계획을 작성하고 항상 상황을 모니터링하세요. 이처럼 물리적 보안은 계속해서 진화하고 있으며, 이 분야에서 성공을 거두려면 학습과 개발에 노력을 기울여야 합니다.

03

주요 용어해설

물리적 보안은 시설, 장치 및 자산을 물리적으로 보호하기 위한 보안 접근법입니다. 이것은 주로 기술, 장비 및 절차를 사용하여 무단 접근, 파괴, 도난 또는 손상으로부터 보호하기 위한 것입니다. 다음은 물리적 보안과 관련된 몇 가지 주요 용어와 그 의미에 대한 해설입니다.

1. 물리적 보안 용어

1) 액세스 제어: 물리적인 공간 또는 자산에 대한 접근을 제한하고 통제하는 절차와 기술을 가리킵니다.

2) CCTV (Closed-Circuit Television): 비디오 카메라를 사용하여 실시간으로 모니터링하고 녹화하는 시스템으로, 보안 목적으로 사용됩니다.

3) 생체 인식: 생체적 특성을 사용하여 개인을 인증하거나 접근을 허용하는 기술로 지문, 홍채, 얼굴 인식 등이 있습니다.

4) 감시 카메라: 건물 또는 지역을 모니터링하고 녹화하기 위해 사용

되는 비디오 카메라입니다.

5) 보안 감지기: 이상한 활동이나 침입을 탐지하고 경보를 발생시키는 장치로 움직임 감지기, 유리 파괴 감지기 등이 있습니다.

6) 경비원: 시설 또는 장소를 보호하고 감시하는 사람으로, 보안 업무를 담당합니다.

7) 출입문 제어: 출입구나 출입구의 열림과 닫힘을 제어하고 기록하는 시스템입니다.

8) 보안 카드: 전자 키 카드 또는 스마트 카드와 같은 카드 형태의 신분 확인 도구입니다.

9) 보안 오더: 보안에 대한 명령서 또는 지침으로, 비상 상황에서의 행동 계획을 포함합니다.

10) 잠금장치: 문, 창문 및 보안 장비를 잠그기 위해 사용되는 장치로, 자물쇠 및 거품 패킹이 포함됩니다.

11) 경비 카메라: 경비원이 보안 임무를 수행하는 동안 실시간 비디오 피드를 제공하는 카메라 시스템입니다.

12) 보안 패턴: 시설 내의 보안 조치 및 절차의 직렬적 또는 병렬적인

구성 방식을 나타내는 계획입니다.

13) 진출 계획: 비상 상황에서 건물이나 지역을 안전하게 떠나는 절차와 계획입니다.

14) 스케일 링: 보안 장비 및 조치를 조정하여 위험 수준에 따라 대응하는 것입니다.

15) 피해 복구: 사고 또는 침입 이후 시설 또는 조직의 정상적인 운영을 복구하는 프로세스입니다.

16) 감시 보안: CCTV 및 다른 모니터링 장비를 사용하여 시설을 감시하고 보호하는 절차입니다.

17) 보안 조사: 사건이나 침입의 원인과 결과를 밝히고 법적 조치를 취하는 조사 과정입니다.

18) 케이지: 물리적 자산을 보호하기 위해 격리된 공간 또는 용도로 사용되는 철제 또는 철강으로 된 공간입니다.

19) 보안 로그: 시설 또는 네트워크에서 발생하는 이벤트 및 활동을 기록하는 로그 파일입니다.

20) 재난 대비: 자연 재해 또는 인위적 위협으로부터 보호하기 위해

비상 대비 계획을 수립하는 프로세스입니다.

21) 방범 시스템 : 물리적 보안을 강화하기 위해 사용되는 시스템으로, 주로 카메라, 감지기 및 경보 시스템을 포함합니다.

22) 경보 시스템: 위험 상황이나 침입을 탐지하면 경보를 작동시켜 관리자나 경찰 등에게 알리는 시스템입니다.

23) 생체 인식: 지문, 홍채, 얼굴인식 등과 같은 개인 고유의 생체적 특성을 사용하여 접근을 허용하거나 거부하는 인증 방법입니다.

24) 경계 보안: 시설 또는 장소의 주변 경계를 보호하는 보안 조치를 의미하며, 벽, 울타리, 감지기 등을 포함할 수 있습니다.

25) 자동화 시스템: 보안 시스템의 작동을 자동화하여 이상 징후를 신속하게 감지하고 조치를 취할 수 있도록 하는 시스템입니다.

26) 열 관리: 시설 내의 온도와 습도를 제어하여 민감한 장비나 자산을 보호하는 방법입니다.

27) 카드 키: 직원이나 사용자에게 제공되는 카드나 키를 사용하여 특정 지점에 접근할 수 있도록 하는 시스템입니다.

28) 방화문: 화재가 발생할 때 빠른 대피 및 화재 확산 방지를 위해

설치된 특수한 문입니다.

2. 테러리즘 용어

1) 테러리즘: 폭력, 공포 및 불안을 조장하기 위해 정치적 또는 사회적 목적을 위해 사용되는 폭력 행위의 시스템 또는 전략입니다.

2) 테러리스트: 테러리즘 행위를 수행하는 개인 또는 단체를 지칭합니다.

3) 폭탄테러: 폭발물을 사용하여 인프라, 건물 또는 인명을 공격하는 테러 행위를 가리킵니다.

4) 자살 폭탄테러: 테러리스트가 자신의 생명을 희생하고 폭발물을 사용하여 대규모 피해를 입히는 공격입니다.

5) 국제 테러조직: 여러 국가에서 활동하며 국가 경계를 초월하여 행동하는 테러 단체를 의미합니다.

6) 사이버 테러: 컴퓨터 시스템을 침입하거나 공격하여 정보 유출, 서비스 중단 또는 개인 정보 도용을 목표로 하는 테러 활동입니다.

7) 테러 위협: 테러리스트나 단체가 향후에 테러 행위를 시도할 것임을 나타내는 경고 또는 메시지입니다.

8) 테러 대응: 테러 공격에 대비하고 대처하기 위한 정부 또는 군사의 계획 및 노력입니다.

9) 생존성 주의: 테러 공격에 대한 저항력을 향상시키고 피해를 최소화하기 위한 전략입니다.

10) 테러 금융: 테러 단체의 자금을 차단하고 추적하기 위한 금융 모니터링 및 조치입니다.

11) 생물학적 테러: 바이러스, 박테리아 또는 독극물을 이용하여 대규모 인명 피해를 입히려는 테러 행위입니다.

12) 화학적 테러: 화학 물질을 사용하여 대량 살상 또는 중독을 목표로 하는 테러 행위입니다.

13) 핵 테러: 핵무기를 사용하여 대규모 파괴와 인명 피해를 초래하려는 테러 행위를 가리킵니다.

14) 국가 후원 테러: 국가가 테러 단체를 지원하거나 자금을 제공하는 행위입니다.

15) 테러 예방법: 테러 공격을 예방하기 위한 정부 및 군사 조치와 시민 교육을 포함합니다.

16) 공항 보안: 항공 여행 중 테러리즘을 예방하기 위한 대책과 시설입니다.

17) 근접 테러: 근거리에서 폭격, 습격 또는 인장 피해를 입히려는 테러 행위를 말합니다.

18) 미사일 테러: 미사일을 사용하여 광범위한 지역을 타격하려는 테러 행위입니다.

19) 지하 테러 네트워크: 지하 테러 조직과 협력하고 서로 연결된 네트워크입니다.

20) 테러 통신: 테러리스트 간의 통신 및 계획을 위해 사용되는 암호화 및 익명화된 기술과 도구입니다.

21) 자생 테러 (Lone Wolf Terrorism): 자생 테러는 단일 개인 또는 아주 작은 그룹이 주로 소규모 무장 공격, 폭탄 테러, 살인 등을 행하는 테러 공격 형태를 지칭합니다. 이들은 주로 정치적, 종교적, 사회적 이유로 영감을 받아 행동하며 대개 대규모 테러 조직과 연관이 없습니다.

22) 라디칼라이제이션 (Radicalization): 자생 테러의 주요 과정 중 하나로, 개인이 평화적인 사상에서 폭력적인 사상으로 이동하는 과정을 의미합니다. 라디칼화된 개인들은 테러리스트로 변질할 수 있으며, 이러한 변화는 온라인 및 오프라인에서 이루어질 수 있습니다.

23) 랜덤 액트 오브 바이올런스 (Random Acts of Violence): 이 용어는 자생 테러의 특징 중 하나로, 특별한 목표나 동기 없이 무작위로 폭력 행위를 실행하는 상황을 나타냅니다. 이는 예측이 어려운 자생 테러의 특징 중 하나입니다.

24) 사회적 미디어 (Social Media): 자생 테러의 확산과 라디칼화 과정에 큰 영향을 미치는 매체 중 하나로, 인터넷을 통해 정보를 공유하고 소통하는 플랫폼을 의미합니다. 테러리스트들은 사회적 미디어를 이용하여 아이디어를 확산하고 새로운 구성원을 모집하기 위해 활용합니다.

이러한 용어와 개념은 물리적 보안을 구축하고 유지하는 데 중요하며, 기업, 정부 기관 및 다른 조직에서 중요한 역할을 합니다. 이러한 보안 접근법을 통해 자산과 인프라를 보호하고 민감한 정보를 안전하게 유지할 수 있습니다.

04

물리적 보안 케이스 스터디

물리적 보안 케이스 스터디는 조직이나 시설을 보호하는 데 어떻게 물리적 보안 조치를 적용하는지를 연구하고 설명하는 것이다. 다양한 조직과 시설에 대한 물리적 보안 케이스 스터디 중 몇 가지 주요 예는 다음과 같다

1. 금융 기관의 금고 보안

금융 기관은 현금, 보석, 가치 있는 문서 및 기타 자산을 보호해야 한다. 특히 금융 기관의 금고는 물리적인 보안 측면에서 매우 중요하다. 따라서 이러한 시설은 강력한 물리적 보안 시스템을 갖추고 있으며, 출입 통제, CCTV 카메라, 생체 인식 시스템, 감시자 및 보안 근무자 등을 활용하여 보안을 유지한다. 아래에 몇 가지 일반적인 물리적 보안 조치를 소개한다.

1) 강력한 잠금장치

강력한 잠금 장치는 금고의 기본 보호 층이다. 이러한 잠금 장치는

고도로 보안된 암호 잠금 장치나 바이오메트릭 시스템과 같은 현대적인 시스템으로 업그레이드될 수 있다.

2) 보안 카메라와 감지기

보안 카메라와 움직임 감지 센서는 금고 주변의 모든 활동을 모니터링하고 기록한다. 이는 금고 주변의 잠재적인 위험 상황을 신속하게 감지할 수 있도록 도와준다.

3) 알람 시스템

금고에는 외부의 위험한 상황이나 침입을 감지할 수 있는 강력한 알람 시스템이 설치되어야 한다. 이런 알람 시스템은 긴급 상황 발생 시 관련 기관이나 보안 담당자에게 신속하게 통보할 수 있어야 한다.

4) 보안인력 및 접근 제어

금고에 접근할 수 있는 인원을 엄격하게 제한하고, 보안 담당자나 경비원들을 배치하여 금고 주변을 보호해야 한다. 또한, 접근 제어 시스템을 통해 권한이 없는 사람들의 접근을 차단할 수 있어야 한다.

5) 방어적 설계와 건축

금고는 건축적인 측면에서도 안전하게 설계되어야 한다. 내화재물, 철근, 강철 및 강화된 벽 등으로 건축해야 하며, 감전 방지를 위한 적절한 전기 시설도 설치되어야 한다.

6) 위험 대비 계획

모든 금융 기관은 금고 내외의 위험 상황에 대비한 대응 계획을 마련해야 한다. 이에는 화재, 강도, 침입, 자연 재해 등 다양한 시나리오에 대응할 수 있는 계획이 포함되어야 한다.

7) 정기적인 감사 및 테스트

시스템의 취약점을 파악하기 위해 정기적인 보안 감사와 테스트를 수행해야 한다.이를 통해 취약점을 식별하고 보완할 수 있다.

이러한 조치들은 금융 기관의 금고 보안을 강화하는 데에 중요한 역할을 한다. 그러나 기관은 보안 상황이 계속 변화하고 진화함에 따라 보안 시스템과 정책을 지속적으로 업데이트하고 개선해야 한다.

2. 국립 박물관의 예술품 보호

박물관은 중요한 역사적 및 문화적 가치가 있는 예술품을 보호해야 한다. 이러한 보호를 위해 박물관은 온갖 물리적 보안 조치를 사용해야 한다. 이러한 조치에는 보안 카메라, 금고, 감지기 및 보안 근무자가 포함된다. 국립 박물관의 예술품을 물리적으로 보호하기 위해서는 다음과 같은 요소를 고려해야 한다.

1) 출입 통제

박물관 출입구에 보안 검사 포인트를 설치하고 방문자의 가방과 소지품을 검사해야 한다. 입구와 출구를 통제하여 불법 출입을 방지하고, 출입통제 시스템을 도입하여 직원 및 방문자의 출입을 추적하고 모니터링 할 수 있다.

2) CCTV 모니터링

박물관 내부와 외부에 CCTV 카메라를 설치하여 예술품의 보호와 안전을 모니터링해야 한다. 카메라는 잘 보이지 않는 위치에 설치되어야 하며, 중요한 전시실과 보관실에는 높은 해상도 카메라를 사용해야 한다.

3) 보안 인력

박물관 내에 보안 요원을 배치하여 방문자와 예술품의 안전을 유지해야 한다. 보안 인력은 교육을 받아 예술품 보호 및 비상 상황 대응에 대비해야 한다.

4) 액세스 제어

예술품이 보관되는 곳에는 액세스 제어 시스템을 도입해야 한다. 방문자와 직원은 개별적으로 인증을 받아야 예술품을 접근할 수 있도록 한다.

5) 화재 안전

예술품 보호를 위해 화재 안전 시스템을 구축해야 한다. 이에는 화재 탐지기, 스프링클러 시스템, 소화기, 비상 대피 계획 등이 포함된다.

6) 보안 장비

보안 문, 금고, 진열장 등의 보안 장비를 사용하여 예술품을 보호해야 한다. 장비는 강력하고 확고하게 설치되어야 하며, 무단 침입을 방지할 수 있어야 한다.

7) 교육과 인식

박물관 직원과 보안 인력은 예술품 보호에 대한 교육을 받아야 하며, 잠재적 위협에 대한 인식을 높여야 한다.

8) 비상 대응 계획

박물관은 도난, 화재, 지진 등의 비상 상황에 대비한 계획을 마련해야 한다. 비상 대응 팀을 구성하고 교육을 실시해야 하며, 이러한 상황에서의 대응 절차를 수립해야 한다.

9) 보안 협력

국립 박물관은 현지 경찰, 소방서, 보안 회사와 협력하여 보안을 강화해야 한다. 이러한 물리적 보안 절차와 시설을 통해 국립 박물관은 예술품을 효과적으로 보호하고 보존할 수 있다.

3. 정부 건물의 출입 통제

정부 건물은 민감한 정보와 시설을 보호해야 하는 장소로 정부 건물의 물리적 보안 측면에서 효과적인 출입 통제는 매우 중요하기 때문에 다양한 보안 절차와 시설을 구현해야 한다. 따라서 출입 통제 시스템, 비행체를 탐지하는 시스템, 보안 감시 및 ID 카드를 사용하여 접근을 제한하고 보호해야 한다. 다음은 효과적인 출입 통제를 위한 몇 가지 주요 원칙 및 조치이다.

1) 접근 제어 시스템 구축

전자 키 카드, 생체 인식 기술 등의 현대적인 접근 제어 시스템을 도입하고, 각 직원과 방문자에게 개별적인 접근 권한을 할당하여야 한다. 이에 따라 건물 내부의 특정 지역에 액세스할 수 있는 권한을 제한해야 한다.

2) CCTV 모니터링

폐쇄회로 텔레비전 (CCTV) 카메라를 설치하여 건물 주변 및 내부를 모니터링하고, 비정상적인 활동을 감지하며, CCTV 시스템의 녹화 기능을 활용하여 사건이 발생한 경우에 대비한 기록을 남겨야 한다.

3) 보안 직원 배치

건물 내외에 보안 직원을 배치하여 출입 통제 및 감시 역할을 수행하도록 한다. 보안 직원은 출입 통제 시스템과 함께 현장에서의 보안 활동을 조정하고 관리해야 한다.

4) 출입 포인트 제한

정부 건물에는 입구를 최소한으로 제한하고 주요 출입 구역을 명확하게 식별해야 한다. 따라서 출입구 근처에는 메탈 디텍터, X-레이 스캐너, 소행거나 백팩 검색 장비 등을 설치하여 물품 검사를 수행해야 한다.

5) 비상 대응 계획

정부 건물에서는 화재, 자연재해, 테러리즘 등의 긴급 상황에 대비한 비상 대응 계획을 개발 및 실행해야 한다. 이 계획은 건물 내 출입 통제 및 대피 절차를 포함해야 한다.

6) 직원 교육 및 인식

정부 건물 내 직원들에게 보안 프로토콜 및 절차에 대한 교육을 제공하고, 보안 인식을 높여야 한다. 아울러 사회 공학 공격에 대비하기 위해 직원들에게 사이버 보안 및 물리적 보안에 대한 교육을 제공해야 한다.

7) 외부 위협 대비

정부 건물 주변에는 방범 장치, 경비원 및 CCTV 카메라를 통해 외부 위협을 탐지하고 대비해야 한다.

8) 강화된 출입 규칙 및 검사

방문자 및 차량의 출입을 통제하고, 신분 확인을 위한 강화된 검사 절차를 도입해야 한다. 이러한 조치는 정부 건물의 물리적 보안을 강화하는 데 도움이 되며, 국가의 중요한 정보 및 시설을 보호하는 데 기여할 수 있다. 물론, 물리적 보안 요구 사항은 건물의 특성과 위험 평가에 따라 다를 수 있으므로 전문적인 보안 컨설턴트와 협력하여 적합한 조치를 결정하는 것이 중요하다.

4. 병원의 의료기기 보호

병원은 환자 정보와 의료기기를 보호해야 한다. 따라서 의료 기기와 감시 시스템을 사용하여 민감한 데이터와 장비를 안전하게 보관하고 감시해야 한다. 이를 위해 병원의 의료기기 보호를 위한 효과적인 방안은 다음과 같이 고려할 수 있다. 물리적 보안은 고가의 첨단의료기기와 데이터의 무단 액세스와 손상을 방지하는 데 중요한 역할을 한다.

1) 접근 통제

의료기기에 접근 권한을 제한하기 위해 카드 키, 생체 인식 기술 (지문, 안면 인식), 비밀번호 등을 사용하여 공간에 대한 접근을 제어한다.

2) CCTV 모니터링

CCTV 카메라를 설치하고 중요한 영역을 모니터링 하여 무단 침입이나 의료기기에 대한 부정행위를 식별할 수 있다.

3) 안전한 보관

의료기기는 안전하게 보관되어야 한다. 따라서 잠긴 보관함, 금고, 안전한 보관실 등을 사용하여 물리적으로 보호해야 한다.

4) 감지 및 경보 시스템

화재 경보, 침입 감지, 온도 및 습도 모니터링 시스템을 설치하여 문제가 발생할 때 신속하게 대응할 수 있도록 한다.

5) 교육 및 인식

의료진과 직원에게 보안 정책 및 절차를 교육하고 보안에 대한 인식을 높여야 한다. 이를 통해 내부 위협을 줄이고 보안 사고에 대한 대비를 강화할 수 있다.

6) 주기적인 점검 및 유지보수

의료기기와 보안 시스템을 정기적으로 점검하고 유지 보수하여 잠재적인 위협을 사전에 식별하고 예방 할 수 있다.

7) 신뢰할 수 있는 공급 업체와 협력

의료기기를 구매하거나 유지 보수할 때 신뢰할 수 있는 공급 업체와 계약을 체결하고 보안 업데이트 및 패치를 시행한다.

8) 데이터 보호

의료기기에서 생성되는 데이터의 보안을 유지하고, 데이터를 암호화하고 안전한 저장소에 보관해야 한다. 이러한 물리적 보안 조치는 의료기기와 환자 데이터의 안전을 보장하기 위한 중요한 단계이다. 의료 시설은 특히 환자 개인 정보와 안전이 걸린 환경이므로 보안에 대한 신중한 고려가 필요하다.

5. 에너지 회사의 발전소 보호

발전소는 전력 공급을 유지하고 환경을 보호하기 위해 중요한 시설이기 때문에 에너지 회사의 발전소를 물리적으로 보호하는 것은 중요한 과제이다. 따라서 이러한 시설에는 강화된 울타리, 감시 카메라, 보안 경비원 및 바이오메트릭 액세스 제어 시스템이 설치되어야 한다. 다음은 에너지 발전소의 물리적 보안을 강화하기 위한 몇 가지 효과적인 방법이다.

1) 접근 통제 시스템 구축

출입문, 게이트 및 주요 출입구에 접근 통제 시스템을 설치해야 한다. 이 시스템은 카드 키, 생체 인식 또는 비밀번호와 같은 인증 수단을 사용하여 허가받지 않은 접근을 방지할 수 있다.

2) 감시 카메라 설치

발전소 내부 및 주변에 CCTV(폐쇄회로 텔레비전) 카메라를 설치하여 모든 활동을 모니터링하고 녹화해야 한다. 감시 카메라는 예방과 사후 조사에 도움을 줄 수 있다.

3) 조명 및 경보 시스템

출입구 및 주요 구역 주위에 충분한 조명을 설치하여 밤에도 시야를 확보해야 한다. 또한 화재 경보 및 침입 감지 시스템을 설치하여 잠재적인 위험 상황을 조기에 감지해야 한다.

4) 바리케이드 및 보호

발전소 주변에 물리적 바리케이드 및 장애물을 설치하여 접근을 어렵게 만들어 보호 수준을 높여야 한다. 이러한 장치는 차량 충돌 및 불법 침입을 방지하는 데 도움이 된다.

5) 보안 인력 및 교육

훈련된 보안 직원을 고용하여 발전소 주위의 보안을 감시하도록 한다. 또한 직원과 작업자에 대한 보안 교육을 제공하여 보안 정책 및 절차를 준수하도록 해야 한다.

6) 재난 대비 계획

재난 대비 계획을 개발하고 훈련시켜서 화재, 홍수, 지진 등과 같은 재난 상황에 대비해야 한다. 이러한 계획은 발전소 및 주변 지역의 안전을 보장하는 데 중요하다.

7) 외부 엑세스 제한

민간인 및 무단 진입을 방지하기 위해 발전소 주변에 접근을 제한하고, 간단한 경비 요원 및 감시 포스트를 사용하여 외부 진입을 통제해야 한다.

8) 취약한 지점 감사

정기적으로 취약한 지점을 감사하고 보안 결함을 식별하고, 이러한 결함을 신속하게 해결하여 보안을 유지해야 한다. 물리적 보안은 에너지 발전소의 안전성과 안전을 유지하는 데 중요한 부분이다. 이러한 조치를 통해 위험을 최소화하고 잠재적인 위협으로부터 보호할 수 있다.

6. 공항과 항만의 효과적 물리적 보안방안

공항이나 항만의 물리적 보안은 국가 및 국제 안전을 유지하고 여행객, 화물 및 시설을 보호하는 중요한 과제이다. 이를 위해 다음과 같은 효과적인 운영 방안을 고려할 수 있다

1) 접근 통제 강화

출입구 및 주요 지점에 보안 점검 포인트를 두어 불법 진입을 방지하고, 출입문에서의 ID 확인 및 검색 절차를 통해 무단 반입을 방지해야 한다. 또한 각 지점에 카메라 및 감시 장비를 설치하여 모든 활동을 기록하고 모니터링을 한다.

2) 보안 검색 및 검출 기술사용

첨단 보안 검색 및 검출 장비를 도입하여 위험물질 및 불법 물질을 식별하고 차단해야한다. 또한 X-레이 스캐너, 메탈 디텍터, 폭발물 탐지 장비 등을 사용하여 수송 수단과 화물을 검사해야한다.

3) 비행기 및 선박 검사

모든 항공기 및 선박에 대한 무단 접근을 방지하고 검사해야 한다. 이를 위해 승무원, 승객 및 화물에 대한 보안 검사를 수행하고 위협물질을 탐지해야 한다.

4) 보안 인프라 개선

물리적 보안 인프라를 강화하기 위해 향상된 경보 시스템, 경계펜스, 센서 및 조명을 설치해야 한다. 따라서 기존 시설을 검토하여 보안 취약점을 식별하고 보완해야 한다.

5) 보안 인력 교육

보안 인력에 대한 교육 및 훈련을 제공하여 위협 및 응급 상황 대응 능력을 향상시켜야 한다. 또한 잠재적인 위험 신호를 인식하고 신속하게 대응할 수 있는 능력을 강화해야 한다.

6) 위협 평가 및 시나리오 기반 훈련

다양한 위협 시나리오에 대한 교육 및 훈련을 통해 보안 인력을 대비시키고, 위협을 예방하고 대응할 수 있는 계획을 작성하고 실시해야 한다.

7) 협력과 협조

공항 및 항만 당국, 경찰, 국가 안보 기관 및 국제 조직과의 협력을 강화해야 한다. 이를 위해 정보 공유 및 공동 행동 계획을 수립하여 보안 강화에 협조한다.

8) 위험 평가 및 대응 계획 수립

잠재적인 위험을 식별하고 위험 평가를 수행하여 대응 계획을 작성한다. 이를 위해비상 상황에 대비하고 신속한 대응을 보장하기 위해 예비 조치를 마련해야 한다. 물리적 보안은 지속적인 노력이 필요하며, 기술의 진보와 위협의 변화에 대응하기 위해 최신 기술과 접근 방법을 적극적으로 채택해야 한다. 또한 효과적인 보안 시스템은 여행객과 물류 활동에 최소한의 지장을 주는 방식으로 설계되어야 한다.

7. 대형호텔의 효과적 보안운영방안

대형 호텔의 물리적 보안은 손님들의 안전과 호텔의 자산 보호에 중요한 역할을 한다. 다음은 대형 호텔의 효과적인 물리적 보안 운영 방안에 대한 몇 가지 고려 사항이다.

1) 출입통제 시스템 구축

출입문에 전자적인 출입통제 시스템을 구축하여 불법 출입을 방지하고, 승객과 직원만이 허용되도록 하며, 키 카드나 생체 인식 기술을 사용하여 출입을 통제하며, 승객들의 동선을 모니터링할 수 있도록 한다.

2) CCTV (폐쇄회로 TV) 모니터링

호텔 내 및 주변에 CCTV 카메라를 설치하고 24시간 모니터링하여 도둑, 위협 및 기타 안전 문제를 신속하게 탐지하도록 하고, CCTV 영상 녹화를 보관하고 필요한 경우 수사나 조사를 위해 사용해야 한다.

3) 보안 직원 교육

호텔 내 보안 직원에 대한 교육 및 훈련을 실시하여 긴급 상황에서 효과적으로 대응할 수 있도록 하고, 모든 직원에 대한 보안 프로토콜 및 절차를 이해하며 이를 준수하도록 교육해야 한다.

4) 자산 보호

가치 있는 물품 및 장비를 안전하게 보관하고, 접근을 제한해야 한다. 예를 들어, 보안 금고, 잠긴 보관실, 재고 관리 시스템을 구축해야 한다.

5) 비상 대응 계획

화재, 자연 재해, 테러 공격 등의 긴급 상황에 대비하기 위한 비상 대응 계획을 마련하고 모든 직원과 승객에게 교육해야 한다. 이를 위해 비상 통로와 출구를 유지하고 응급 상황에서의 대피를 원활하게 할 수 있도록 한다.

6) 주차장 보안

주차장에 CCTV 카메라 및 출입통제 시스템을 설치하여 차량의 안전을 보장하고 불법 주차 및 도난을 방지해야 한다.

7) 직원 배경 조사

호텔 직원을 채용할 때 충분한 배경 조사를 수행하여 신뢰성 있는 직원을 고용하고 범죄나 안전 문제를 예방하도록 한다.

8) 현장 방문자 제한

호텔 내 현장 방문자의 출입을 제한하고 방문자 로그를 유지하여 호텔의 안전을 유지하도록 한다.

9) 관리 층의 참여

호텔의 경영진 및 관리자는 보안 문제에 대한 책임을 지고, 보안 정책을 개발하고 실행하는데 참여해야 한다. 대형 호텔의 물리적 보안은 지속적인 프로세스이며, 위에서 언급한 사항들을 고려하여 호텔의 보안 정책을 계획하고 유지하는 것이 중요하다. 보안 업데이트 및 감시는 호텔이 안전한 환경을 제공할 수 있도록 유지되어야 한다.

8. 철도보안을 위한 효과적 운영방안

철도보안은 국가 및 교통 시스템의 중요한 측면 중 하나이며, 물리적 보안 측면에서 효과적인 운영 방안을 구현하는 것은 중요하다. 다음은 철도보안을 강화하기 위한 몇 가지 효과적인 운영 방안이다.

1) 접근 통제 강화

역사와 플랫폼에 출입하는 사람들을 제한하고 감시하는 것이 중요하다.이를 위해 접근 제어 시스템과 CCTV 카메라를 사용하여 비인가자의 출입을 방지하고 감시해야 한다.

2) 경비원 및 감시 시스템

경비원은 역사 및 기차 장비를 보호하고 승객의 안전을 감시하는 데 중요한 역할을 한다. 따라서 CCTV 카메라와 경비원을 조합하여 감시 시스템을 강화해야 한다.

3) 재난 대비

자연재해 및 사고로부터의 보호를 위한 계획을 수립하고 훈련을 시행한다. 따라서 레일웨이 인프라와 역사를 보호하는 재난 대비 계획을 개발해야 한다.

4) 위험평가 및 평가

철도 시스템 내의 잠재적 위험 요소를 식별하고 평가하는 정기적인 프로세스를 수립해야 한다. 이를 통해 보안 취약점을 식별하고 보완할 수 있다.

5) 교육 및 훈련

역사 및 승객을 대상으로 보안에 대한 교육 및 훈련을 제공해야 한다. 비상 상황에 대비하고 보안 정책 및 절차를 준수하는 방법을 학습할 수 있어야 한다.

6) 기술적 보안 조치

철도 장비 및 통신 시스템의 보안을 강화해야 한다. 따라서 무단 액세스 및 사이버 공격에 대비하기 위한 기술적인 보안 솔루션을 구현해야 한다.

7) 협력과 정보 공유

다른 교통 시스템 및 관련 기관과의 협력을 강화하고 정보를 공유해야 한다. 사고나 보안 위협에 대한 정보 교환은 빠른 대응을 가능하게 할 수 있다.

8) 법률 및 규제 준수

관련 법률 및 규제를 준수하고 보안 표준을 충족시키도록 노력해야 한다. 따라서 보안 감사 및 평가를 수행하여 준수를 확인하고 개선 조치를 취해야 한다.

9) 비상 상황 대응 계획

사고나 테러 공격과 같은 비상 상황에 대응하기 위한 계획을 수립하고 훈련을 실시해야한다. 이를 통해 신속하고 조직적인 대응이 가능하게 된다. 철도보안을 향상시키기 위해서는 이처럼 종합적인 접근 방식이 필요하며, 위의 요약된 지침은 이를 달성하는데 도움이 될 수 있다. 그러나 지역, 국가 및 철도 시스템의 특정 요구 사항을 고려하여 맞춤형 보안 전략을 개발하는 것이 중요하다.

9. 대형백화점 및 쇼핑몰 보안을 위한 효과적 운영방안

대형 백화점과 쇼핑몰의 물리적 보안을 효과적으로 운영하기 위해서는 몇 가지 중요한 점을 고려해야 한다. 아래는 대형 백화점, 쇼핑몰의 물리적 보안을 강화하는 효과적인 운영 방안이다.

1) CCTV 카메라 시스템

백화점과 쇼핑몰 내부와 외부에 CCTV 카메라를 설치하고 모니터링하는 시스템을 구축해야한다. 모든 중요한 지점을 감시하고 녹화하며, 카메라의 적절한 배치와 화질 유지를 보장하는 것도 중요하다.

2) 출입통제 시스템

출입문 및 주요 출입로에 출입통제 시스템을 설치한다. 이를 통해 불법 침입을 방지하고 정확한 출입 기록을 유지할 수 있다.

3) 보안인력

경비원과 보안인력을 적절히 배치하고 교육시켜야한다. 그들은 감시, 순찰, 비상 대응 및 고객 지원 역할을 수행해야 한다.

4) 비상 대응 계획

화재, 지진 및 다른 긴급 상황에 대비하여 비상 대응 계획을 마련해야 한다. 이를 위해 비상 출구와 안전 구역을 명확하게 표시하고, 직원 및 고객을 안전하게 대피시킬 수 있는 훈련을 제공해야 한다.

5) 주차장 보안

백화점과 쇼핑몰의 주차장은 자주 범죄가 발생하는 장소이다. 따라서 주차장에 충분한 조명, CCTV, 경비원을 배치하여 차량과 고객의 안전을 확보해야 한다.

6) 재무 보안

현금 관리 및 상점 내부 금고 시스템을 향상시켜 내부 도난을 방지하고, 현금 이체 및 거래 관리를 강화해야 한다.

7) 정기적인 점검

시스템 및 시설의 정기적인 점검 및 유지보수를 수행하여 장비의 신속한 고장 대응과 보안 시스템의 효과적인 운영을 보장해야 한다.

8) 교육 및 훈련

직원과 보안인력을 대상으로 보안 교육과 훈련을 제공하여 보안 정책과 절차를 준수하도록 유도해야 한다.

9) 기술적 보안

전자 키 카드, 생체 인식 등의 현대적인 출입통제 및 보안 시스템을 도입하여 보안을 높여야 한다.

10) 협력 및 연계

현지 경찰, 소방서, 응급 의료 서비스와의 협력을 강화하고 긴급 상황에 대한 신속한 대응을 보장해야 한다. 대형 백화점과 쇼핑몰의 물리적 보안을 효과적으로 운영하려면 이러한 요소를 종합적으로 고려하고, 상황에 맞게 조절 및 개선해야 한다.

10. 아파트 등 공동주택에 대한 효과적 보안운영방안

아파트나 공동주택의 물리적 보안을 향상시키기 위해 다음과 같은 효과적인 운영 방안을 고려할 수 있다

1) 출입 통제 시스템 개선

카드 키, 지문 인식, 눈 인식 등의 고급 출입 통제 시스템을 도입하여 미인가자의 출입을 방지하고, 출입문 근처에 보안 카메라를 설치하여 출입자를 모니터링하고 미처리된 사건에 대비해야 한다.

2) 보안 감시 카메라 설치

주요 출입구, 로비, 주차장 및 공용 영역에 보안 카메라를 설치하여 시설 내외의 활동을 모니터링 해야 한다. 이를 위해 보안 카메라 시스템을 실시간 모니터링 및 녹화 기능을 갖춘 중앙 관제실과 연동한다.

3) 조명 개선

주요 출입구 및 주변 지역의 충분한 조명을 유지하여 어두운 곳에서의 잠재적인 범죄를 방지하고, 자동 조명 타이머나 센서를 사용하여 에너지를 절약하면서 보안을 강화해야 한다.

4) 보안인력 증강

경비원이나 보안 직원을 늘려 시설 내외의 보안을 감독하고 대응해야 한다. AI를 활용할 수도 있다. 비상 상황 대비를 위한 정기적인 훈련 및 프로토콜 개발을 진행하는 것도 중요한 사안이다.

5) 엘리베이터 및 주차장 제어

엘리베이터와 주차장 출입을 제어하는 시스템을 도입하여 미인가자의 출입을 방지해야 한다.

6) 방범 장치 사용

창문 및 문에 방범 장치를 설치하여 부재한자나 침입자로부터의 보호를 강화한다.

7) 주민 교육

아파트 주민에게 보안 규칙과 절차를 교육하고, 이를 준수하도록 유도하며, 이상 징후를 보고하기 위한 신고 절차 및 연락처를 주민들에게 알려주어야 한다.

8) 방범 시스템 연동

방범 시스템을 경비원, 관리사무실 및 주민 모바일 앱과 연동하여 빠른 대응을 가능하게 해야 한다.

9) 주요 시설의 물리적 보안 개선

주요 시설의 문, 창문 및 공용 공간의 강화된 보안을 고려하여 업그레이드한다.

10) 비상 대응 계획

화재, 지진, 침입 등의 긴급 상황에 대비한 비상 대응 계획을 수립하고 주민에게 알리며, 주기적으로 훈련을 실시해야 한다. 이러한 물리적 보안 조치를 통해 아파트나 공동주택의 안전을 강화하고 주민의 안전을 보장할 수 있다. 또한, 주민들과 관리자 간의 협력과 의식을 높이는 것도 중요하다.

11. 극장, 공연장등 다중 이용시설에 대한 효과적 보안운영방안

극장 및 공연장과 같은 다중이용시설의 물리적 보안 측면에서 효과적인 운영을 위해 다음과 같은 방안을 고려할 수 있다

1) 출입 통제

출입문에 보안 인증 시스템을 설치하여 불법 진입을 방지해야 한다. 이를 위해 방문자와 직원은 신분증 또는 티켓을 제시해야 하며, 필요한

경우 보안 검색을 받아야 한다.

2) CCTV 및 감시 시스템

감시 카메라를 전략적으로 배치하여 시설 내외의 활동을 모니터링해야 한다. 모든 화면을 중앙 관제 실에서 실시간으로 모니터링하고 녹화하여 사건 발생 시 증거 자료로 활용해야 한다.

3) 조명 및 경계

외부 및 내부 조명을 효과적으로 설치하여 어둡거나 은폐된 지역을 제거하여 범죄 예방에 도움을 주도록 한다. 또한 건물 주변에 경계 표시를 하여 무단 침입을 어렵게 만드는데 기여하도록 한다.

4) 비상 대비 및 훈련

비상 상황에 대비하여 훈련된 보안 직원을 고용해야한다. 이를 위해 이용자 및 직원에게 비상 대비 계획과 절차에 대한 교육을 제공해야 한다.

5) 백업 시설 및 시스템

중요한 시설 및 데이터를 보호하기 위해 백업 발전기 및 통신 시스템을 설치해야 한다. 또한 재난 발생 시에도 핵심 시설과 서비스가 유지될 수 있도록 해야 한다.

6) 방화 방지

화재에 대한 대비책을 마련하고 방화 장비를 설치하여 방화를 방지해야 한다. 이를 위해 방화 대피 계획을 마련하고 방화 경보 시스템을 설치하여 이용자와 직원의 안전을 보장해야 한다.

7) 사회 거리 두기 및 인원 제한

COVID-19와 같은 전염병 대비를 위해 인원 제한 및 사회 거리 두기 정책을 준수해야한다.

8) 비상 연락처 및 응급 상황 연락망

비상 상황에 대비하여 관련 기관 및 응급 연락처를 확립하고, 이를 이용자 및 직원에게 알려야 한다.

9) 보안 평가와 개선

정기적인 보안 평가를 수행하고, 시설 및 시스템의 취약점을 식별하며, 이를 보완해야 한다.

10) 경찰 및 관련 기관과의 협력을 강화

지역 경찰 및 관련 기관과의 협력을 강화하여 보안을 향상시켜야 한다. 이러한 조치들을 적용하면 다중이용시설의 물리적 보안을 강화하고, 이용자 및 직원의 안전을 보장하는 데 도움이 된다. 시설과 운영 환경에 맞게 조치를 조정하고 보안 전문가의 조언을 구하는 것이 중요하다.

이러한 사례들은 물리적 보안이 어떻게 다양한 환경에서 적용되고 조직 또는 시설을 보호하는 데 어떻게 기여하는지를 보여준다. 대표적 사례이지만, 각 사례에서 사용되는 구체적인 물리적 보안 조치는 해당 조직 또는 시설의 고유한 요구 사항과 환경에 따라 연구되고 검토되어야 한다.

05

참고 자료 및 리소스

물리적 보안을 공부하려는 경우 다음과 같은 참고 자료 및 리소스를 활용할 수 있습니다. 이러한 자료와 리소스는 물리적 보안 개념과 원칙을 이해하고 적용하는 데 도움이 될 것입니다.

1. 서적

1) "Physical Security Principles" by Michael E. Whitman와 Herbert J. Mattord: 이 책은 물리적 보안 원칙과 실제 응용에 대한 포괄적인 개요를 제공합니다.

2) "Introduction to Physical Security" by Robert Fischer, Edward Halibozek, and David Walters: 이 책은 물리적 보안 기초와 다양한 보안 시스템 및 기술을 다룹니다.

3) '테러리즘과 국가안보'(진영사. 이만종), 전쟁의 다른 얼굴(박영사,이

만종), 국경이 사라진 전쟁(솔과학, 이만종): 이 책은 본서 저자의 다른 서적입니다. 테러리즘 등 비전통 안보에 관련된 서적입니다.

2. 온라인 강의 및 코스

Coursera, Udemy, edX, LinkedIn Learning 등의 온라인 교육 플랫폼에서 물리적 보안과 관련된 강의를 찾을 수 있습니다. "Physical Security" 또는 "Security Management"와 같은 주제로 검색하면 많은 강의가 나올 것입니다.

3. 전문 웹사이트 및 블로그

1) ASIS International (https://www.asisonline.org): ASIS는 경찰, 보안 전문가 및 물리적 보안 전문가를 위한 국제적인 단체로, 관련 정보와 교육을 제공합니다.

2) Security Magazine (https://www.securitymagazine.com): 물리적 보안 관련 최신 뉴스, 기사 및 리소스를 제공하는 웹사이트입니다.

3) 한국테러학회, 대테러 안보 연구원 홈페이지: 관련 자료를 제공합니다.

4. 보안 업계 이벤트 및 컨퍼런스

물리적 보안 관련 컨퍼런스 및 이벤트에 참석하여 최신 동향과 최상의 실무 경험을 얻을 수 있습니다. ASIS International, ISC West, 및 IFSEC International과 같은 이벤트가 있습니다. 국내 대표 컨퍼런스는 매년 개최되는 한국테러학회 개최 '국제 대테러 컨퍼런스'가 있습니다.

5. 포럼 및 커뮤니티

물리적 보안에 관심을 가진 사람들과 소통하고 지식을 공유할 수 있는 온라인 포럼과 커뮤니티에 가입하세요. Reddit의 r/physicalsecurity 및 LinkedIn의 물리적 보안 관련 그룹과 '한국테러학회' 회원 가입이 유용할 수 있습니다.

6. 실무 경험

물리적 보안 분야에서 실무 경험을 쌓는 것은 중요합니다. 보안 시스템 설치, 유지보수, 보안 감시, 및 시설 보안 관리와 관련된 직무나 인턴십을 찾아보세요.

7. 보안 기술 제조사 및 업체의 자료

물리적 보안 장비를 제조하는 기업들(한국 대테러 산업협회, 주: 싸이베리어등)은 종종 제품 설명서와 기술 문서를 제공합니다. 이러한 자료는 해당 기술의 이해와 구현에 도움이 됩니다. 물리적 보안은 시설, 재산 및 인적 자원을 보호하기 위한 중요한 요소이므로 꾸준한 학습과 연구가 필요합니다. 위의 자료와 리소스를 활용하여 지식을 쌓고 전문성을 키우실 수 있을 것입니다.

06

재해 손실 보호법
(중대재해 처벌 등에 관한 법률)

1. 개요

제1조(목적)이 법은 사업 또는 사업장, 공중이용시설 및 공중교통수단을 운영하거나 인체에 해로운 원료나 제조물을 취급하면서 안전·보건 조치의무를 위반하여 인명피해를 발생하게 한 사업주, 경영책임자, 공무원 및 법인의 처벌 등을 규정함으로써 중대재해를 예방하고 시민과 종사자의 생명과 신체를 보호함을 목적으로 한다.

사업주나 경영책임자가 안전확보의무 등 조치를 소홀히 하여 중대한 산업재해나 시민재해가 일어나 인명 피해가 발생할 경우, 사업주나 경영책임자를 처벌하는 법률. 기업의 안전보건조치를 강화하고, 안전투자를 확대하여 중대산업재해를 예방, 종사자의 생명과 신체를 보호하는 것을 목적으로 하고 있다.

당초 정의당이 제21대 국회1호 법안으로 발의했다. 2017년, 제20대 국회에서 노회찬의원이 발의했으나 통과되지 못하고 자동폐기된 재해에 대한 기업 및 정부책임자 처벌에 관한 특별법안을 기반으로 하고 있다. 2021년에 문재인 정부와 더불어민주당에서 산업안전보건법에 관한 법률 개정과 함께 추진하였고 2021년 1월 8일, 국회 본회의를 통과하여 2022년 1월 27일부터 시행되었다.

2. 내용

중대재해처벌법에 의하면, 중대산업재해 또는 중대시민재해가 발생하는 경우, 그러한 재해가 사업주와 경영책임자등이 안전 및 보건 확보의무를 다 하지 못하여 발생하였다면 강도 높은 형법에 따라 처벌(사망의 경우 1년 이상의 징역 또는 10억 원 이하의 벌금)을 받고, 민법상 손해액의 최대 5배의 범위에서 징벌적 손해배상 책임을 부담할 수도 있다.

2.1. 중대산업재해와 중대시민재해(제2조)

중대재해는 중대산업재해와 중대시민재해로 나뉜다. 중대산업재해란 ①사망자가 발생하거나 ②전치 6개월 이상 부상자 2명 이상이거나 ③직업성 질병자가 1년 이내 3명 이상 발생한 산업재해를 말한다. 중대시민재해는 특정 원료 또는 제조물, 공중이용시설 또는 공중교통수단의 설계, 제조, 설치, 관리상의 결함을 원인으로 하여 발생한 재해로서 중대산업재해와 유사한 피해가 발생한 재해를 가리킨다.

제2조(정의)이 법에서 사용하는 용어의 뜻은 다음과 같다.

1. "중대재해"란 "중대산업재해"와 "중대시민재해"를 말한다.
2. "중대산업재해"란 「산업안전보건법」 제2조제1호에 따른 산업재해 중 다음 각 목의 어느 하나에 해당하는 결과를 야기한 재해를 말한다.

가. 사망자가 1명 이상 발생
나. 동일한 사고로 6개월 이상 치료가 필요한 부상자가 2명 이상 발생
다. 동일한 유해요인으로 급성중독 등 대통령령으로 정하는 직업성 질병자가 1년 이내에 3명 이상 발생
3. "중대시민재해"란 특정 원료 또는 제조물, 공중이용시설 또는 공중교통수단의 설계, 제조, 설치, 관리상의 결함을 원인으로 하여 발생한 재해로서 다음 각 목의 어느 하나에 해당하는 결과를 야기한 재해를 말한다. 다만, 중대산업재해에 해당하는 재해는 제외한다.
가. 사망자가 1명 이상 발생
나. 동일한 사고로 2개월 이상 치료가 필요한 부상자가 10명 이상 발생
다. 동일한 원인으로 3개월 이상 치료가 필요한 질병자가 10명 이상 발생

2.2. 사업주(제2조 제8호)

사업주는 자신의 사업을 영위하는 자, 타인의 노무를 제공받아 사업을 하는 자를 말한다. 사업주 항목 참조.

제2조(정의)이 법에서 사용하는 용어의 뜻은 다음과 같다.
8. "사업주"란 자신의 사업을 영위하는 자, 타인의 노무를 제공받아 사업을 하는 자를 말한다.

2.3. 사업주와 경영책임자등의 안전 및 보건 확보의무(제4조)

법 제4조가 핵심이다. 사업주와 경영책임자 등이 법 제4조가 정하는 안전보건확보의무를 위반하고, 법 제2조가 정하는 중대산업재해 또는 중대시민재해가 발생하고, 안전보건확보의무 위반과 중대재해 사이에 인과관계가 있어야, 법 제6조로 형사처벌할 수 있다.

결국 사업주 또는 경영책임자등은 법 제4조를 잘 준수해야 한다. 법 제4조 제1호부터 제4호의 '조치'를 준수해야 한다. 그런데 그 '조치'들이 무엇인지 추상적이다. 제1호와 제4호의 '조치'에 관한 구체적인 사항은 중대재해처벌법 시행령으로 정하고 있다. 그런데 시행령의 개념들도 추상적이다.

예를 들어 제4호는 안전보건관계법령에 따른 의무이행에 필요한 관리상의 조치를 하라고 하고 있다. 그런데 이때의 안전보건관계법령이 어떤 법을 말하는 것인지 제4호에는 나와 있지 않다. 시행령에 가도 나와 있지 않다. 사업주나 경영책임자 입장에서는 어떤 법령이 안전보건관계법령인지를 알아야 준수할 수 있다. 안전보건에 관계된 법이라면 일단 다 준수해야 한다는 건가? 그런데 국회에서는 지금도 계속해서 법이 만들어지고 바뀌고 있는데 일일이 파악하기 어려울 수 있다. 헌법재판의 명확성의 원칙에 위배되는 것은 아니라고 하더라도, 지금보다 더 명확한 규범이 되어야 한다는 것은 분명하다.

제4조(사업주와 경영책임자등의 안전 및 보건 확보의무) ① 사업주 또는 경영책임자등은 사업주나 법인 또는 기관이실질적으로 지배·운영·관리하는 사업 또는 사업장에서 종사자의 안전·보건상 유해 또는 위험을 방지하기 위하여 그 사업 또는 사업장의 특성 및 규모 등을 고려하여 다음 각 호에 따른 조치를 하여야 한다.

1. 재해예방에 필요한 인력 및 예산 등 안전보건관리체계의 구축 및 그 이행에 관한 조치
2. 재해 발생 시 재발방지 대책의 수립 및 그 이행에 관한 조치

3. 중앙행정기관·지방자치단체가 관계 법령에 따라 개선, 시정 등을 명한 사항의 이행에 관한 조치
4. 안전·보건 관계 법령에 따른 의무이행에 필요한 관리상의 조치
② 제1항제1호·제4호의 조치에 관한 구체적인 사항은 대통령령[1]으로 정한다.

2.4. 인과관계

법 제6조의 형사처벌이 가능하려면, (1) 법 제4조가 정하는 안전보건확보의무 위반 사실, (2) 법 제2조가 정하는 중대산업재해/중대시민재해 발생 사실, (3) 그리고 안전보건확보의무위반과 중대재해 사이의 인과관계가 인정되어야 한다. 중대재해처벌법은 형사처벌을 하는 법이니 특별형법이고, 형법 총칙 이 당연히 적용되고, 형법 제17조의 인과관계 법리도 당연히 적용된다.

그런데 안전보건확보의무 위반과 중대재해 사이의 인과관계를 논증하기가 쉽지 않다. 사업주 또는 경영책임자에게 요구되는 안전보건확보의무의 내용이 주로 관리상의 조치에 관한 것이라 추상적이기 때문이다.

예를 들어 산업안전보건법과 그 하위 규칙인 안전보건규칙에서 정하는 의무들은 '보호구를 착용해야 한다' 등과 같이 그나마 구체적인 행동에 관한 의무들이다. 이런 구체적인 의무는 위반했는지 아닌지를 증명할 수 있다. 보호구를 착용하지 않았고 사고가 발생했다면, 보호구를 착용했더라면 사고가 발생하지 않았으리라고 생각하는 것은 개연성도 있다.

1 중대재해처벌법 시행령

반면 중대재해처벌법에서 정하는 의무들 중 상당수가 '종사자의 의견을 듣는 절차를 마련해라' '관리감독자의 업무수행을 평가하는 절차를 마련해라' 등으로 절차를 마련하라는 추상적인 의무들이다. 사고를 예방하기 위해 당연히 절차를 마련해야겠지만, 절차를 마련했다고 해서 항상 사고가 안 나는 것도 아니고 절차를 마련하지 않았다고 해서 항상 사고가 나는 것도 아니다. 법이 요구하는 행위를 하지 않은 부작위와 사고라고 하는 결과를 직접 연결짓기가 훨씬 어렵다.

2.5. 중대산업재해 사업주와 경영책임자등의 처벌(제6조)

사망자가 1명 이상 발생하면 사업주 또는 경영책임자등은 징역 또는 벌금을 선고받고, 징역과 벌금을 모두 선고받을 수도 있다. 징역은 하한이 1년이라 1년부터 시작한다. 벌금형은 상한이 10억 원이라 10억 원보다 높아지지는 않는다(제6조 제1항)[2]

부상자가 2명 이상 발생하거나, 질병자가 1년 내에 3명 이상 발생하면, 징역은 상한이 7년이고, 7년보다 높아지지는 않는다. 벌금형은 상한이 1억 원으로 1억 원보다 높아지지는 않는다(제6조 제2항).

제6조(중대산업재해 사업주와 경영책임자등의 처벌) ① 제4조 또는 제5조를 위반하여 제2조제2호가목의 중대산업재해에 이르게 한 사업주 또는 경영책임자등은 1년 이상의 징역 또는 10억원 이하의 벌금에 처한다. 이 경우 징역과 벌금을 병과할 수 있다.

2 가혹하지 않다고 하기가 어렵다. 교통사고처리 특례법에서는 교통사고로 사망자가 나온 경우 운전자에게 5년 이하의 금고 또는 2천만원 이하의 벌금을 선고할 수 있게 하고 있는데 이것과 비교해보면 훨씬 높다. 사망의 결과가 동일할 때 운전자의 부주의보다 사업주의 부주의가 더 엄하게 처벌되어야 하는 것일까?

② 제4조 또는 제5조를 위반하여 제2조제2호나목 또는 다목의 중대산업재해에 이르게 한 사업주 또는 경영책임자등은 7년 이하의 징역 또는 1억원 이하의 벌금에 처한다.
③ 제1항 또는 제2항의 죄로 형을 선고받고 그 형이 확정된 후 5년 이내에 다시 제1항 또는 제2항의 죄를 저지른 자는 각 항에서 정한 형의 2분의 1까지 가중한다.

2.6. 부칙

상시 근로자가 5명 미만인 사업 또는 사업장의 사업주(개인 사업주에 한정) 또는 경영 책임자등에게는 중대산업재해로 인한 처벌 조항 등이 적용되지 않으며, 중대재해법은 공포 후 1년이 경과한 날부터 시행한다. 그래서 2022년부터 시행되었다.

또 이 법 시행 당시 개인사업자 또는 상시 근로자가 50명 미만인 사업 또는 사업장(건설업의 경우에는 공사금액 50억 원 미만의 공사)에 대해서는 공포 후 3년이 경과한 날부터 시행한다. 즉 2024년부터 상시 근로자 50인 미만 사업장에도 적용된다.

부칙〈법률 제17907호, 2021. 1. 26.〉
제1조(시행일) ① 이 법은 공포 후 1년이 경과한 날부터 시행한다. 다만, 이 법 시행 당시 개인사업자 또는 상시 근로자가 50명 미만인 사업 또는 사업장(건설업의 경우에는 공사금액 50억원 미만의 공사)에 대해서는 공포 후 3년이 경과한 날부터 시행한다.
② 제1항에도 불구하고 제16조는 공포한 날부터 시행한다.

참고문헌

Ⅰ. 단행본

이만종, 전쟁의 다른 얼굴, 박영사, 2019.

이만종, 국경이 사라진 전쟁, 솔과학, 2020.

Ⅱ. 논문

1. 국내문헌

김강녕, "오사마 빈라덴 사후 테러와의 전쟁,", 월간 자유 6월호, 국제전략 연구원, 2011

박선희, 프랑스의 대테러정책: 자생적 테러리즘과 대테러정책의 변화, 평화학연구, 제17권 제3호, 2016.

박재적·안종웅, 테러에 대한 미국의 대비현황 및 시사점, 국가안전보장문제연구소 안보연구시리즈, 제1권 제1호, 2016.

백영철, "자생적 테러의 대응방안에 관한 연구," 대테러연구 제28집, 경찰청, 2005

이만종, 한국의 난민문제에 대한 국가안보상 대응,『한국테러학회보』, 제9권 제1호, 한국테러학회, 2016.

이만종 외, 테러정세 변화에 따른 대테러 법령 및 관련규정 개선방안 연구, 2019년도 국무조정실 정책연구용역, 호원대학교 산학협력단, 2019.12.

인남식, "21세기 국제안보와 신테러리즘: 알카에다의 성격변화와 미국의 새로운 대테러

리즘 전략," 한국국제정치학회, 『2011년도 한국국제정치학회 안보국방학술회의 자료집』, 2011
유상범, 테러에 대한 주요국의 대비 현황 및 시사점, 안보연구시리즈, 제1권 제1호, 국가안전보장문제연구소, 2017.
조영갑, "테러가 군사전략에 미친 영향," 합동참모본부, 『합참』, 제24호, 2005
전웅, 초국가안보위협과 정보활동의 방향: 미국의 사례를 중심으로, 국가정보연구, 제3권 제2호, 2010.
최진우·도종윤, 유럽 테러리즘의 변천과 프랑스의 대응, 국가안전보장문제연구소 안보연구시리즈, 제1권 제1호, 2016.
한상국, 안보환경 변화에 따른 국가정보 공유체계 개선 방향, 건국대학교 대학원, 2012.
홍성표, 테러에 대한 영국의 대비 현황 및 시사점, 국가안전보장문제연구소 안보연구시리즈, 제1권 제1호, 2016.
황문규, 독일 테러대응시스템의 특징과 시사점, 한국치안행정논집, 제11권 제4호, 2015.

2. 국외문헌

Europol, "TE-SAT, European Union, Terrorism Situation and Trend Report", 2017.
Europol. "TE-SAT 2013: EU Terrorism Situation and Trend Report 2013", 2013.
GAO, Countering Violent Extremism, GAO-17-300, 2017.
GAO, Countering ISIS and Its Effects, GAO-17-687SP, 2017.
HM Government, "CONTEST: The United Kingdom's Strategy for Countering Terrorism: Annual Report for 2015", 2015.
HM Government, "Prevent Strategy", 2015. 06.
HM Government, "Revised Prevent Duty Guidance" for England and Wales", 2015, 06. 16.
International Centre for Counter-Terrorism(The Hague), "The Foreign Fighters Phenomenon in the European Union", Profiles, Threats & Policies, 2016.
Peter Bergen, The Osama bin Laden I Know: An Oral History of al Qaeda's Leader, 2nd ed.(New York: Free Press) 2006.

Khalid, al-Hammadi, "The Inside Story of al-Qa'ida," part 4, Al-Quds al-Arabi, March 22, 2005.
Lawrence Wright 2006.
"Dreaming of a caliphate," The Economist, Aug 6, 2011; http://www.economist.com/node/21525400(search date: November 18) 2012.
"Fu'ad Husayn 'Al-Zarqawi, "The Second Generation of al-Qa'ida, Part Fourteen," Al-Quds al-Arabi, July 13, 2005.
Assaf Moghadam, The Globalization of Martyrdom: Al Qaeda, Salafi Jihad, and the Diffusion of Suicide Attacks(Johns Hopkins University, 2008), pp.48; Magnus Ranstorp, Unconventional Weapons and International Terrorism(Routledge) 2009.
Cooley, John K., "Unholy Wars: Afghanistan, America and International Terrorism," Spring 2003, (reprint).
Demokratizatsiya.
http://findarticles.com/p/articles/mi_qa3996/is_200304/ai_n9199132search date: December 19th) 2012.
Harm de Blij, Why Geography Matters: Three Challenges Facing America: Climate Change, The Rise of China, and Global Terrorism(Oxford: Oxford University Press) 2005.

Ⅲ. 기타

1. 국내 언론 보도 및 기타(인터넷 자료 포함)

이만종, "테러리즘과 국가안보: 자생적 테러리스트 더 위험 '안전지대는 없다," 『국방일보』, 2017년 8월 17일자.
이만종, "테러. 왜 유럽에서 증가하나? 증오와 혐오대신 공존공영의 길로," 『코나스넷』, 2017년 8월 23일자.
이만종, "포스트 IS, 새로운 안보위협에 대비가 필요하다," 『코나스넷』, 2017년 7월 1일자.
이만종, "치명적인 생화학 테러, 근본대책 서둘러야," 『동아일보』, 2017년 2월 28일자.